全國高等院校古籍整理研究工作委員會直接資助項目（1564）

袁宏道《珊瑚林》《金屑編》校釋

王閏吉 ◎ 著

中国社会科学出版社

圖書在版編目（CIP）數據

袁宏道《珊瑚林》《金屑編》校釋 / 王閏吉著. — 北京：中國社會科學出版社，2017. 12

ISBN 978-7-5203-1853-2

Ⅰ.①袁… Ⅱ.①王… Ⅲ.①禅宗 - 研究 ②《珊瑚林》- 注釋 ③《金屑編》- 注釋 Ⅳ.① B946.5

中國版本圖書館 CIP 數據核字（2017）第 323176 号

出 版 人　趙劍英
責任編輯　任　明
責任校對　周　昊
責任印制　李寡寡

出　　版　中国社会科学出版社
社　　址　北京鼓樓西大街甲 158 號
郵　　編　100720
網　　址　http：// www. csspw. cn
發 行 部　010 - 84083685
門 市 部　010 - 84029450
經　　銷　新華書店及其他書店

印刷裝訂　北京君昇印刷有限公司
版　　次　2017 年 12 月第 1 版
印　　次　2017 年 12 月第 1 次印刷

開　　本　710 × 1000　1 / 16
印　　張　13.5
插　　頁　2
字　　數　225千字
定　　價　85.00 圓

凡购买中国社会科学出版社图书，如有质量问题请与本社营销中心联繫调换
电话：010 - 84083683

校釋前言

一、《珊瑚林》《金屑編》是袁宏道的兩部禪學著作。《珊瑚林》上、下兩卷，《金屑編》一卷。前者仿照禪宗語録問答體形式闡述其禪宗思想，後者是袁宏道自己的參禪心得。二書明代就比較罕見，明代邵鬫、馮懷、陸張侯將二書編入《三先生逸書》叢書，明萬曆四十五年（1617）刊刻。《珊瑚林》，《販書偶記》子部雜家類著目，無刊刻年代，孫耀卿認爲其大約是明代天啓年間刻本。現代不少研究袁宏道的學者不知《珊瑚林》《金屑編》，或以爲《珊瑚林》《金屑編》已經失傳。《袁宏道集箋校》也未收録二書。《珊瑚林》是在《德山暑譚》基礎上增訂而成，《珊瑚林》五万余字，《德山暑譚》八千来字，《德山暑譚》不及《珊瑚林》的六分之一。《德山暑譚》，《袁宏道集箋校》收有。目前我們能見到的《珊瑚林》《金屑編》版本應該是同一版本，皆爲明萬曆清響齋藏板。清華大學圖書館、北京圖書館、日本內閣文庫、哈佛大學圖書館皆有收藏。《續修四庫全書》第1131册著録。二書至今尚無點校的本子。

二、對袁宏道的兩部禪學著作《珊瑚林》《金屑編》加以校勘、點校和注釋，對研究袁宏道的文學觀念、宗教思想具有十分重要的意義。對研究袁宏道生平事迹、創作特色，甚至對研究李贄的文學思想以及明代文學史也有彌足珍貴資料價值。阿英説《珊瑚林》“有不少有關文學的史料”。20世紀30年代阿英無意中在書攤買到明刻本《珊瑚林》，并在《青年界》撰《明人筆記小話——珊瑚林》一文，加以介紹和研究。20世紀90年代，臺灣學者丘敏捷在日本內閣文庫，周群在國家圖書館訪得二書明刻本，并在各自研究袁宏道的著作中利用了這些資料。之後，曾紀鑫、左東嶺等學者也利用過這些資料。何宗美《袁宏道詩文系年考訂》綜合許建平、馬學良、任訪秋、周群、鐘林斌、容肇祖、蔣松源、周質平等各家對《金屑編》寫作時間的各種説法，作了詳盡的梳理和考辨。國外的研究論文，如美國學者Charles B. Jones發表的*Coral Grove*（*ShānhúLín* 珊瑚林）by Yuan Hongdao袁宏道（1568-1610）：*Religion and Salon Culture in the Late Ming Dynasty*、日本學者野口善敬編《袁中郎〈珊瑚林〉譯注》、荒木見悟《〈珊瑚林〉：中國文人禪問答集》等。

三、《袁宏道〈珊瑚林〉〈金屑編〉校釋》以明萬曆清響齋刻本爲底本，采用横排繁體過録，以新式標點加以點校。對底本部分漫漶不清的地方，利用《德山暑譚》《瓶花齋雜録》以及袁宏道其他佛學著作加以研判，并都出校説明；不能判明的，再參照《四庫全書》《續修四庫全書》《大正藏》《續藏經》中的儒、佛、道與諸子百家各種典籍加以考校，并出校説明校補意見。

四、底本確實有錯訛或脱衍的，予以校改删補，并出校説明；原文疑有錯訛或脱衍的，保持原文，出校説明校改删補意見。通假字、古今字、俗體字一般按原字型過録，并出校説明。因考慮到造字的麻煩及排版的美觀，原書中"鼻"皆作"臭"，"殊"皆作"姝"，"派"皆作"泒"，都改成了正體，亦不煩一一出注説明。頻繁使用的通假字、古今字、俗體字，只在最早出現的地方出校。底本避諱字也保持原樣，一一出注説明。文句隔礙難通而相關文獻中有异文可資參考者，出校并過録相關數據；個别事實或文字有所考訂者，出校説明。引用和用典之處，都一一出注説明。疑難字詞也盡可能作出言之有據的解釋。

五、二書引用和用典之處頗多，爲節省篇幅，引用一般只注明出處，需要對照原文時才録原文。用典一般注明出處及原文。

六、人名、地名、佛教術語及其他疑難字詞也盡可能作出言之有據的解釋。重複出現的人名、地名、佛教術語及其他疑難字詞，一般只在最先出現之處出注。佛教術語注釋多依《佛光大辭典》，以弄清其多种异名为重点，語文詞語的注釋多依《漢語大詞典》，以弄清其出典为重点。另外還參考多種詞典。爲節省篇幅，都未一一註明。

七、《德山暑譚》的全文都在《珊瑚林》中出現，但部分詞句有改動，本校釋都有出注説明。《德山暑譚》與《珊瑚林》每則問答出現的順序大不相同，不一一出注説明，特附録《德山暑譚》《瓶花齋雜録》原文以供研究者參照。附録部分原則上不出注。

八、《袁宏道〈珊瑚林〉〈金屑編〉校釋》，2015年獲得全國古籍整理委員會直接資助項目立項。感謝課題組人員和本人指導的研究生及麗水学院中文专业本科學生提供的幫助。

王閏吉

2016年9月10日

於麗水學院民族學院

目　录

《珊瑚林》序[1]

袁先生《珊瑚林》，不拈椎，不豎拂[2]，亦不私通車馬[3]。至今快讀一過[4]，猶可想見其婆娑古槐下[5]，鳥聲竹韻，無非祖意。頃梓《德山暑譚》[6]，政從此揀出而若刻，若不盡刻，何也？盖[7]予不恨當日不見其全，而恨今日始見其全。當日機緣[8]未熟，或甘飽蠹魚[9]之腹，今日魚璣[10]滿市，誰識明珠？焉知不作管幼安[11]，園中金一例抛擲[12]耶？此予所以憒然恨行之不早也。先生家有元方，而不能季方；先生家有季方，而不能元

---

① 此爲明代文學家、書法家、畫家陳繼儒所序。《德山暑譚》有作者袁宏道題爲"《德山署譚》小引"的自序。序文爲："甲辰秋，余偕僧寒灰、雪照、冷雲，諸生張明教，入桃花源。馀暑尚熾，遂憩德山之塔院。院後嶺，有古樟樹，婆娑偃蓋。梁山青色，與水光相盪，蒼翠茂密，驕焰如洗。櫛沐未畢，則諸公已先坐其下。既絕樑雜，鬭號呶，閑言冷語，皆歸第一。明教因次而編之。既還，以示余。余曰：'此風痕水文也，公乃爲之譜邪？然公胸中有活水者，不作印板文也。'遂揀其近醇者一卷，付之梓。甲辰冬日石公宏道識。"

② 不拈椎，不豎拂：不提起椎棒、不豎起拂子。"拈椎豎拂"，又作"拈槌舉拂"，是禪家示機、應機的常用動作，泛指禪機作略。椎，亦作"槌"，是魚鼓敲棒；拂，是撣塵之具。均系寺院常見器物。

③ 私通車馬："官不容針，私通車馬"之省，意謂法律嚴密，不容絲毫含糊，然以私下人情卻大可通融。禪家使用此語，多指接引學人時，可以隨機應物，靈活採用多種方便法門。

④ 一過：一遍，一次。

⑤ 婆娑古槐下：袁宏道《德山暑譚·小引》云："甲辰秋，余偕僧寒灰、雪照、冷雲，諸生张明教，入桃花源。馀暑尚熾，遂憩德山之塔院。院後嶺，有古樟樹，婆娑偃蓋。梁山青色，與水光相盪，蒼翠茂密，驕焰如洗。"

⑥ 德山暑譚：又作《德山塵譚》，袁宏道撰，萬曆三十二年（1594）付梓。德山，今位於湖南省常德市。

⑦ 盖：同"蓋"。

⑧ 機緣：眾生之根機與悟法之因緣。

⑨ 蠹魚：蟲名。即蟫。又稱衣魚。蛀蝕書籍衣服。體小，有銀白色細鱗，尾分二歧，形稍如魚，故名。

⑩ 魚璣：魚目與明珠。

⑪ 管幼安：即管寧（158—241），字幼安。北海郡朱虛縣（今山東省安丘、臨朐東南）人。

⑫ 園中金一例抛擲：《世說新語·德行第一》："管寧、華歆共園中鋤菜，見地有片金，管揮鋤與瓦石不异，華捉而擲去之。又嘗同席讀書，有乘軒冕過門者，寧讀如故，歆廢書出看。寧割席分坐曰：'子非吾友也。'"

方。[1]先生大地茫茫[2]，誰与[3]鼎足？今文長[4]脉望[5]之塵既洗，卓老[6]性命之旨已明，定可与先生鼎足。而两先生秇[7]林中，生不得封矦[8]，死猶能庙食[9]，伊誰[10]之力？先生且輕重兩先生哉！雖然于閻浮提[11]中現三先生，于三先生諸集中乃有《珊瑚林》，世人那得知三先生？晝[12]則終日在三先生白毫光[13]中，人自不識耳。顧予何人，妄生許優劣？

華亭陳継儒[14]題

---

① 元方、季方是東漢陳寔的兩個兒子。兄陳紀，字元方；弟陳諶，字季方。《世説新語・德行》："陳元方子長文有英才，與季方子孝先，各論其父功德，争之不能决。諮于太丘。太丘曰：'元方難爲兄，季方難爲弟。'"後稱兄弟皆賢爲"難兄難弟"或"元方季方"。

② 茫茫：后一"茫"字原文省作"〻"。

③ 与："與"之異體。《説文解字》大徐本："与，賜予也。一勺爲与。此与與同。"另見《敦煌俗字譜・臼部・與字》《玉篇・勺部・与字》等。

④ 文長：即徐渭（1521—1593），紹興府山陰（今浙江紹興）人。初字文清，後改字文長。明代著名文學家、書畫家、戲曲家、軍事家。

⑤ 脉望："脉"爲"脈"之異體。《集韻・入聲・麥韻》"衇脈脉"三字下云："《説文》血理分邪行體者，或從肉，亦作脉。"脉望，傳説蠹魚所化之物。明謝肇淛《五雜俎・人部三》："富貴之家，朱門空鎖，榻笥凝塵，脉望果腹。"

⑥ 卓老：即李贄（1527—1602），福建泉州人。明代著名思想家、文學家，泰州學派的一代宗師。李贄初姓林，名載贄，後改姓李，名贄，字宏甫，號卓吾，别號溫陵居士、百泉居士等。

⑦ 秇："藝"之異體。字見《集韻・入聲・緝韻》。

⑧ 矦："侯"之異體。《廣韻・平聲・侯韻》："侯，《説文》本作矦。"《字鑑・平聲・侯韻》："矦，俗作侯。"《字彙・矢部》："矦，古侯字。"

⑨ 庙食：庙，"廟"之異體。《宋元以來俗字譜・廟字》下引《通俗小説》、戲曲刻本用字多作"庙"。廟食，謂死後立廟，受人奉祀，享受祭饗。《史記・滑稽列傳》："廟食太牢，奉以萬戶之邑。"

⑩ 伊誰：誰，原文草書作"谁"。伊誰，即誰，何人。《詩・小雅・何人斯》："伊誰云從？維暴之云。"

⑪ 閻浮提：梵語，即南贍部洲。閻浮，樹名。提爲"提鞞波"之略，義譯爲洲。洲上閻浮樹最多，故稱閻浮提。詩文中多指人世間。晉法顯《佛國記》："吾卻後七日，當下閻浮提。"

⑫ 晝：原文草書類"盡"。

⑬ 白毫光：佛光。唐沈佺期《紅樓院應制》詩："紅樓疑見白毫光，寺逼宸居福盛唐。"《敦煌變文集・維摩詰經講經文》："金紫曜明衣內寶，眉間時放白毫光。"

⑭ 陳繼儒：生于1558年，卒于1639年，字仲醇，號眉公、也作麋公，又號白石山樵。松江府華亭縣人。明代文學家、書法家及畫家。

《珊瑚林》上卷

古郢門人張五教[①]編　錢塘後學馮賁校

明公安袁宏道中郎　著[②]

《大学[③]》所謂格物[④]，乃徹上徹下[⑤]語。紫陽[⑥]謂窮至[⑦]事物之理，[⑧]此徹下語也。殊[⑨]不知，天下事物，都是[⑩]知識到不得者。如眉何以竪，眼何以横，髮何里長，鬚何以短，[⑪]男女精血何以成人[⑫]，此等可窮至[⑬]乎？此徹上語也[⑭]。求知物理[⑮]，如蛾趨明，轉爲明燒。日下孤燈，亦復何益。[⑯]

---

① 張五教：袁宏道《德山暑譚・引》作“張明教”。

② 《德山暑譚》署名“石公袁宏道中郎，古郢五教明教編”。

③ 大學：《德山暑譚》作“曾子”。《大學》，原是《小戴禮記》裹一篇，舊説爲曾子所作。

④ 格物：推究事物之理。《禮記・大學》：“致知在格物，物格而後知至。”

⑤ 徹上徹下：貫通上下；通達上下。《論語・子路》“居處恭，執事敬，與人忠。雖之夷狄，不可棄也”朱熹集注引宋程顥曰：“此是徹上徹下語。”

⑥ 紫陽：朱熹（1130—1200），又称紫阳先生。婺源人（今江西婺源），字元晦，一字仲晦，号晦庵，南宋理学集大成者，後人尊称爲朱子。

⑦ 窮至：《德山暑譚》作“窮致”。

⑧ 《大學章句》：“格，至也。物，猶事也。窮至事物之理，欲其極處，無不到也。”

⑨ 殊：原文作“殊”，字同。正文中“殊”徑改爲“殊”，不再出注。

⑩ 都是：《德山暑譚》作“皆”。

⑪ 袁宏道《答〈陶石簣編修〉》：“世豈有參得明白的禪？若禪可參得明白，則現今目視耳聽，髮竪眉横，皆可參得明白矣。須知髮不以不參而不竪，眉不以不參而不横，則禪不以不參而不明，明矣。”

⑫ 男女精血何以成人：《德山暑譚》無。

⑬ 窮至：《德山暑譚》作“窮致”。

⑭ 此徹上語也：《德山暑譚》無。

⑮ 求知物理：《德山暑譚》無。

⑯ 文字分段依明刻本原有分段，除有明顯的分段錯誤外，一般不另作調整。

問：妙喜[①]言："諸公但知格物，不知物格[②]。"[③]意旨何如[④]？

答：格物物格，猶諺云："我要打他，反被他打也。"今人盡一生心思，欲窮他，而反被他窮倒。豈非物格耶？故杲公引斬圖落頭[⑤]之事。[⑥]

下學[⑦]工夫只在格物。格者，窮究也。物即製念也。意不能空起，必有所寄托。[⑧]故意之所在即物也。[⑨]窮究這意年，従何起？従何滅？是因緣生，是自然生，是真的，是假的，是主人，是奴僕。如此窮究，便名格物。此格物，即禅家之参禅也。到得悟了時，便名致知。物即是知，吽[⑩]做誠意。知即是物，吽做正心。[⑪]故一格物而大学之工夫尽矣。

一日克己復礼，天下歸仁。[⑫]蓋無己則無人，[⑬]無人則無天下。[⑭]渾然萬物一體。[⑮]故曰歸仁。顏淵思想，吾身只靠着視聽言動，今克去了己，

---

① 妙喜：大慧宗杲（1089—1163），宋代臨濟宗楊岐派僧，字曇晦，號妙喜，又號雲門。俗姓奚，宣州（安徽）寧國人。

② 物格：謂事理得到窮究。《禮記·大學》："致知在格物，物格而後知至。"朱熹集注："物格者，物理之極處無不到也。"

③ 南宋曇秀《人天寶鑑》："公（張九成）奉祠得請詣徑山，問格物之旨。妙喜曰：'公只知有格物，而不知物格。'公罔措。"

④ 何如：《德山暑譚》作"如何"。

⑤ 斬圖落頭：宋悟明《聯燈會要》卷一八："公（張子韶）一日復謁妙喜，論格物之旨。妙喜云：'公只知有格物，不知有物格。'公沉吟。須臾云：'師豈無方便耶？'妙喜哂之。公云：'還有樣子否？'妙喜云：'不見小説載，唐時有與安祿山謀叛者，其人先爲閬守，有畫像在焉。明皇幸蜀，見之大怒。令侍臣以劍擊像首。其人在陜西，忽然首墮。公聞之，頓領厥旨，遂作偈云：'子韶格物，曇晦物格。欲識一貫，兩箇五百。'"

⑥ 故杲公引斬圖落頭之事：《德山暑譚》無此語。

⑦ 下學：謂學習人情事理的基本常識。《論語·憲問》："子曰：不怨天，不尤人，下學而下達。"何晏集解引孔安國曰："下學人事，上知天命。"宋陳亮《經書發題·論語》："《論語》一書，無非下學之事也。"

⑧ 明袁宗道《白蘇齋類集·卷之十七·説書類》："情念不孤起，必緣物而起，故名情念爲物也。初入道人，如何用功，須是窮自己情念起處。窮之又窮，至于窮不得處，自然靈知顯現，迥然朗然，貫通今古，包羅宇宙，則知致矣。故曰致知在格物，此是初學下手吃緊工夫，千聖入門之的訣也。"

⑨ 明王陽明《傳習録》卷上："身之主宰便是心，心之所發便是意，意之本體便是知，意之所在便是物。"

⑩ 吽："叫"之異體。《字學三正·體製上·俗書加畫者》："叫：俗作吽。"

⑪ 《禮記·大學》："欲正其心者，先誠其意；欲誠其意者，先致其知；致知在格物"。

⑫ 《論語·顏淵》："顏淵問仁。子曰：'克己復禮爲仁。一日克己復禮，天下歸仁焉。爲仁由己，而由人乎哉？'顏淵曰：'請問其目。'子曰：'非禮勿視，非禮勿聽，非禮勿言，非禮勿動。'顏淵曰：'回雖不敏，請事斯語矣。'"

⑬ 《朱子語類》卷第七十三："無己無人，但見是此道理，各止其所也。"

⑭ 《二程遺書》卷十一："天位乎上，地位乎下，人位乎中。無人則無以見天地。"

⑮ 《二程全書》卷二上："仁者，以天地萬物爲一體，莫非己也。"

是無視聽言動，却如何做工夫？故請問其目。夫子答云："汝勿以目視，唯以天則[①]之目視；勿以耳聽，唯以天則之耳聽。耳目即己也，己即非禮也，此正約之以禮[②]處。顔淵思來，即事却難，我今且做。看到了，既竭吾才，纖毫意見心思都捐棄了，然後立卓爾，雖欲從之，末由也已。[③]此不是未達一間[④]。蓋道體自是如此，着力不得。《金剛經》問："應云何住？云何降伏其心？"即顔淵問仁。"應如是住，如是降伏其心。"[⑤]即克己復禮爲仁。"不住色布施，不住聲、香、味等布施。"[⑥]即非禮勿視聽言動也。

問：《中庸》首章与禅家宗旨合否？

答：了此一章，别無禅宗可学。蓋天者對人而言。凡属見聞思慮，皆人也。情識不到，不知其然而然，是謂天命也。[⑦]即此謂身性。能随順這不落見聞思慮的，便謂之道。修此不落見聞思慮的，便謂之教。何也？見聞思慮，皆有離時。如眼有時不見色，乃至意有時不思法。唯見聞不落，始得言須臾不離。是謂不睹不聞。畢竟不在見聞上作功夫。是謂戒慎恐懼。夫此不睹不聞，乃独立無對待者。人以爲極隐極微，不知是最見最顯的。蓋人只知見聞之爲見聞，而不知見本非見，聞本非聞，此獨也。試觀喜怒哀樂未發時，豈是見聞攙入得的。是即天命之性，謂之中也。發而

---

① 天則：猶天道。自然的法則。《易・乾》："乾元用九，乃見天則。"唐楊炯《渾天賦》："俯察人事，仰觀天則。"

② 約之以禮：《論語・雍也》："子曰：'君子博學於文，約之以禮，亦可以弗畔矣夫！'"

③ 《論語・子罕》："顔淵喟然歎曰：'仰之彌高，鑽之彌堅；瞻之在前，忽焉在後。夫子循循然善誘人，博我以文，約我以禮。欲罷不能，既竭吾才，如有所立卓爾。雖欲從之，末由也已。'"

④ 未達一間：謂未能通達，只差一點。漢揚雄《法言・問神》："昔乎！仲尼潛心於文王矣，達之；顔淵亦潛心於仲尼矣，未達一間耳。"

⑤ 《金剛般若波羅蜜經》："時長老須菩提在大衆中即從座起，偏袒右肩，右膝著地，合掌恭敬而白佛言：'希有！世尊！如來善護念諸菩薩，善付囑諸菩薩。世尊！善男子、善女人，發阿耨多羅三藐三菩提心，應云何住？云何降伏其心？'佛言：'善哉，善哉！須菩提！如汝所説："如來善護念諸菩薩，善付囑諸菩薩。"汝今諦聽，當爲汝説。善男子、善女人，發阿耨多羅三藐三菩提心，應如是住，如是降伏其心。'"

⑥ 《金剛般若波羅蜜經》："復次，須菩提！菩薩於法，應無所住，行於布施，所謂不住色布施，不住聲、香、味、觸、法布施。須菩提！菩薩應如是布施，不住於相。何以故？若菩薩不住相布施，其福德不可思量。"

⑦ 《莊子・達生》："孔子曰：'何謂始乎故，長乎性，成乎命？'曰：'吾生於陵而安於陵，故也；長于水而安于水，性也；不知吾所以然而然，命也。'"

皆中節，斯即見無見，即聞無聞。是則率性之道，謂之和也。盡先天[①]後天[②]機括[③]，未有出這中和外者。故曰大本[④]，曰達道[⑤]。致即到也。人能到中和時，則天地自位，万物自育。[⑥]此則修道之極功，是之謂教。蓋聖人以裁成天地，輔相萬物爲教也。[⑦]

問：尼父[⑧]乃致中和者，何春秋之天地萬物不位育？[⑨]

答：今人愁苦，則晴日和風皆成隱憂；今人快樂，則疾風暴雨皆成畅适。何關他天地万物事？

問：禪宗謂一人發真歸元，十方消殞，果若斯言，自迦文[⑩]成佛後，無天地久矣，何以十方世界猶存耶？[⑪]

答：在孔子分上實位，在迦文分上實隕。但非麤浮[⑫]者所能知見耳。夫不位則不殞，不殞即不位。[⑬]前所謂無見聞思慮，即殞之謂也。

---

① 先天：謂先於天時而行事，有先見之明。《易·乾》："夫大人者，與天地合其德；與日月合其明，與四時合其序，與鬼神合其吉凶，先天而天弗違，後天而奉天時。"孔穎達疏："先天而天弗違者，若在天時之先行事，天乃在後不違，是天合大人也。"

② 後天：後於天時而行事。《易·乾》："先天而天弗違，後天而奉天時。"孔穎達疏："後天而奉天時者，若在天時之後行事，能奉順上天，是大人合天也。"漢王充《論衡·初稟》："如必須天有命，乃以從事，安得先天而後天乎？"

③ 機括：弩上發矢的機件。《莊子·齊物論》："其發若機栝，其司是非之謂也。"成玄英疏："機，弩牙也。栝，箭栝也。"喻治事的權柄或事物的關鍵。漢應劭《風俗通·過譽·司空潁川韓稜》："稜統機括，知其虛實。"

④ 大本：根本，事物的基礎。《荀子·强國》："故爲人上者，必將慎禮義務忠信然後可，此君人者之大本也。"

⑤ 達道：公認的准則。《禮記·中庸》："君臣也，父子也，夫婦也，昆弟也，朋友之交也：五者，天下之達道也。"

⑥ 《禮記·中庸》："喜怒哀樂之未發謂之中，發而皆中節謂之和；中也者，天下之大本也，和也者，天下之達道也。致中和，天地位焉，萬物育焉。"

⑦ 《律曆志》上引《《周易·泰卦》："后以裁成天地之道，輔相天地之宜。"

⑧ 尼父：一作"尼甫"，對孔子的尊稱。孔子字仲尼，故稱。

⑨ 《禮記·中庸》："致中和，天地位焉，萬物育焉。"

⑩ 迦文：釋迦牟尼亦稱釋迦文佛，省稱迦文。南朝齊王融《法門頌啟》："迦文啟聖，道冠百靈。"

⑪ 原文無"何以十方世界猶存耶"，此據《嘉興藏》補。此問，《嘉興藏》第40冊《一貫別傳》卷四引作："或問，若謂一人發真歸元，此十方（空界）皆悉銷殞，果如斯言，則釋迦成佛後無天無地久矣，何以十方世界猶存耶？"

⑫ 麤浮：麤心浮氣，浮躁，不細心。宋葉適《丁少明輓詩》："吟成絕妙驚人句，散盡麤浮使鬼錢。"

⑬ 《袁中郎全集·雜录·明教说》："不殞则不位，不位则不殞。殞与位似反而實相成也。夫宣父當年春秋之天地乱极矣，宣父固致中和者也，而何以不位？若此固知非一番消殞，决不知吾夫子位育功用也。"

問：子思説："天命之謂性。"[①]則性超于見聞思慮之外，非形色可倫。孟子乃説："形色天性也。"[②]此如何會？

答：子思所説與孟子所説無二。孟子自説"形色天性"，却[③]不許可"食色性也"[④]之説。思之自見。

問：思孟之造詣同否？

答：子思之學即孔子親傳。孟子知言養氣[⑤]與無聲無臭[⑥]，猶有絲毫許隔。他如曾子之學亦與子思異。子思説天命之性究竟至位育，曾子説格物致知[⑦]，其功止齊治均平[⑧]矣。故今人學術正曾子流派[⑨]也。

問：堯兢兢，舜業業，[⑩]何義？

答：堯舜兢業[⑪]，乃身爲天子，恐一念有差，貽萬姓之憂也。若論本體工夫，則戒慎不睹，恐懼不聞，是真兢業。大抵世人只在睹聞上戒懼，如要做好事，做門面皆是也。試細思之，吾人那一事，不在要人睹聞，求其用功于不睹不聞者鮮矣。

---

① 《中庸》："天命之謂性，率性之謂道，修道之謂教。"

② 《孟子：·盡心上》："形色，天性也。惟聖人然後可以踐形。"

③ 却："卻"之異體字。

④ 《孟子·告子上》："告子曰：'食、色，性也。仁，內也，非外也。義，外也，非內也。'"

⑤ 養氣：保養元氣，涵養本有的正氣。《孟子·公孫丑上》："我善養吾浩然之氣。"

⑥ 無聲無臭：沒有聲音，沒有氣味。常形容天道、神意幽微玄妙，難以直覺感知。《詩·大雅·文王》："上天之載，無聲無臭。"鄭玄箋："天之道難知也，耳不聞聲音，鼻不聞香臭。"

⑦ 格物致知：謂研究事物原理而獲得知識。《禮記·大學》："欲誠其意者，先致其知，致知在格物。"鄭玄注："格，來也；物猶事也。其知於善深，則來善物；其知於惡深，則來惡物；言事緣人所好來也，此致或爲至。"《朱子語類》卷十四："格物致知，便是要知得分明；誠意、正心、修身，便是要行得分明。若是格物致知有所未盡，便是知得這明德未分明。"

⑧ 齊治均平：指齊家治國平天下。《禮記·大學》："古之欲明明德於天下者，先治其國。欲治其國者，先齊其家。欲齊其家者，先修其身。欲修其身者，先正其心。"《朱子語類》卷第十六《大學三》："物格、知至後，其理雖明，到得後來齊家、治國、平天下，逐件事又自有許多節次，須逐件又徐徐做將去……平天下，謂均平也。"黃宗羲《明儒學案》卷十九《江右王門學案》四："了此便達天德，便是齊家治國平天下，而與佛老异。蓋吾儒齊治均平，勛塞宇宙，而格致誠正，無所加也，雖窮約終身，一行未見，而心意知物，無所損也，故佛老之無思議、無善惡、超入精微者，吾儒皆足以貫之，而格致誠正便了。齊治均平者，佛老未之逮也。"

⑨ 派：原文作"泒"，字同。以下正文中"泒"，皆徑改爲"派"，不另出注。

⑩ 《書·皋陶謨》："兢兢業業，一日二日萬幾。"孔傳："兢兢，戒慎；業業，危懼。"《漢書·元帝紀》："今朕獲保宗廟，兢兢業業，匪敢解怠。"顔師古注："兢兢，慎也；業業，危也。"

⑪ 兢業：謹慎戒懼。"兢兢業業"的省語。《陳書·宣帝紀》："今便肅奉天策，欽承介圭。若據滄溟，踰增兢業。"

問：聖人率性，凡夫亦率性，何爲有聖凡之分？

答：凡[①]夫率情非率性也。曰凡夫亦是不學不慮之良，何謂率情？曰能見性，雖千思萬動，皆不學不慮；未見性，雖百不思、百不爲，亦是學慮。

問：中庸如何不可能[②]？

答：此正是雖聖人亦有不能處。蓋中庸原不可能，非云不易能也。君子之中庸只一"時"字，非要去能中庸也。孔子可以仕則仕，可以處則處，可以久則久，可以速則速，正是他時中[③]。小人而無忌憚，只爲他不能時中。聖凡之分，正在於此。[④]

孔子是實証，孟氏便有過頭語。如孔子説，子臣弟友未能，自是實話。

學道人須智仁勇[⑤]兼備。有仁勇無智，此是愚人；有智勇無仁，此是惡人；有智仁無勇，此是儒人。

先生問：如何是道心唯微？[⑥]

答：無思、無爲、無聲、無臭。曰汝日用間，有種種念慮[⑦]，言語行事不淨等，安得無思、無爲、無聲、無臭？曰不可離了思爲，別有一個無思爲者，如水中鹽味分明有鹽，但析不開耳。曰若是則世間水與鹽是一件矣。謂水離不得鹽則可，謂鹽離不得水則不可。

"小人行險以徼倖[⑧]"，非趨利也。只是所行不平易，好奇過高，故謂之險，謂之倖。孟子説性善，[⑨]亦只説得情一邊，性安得有善之可名？

---

① 凡：原文漫漶不清。

② 中庸如何不可能：《德山暑譚》作"如何中庸不可能"。

③ 時中：儒家謂立身行事，合乎時宜，無過與不及。《易·蒙》："蒙亨，以亨行，時中也。"孔穎達疏："謂居蒙之時，人皆願亨，若以亨道行之，于時則得中也。"《禮記·中庸》："君子之中庸也，君子而時中。"孔穎達疏："謂喜怒不過節也。"

④ 《禮記·中庸》："仲尼曰：'君子中庸，小人反中庸。君子之中庸也，君子而時中。小人之中庸也，小人而無忌憚也。'"子曰：'中庸其至矣乎！民鮮能久矣。'"

⑤ 智仁勇：儒家提倡的三種德行。《論語·子罕》："子曰：知者不惑，仁者不憂，勇者不懼。"知，用同"智"。《史記·平津侯主父列傳》："智、仁、勇，此三者天下之通德。"

⑥ 《書·大禹謨》："人心惟危，道心惟微，惟精惟一，允執厥中。"

⑦ 念慮：思慮。《淮南子·説山訓》："念慮者不得臥。止念慮，則有爲其所止矣。"

⑧ 行險以徼倖：謂冒險行事以求利。《禮記·中庸》："故君子居易以俟命，小人行險以徼幸。"安危試之一擲，事成則身蒙其利，不成則陛下任其患，不可聽也。"明劉若愚《酌中志·內府衙門職掌》："彼草野寒士，或迫于家貧親老，行險徼倖，世所間有，罪不致死。"

⑨ 《孟子·告子上》："人性之善也，猶水之就下也，人無有不善，水無有不下。"《孟子·滕文公上》："孟子道性善，言必稱堯舜。"

且如以惻隱爲仁之端，而舉乍見孺子入井以驗之。[1]然今人乍見美色而心蕩，乍見金銀而心動，[2]此亦非出于嬌强，可俱謂之真心[3]耶？[4]

問：行不著，習不察，[5]如何方得著察？

答：説个如何便不著察。陽明[6]龍溪[7]謂儒釋有毫厘之辨，亦指其施設處異耳，非根源有殊也。

問：儒與老莊同異？

答：儒家之學順人情，老莊之學逆人情。然逆人情，正是順處。故老莊常[8]曰因，[9]曰自然。如"不尚賢，使民不争"[10]。此語似逆而實因，思之可見。儒者順人情，然有是非，有進退，却似革。革者[11]，革其不同，以歸大同也。是亦因也。但俗儒不知以因爲革，故所之必務張皇[12]。即如耕田鑿井，渴飲飢食，豈不甚好？設有講學者，便要聚衆講鄉約，或[13]逞精明者，便[14]行訪[15]行革，生出種種事端。惡人未必治而良，民已不勝其

---

① 《孟子·公孫丑上》："孟子曰：'人皆有不忍人之心，先王有不忍人之心，斯有不忍人之政矣；以不忍人之心，行不忍人之政，治天下可運之掌上。所以謂人皆有不忍人之心者，今人乍見孺子將入於井，皆有怵惕惻隱之心——非所以内交於孺子之父母也，非所以要譽於鄉黨朋友也，非惡其聲而然也。由是觀之，無惻隱之心，非人也；無羞惡之心，非人也；無辭讓之心，非人也；無是非之心，非人也。惻隱之心，仁之端也；羞惡之心，義之端也；辭讓之心，禮之端也；是非之心，智之端也。'"

② 明馮從吾《少墟集》卷九："問：今人見孺子而怵惕，此固自然而然矣。如見美色而心蕩，見金銀而心動，抑豈勉然而然耶！"

③ 真心：純潔善良的心。《後漢書·竇融傳》："欲設閑離之説，亂惑真心。"

④ 此段話，袁宏道《瓶花齋雜録》《德山暑譚》同。

⑤ 《孟子·盡心上》："行之而不著焉，習矣而不察焉，終身由之而不知其道者，衆矣。"王陽明《傳習録》"在心如此，在物亦然。世儒惟不如此，舍心逐物，將格物之學錯看了，終日馳求于外，只做得個義襲而取，終身行不著，習不察。"

⑥ 陽明：王守仁（1472—1529），字伯安，别號陽明，學者稱爲陽明先生，亦稱王陽明。浙江紹興府余姚縣（今屬寧波余姚）人。著有《王文成公全書》。

⑦ 龍溪：王畿（1498—1583），明代思想家。字汝中，號龍溪，學者稱龍溪先生。浙江山陰（今紹興）人。著有《龍溪全集》20卷。

⑧ 常：《德山暑譚》《瓶花齋雜録》皆作"尝"。

⑨ 《莊子·養生主》："批大郤，道大窾，因其固然。"

⑩ 《老子》："不尚賢，使民不争。"

⑪ 革者：《德山暑譚》《瓶花齋雜録》皆作"夫革者"。

⑫ 張皇：張大，壯大。《書·康王之誥》："張皇六師，無壞我高祖寡命。"孔傳："言當張大六師之衆。"

⑬ 《德山暑譚》《瓶花齋雜録》無"便要聚衆講鄉約，或"等字。

⑭ 《德山暑譚》《瓶花齋雜録》"便"字後有"創立科條，東約西禁"等字。

⑮ 訪：《瓶花齋雜録》作"防"。

擾。此等似順而實革，不可不知。曰：儒者亦尚自然乎？曰：然。孔子[①]所言絜矩[②]，正是因，正是自然。後儒將矩字看作理字，便不因、不自然矣[③]。夫民之所好，好之；民之所惡，惡之。是以民之情爲矩，安得不平？今人只從理上絜去，或以己[④]之所有者，責人上以必無。或以己之所無者，責百姓以必有，[⑤]内欺己心，外拂人情，如何得平？夫非理之爲害也，不知理在情内，而欲拂情以爲理，故去治彌遠耳[⑥]。

問：二氏[⑦]之學，清淨無爲，出世可矣，似不可治世？

答：世出世法，豈是兩事？如今做官的，奚必不打人不罰人，纔[⑧]叫無爲？謂百姓有犯者，來則治之；不犯者，聽其自然，勿生事擾民。此即是清淨無爲，豈不能致太平？

問：道家有言人有三魂七魄[⑨]，有守家者，有守塚者，是否？

答：有之。昔黄魯直嘗患腰痛，夜夢一女子云："我是公前身，葬某寺後，今腰間被傷，公宜爲别遷，可已公疾。"魯直如言起之，果見一女

---

① 孔子：《瓶花齋雜録》作"曾子"。

② 絜矩：絜，度量；矩，畫方形的用具，引申爲法度。儒家以絜矩來象徵道德上的規範。《禮記·大學》："所謂平天下在治其國者，上老老而民興孝，上長長而民興弟，上恤孤而民不倍，是以君子有絜矩之道也。"鄭玄注："絜，猶結也，挈也；矩，法也。君子有挈法之道，謂當執而行之，動作不失之。"朱熹集注："絜，度也。矩，所以爲方也……君子必當因其所同，推以度物，使彼我之間，各得分願，則上下四方，均齊方正，而天下平矣。"

③ 矣：《德山暑譚》此字無。

④ 己：原文作"巳"。原文"己""巳"多作"巳"。故本校注本多徑改不另出注。

⑤ 《德山暑譚》《瓶花齋雜録》無"或以己之所有者，責人上以必無。或以己之所無者，責百姓以必有"等字，"内欺己心"有"必至"二字。

⑥ 耳：《德山暑譚》此字無。

⑦ 二氏：指佛、道兩家。唐韓愈《重答張籍書》："今夫二氏之所宗而事之者，下乃公卿輔相，吾豈敢昌言排之哉？"宋文天祥《義陽逸叟曾公墓志銘》："維二氏之蔽於死生兮，小其用於一身。"

⑧ 纔：原文作"攙"。

⑨ 三魂七魄：道家對魂魄的總稱。認爲人的魂有三，魄有七。見《雲笈七籤》卷五四。晉葛洪《抱樸子·地真》："欲得通神，當金水分形，形分則自見其身中之三魂七魄。"宋俞琰《席上腐談》卷上："醫家謂肝屬東方木而藏魂，肺屬西方金而藏魄，道家乃有三魂七魄之説。魂果有三，魄果有七乎？非也。蓋九宫數以三居左，七居右也。白玉蟾三龍四虎之説亦猶是，蓋《太玄》以三爲木，四爲金也。"

子面色如生，而腰間爲水所浸，因改瘞[①]他所，自是腰患頓[②]除。[③]又如倩女離魂[④]，事亦類此。曰此事非人所習見，頗難生信；曰人之不見者，亦多。如汝之心，汝不見，其爲方爲圓，亦將不信有心乎！

問：如何是不見可欲使心不亂？

答：人心能强制之使不亂，唯盡世間可欲者，我皆不見其可欲，則心自不亂矣。不見有賢之可欲，自不爲賢所亂；不見有貨之可欲，自不爲貨所亂。斯老氏無爲自然之道也。

客有好玄學者，先生示之曰：一切常人，三教具備，遇飢喫飯，遇倦打眠，遇熱舉扇，遇冷加衣，此玄學也；逢人作揖打躬，分賓主，序長幼，此儒也；叫着卽應，打着卽痛，此禪也。何必遠有所求哉！

自然而然，此老莊所證的，乃第七識事；若夫竪窮三際[⑤]，横亘十方[⑥]，空空洞洞，連自然也沒有，此則第八識事；今恭學人所執自然的，所執空洞偏十方的，又非七八二識，乃第六識。緣想箇自然空洞的光景耳。

---

① 瘞：埋葬。

② 頓：原文作“頔”。

③ 北宋何子楚《春渚紀聞》：“山谷意謂涪陵非遷謫不至，聞之亦似瞶瞶。既坐黨人，再遷涪陵，未幾，夢一女子語之云：‘某生誦《法華經》而志願複身爲男子，得大智慧，爲一時名人。今學士，某前身也。學士近年來所患腋氣者，緣某所葬棺朽，爲蟻穴居于兩腋之下，故有此苦。今此居後山有某墓，學士能啓之，除去蟻聚，則腋氣可除也。’既覺，果訪得之。已無主矣。因如其言，且爲再易棺。修掩既畢，而腋氣不藥而除。”

④ 倩女離魂：據《太平廣記》卷三五八引唐陳玄祐《離魂記》載：清河張鎰曾欲以幼女倩娘許配外甥王宙，後又悔約別許他人，至倩娘抑鬱成病。一日，王宙乘船離去，夜半時倩娘忽至，遂相偕赴蜀。居五年，生二子。後同歸寧，鎰大驚，以其女病臥閨中未嘗外出。病女得訊出迎，與宙妻合爲一體。鎰乃知出奔之女即倩娘精魂所化。後遂用爲典故。宋張炎《疏影·梅影》詞：“依稀倩女離魂處，緩步出前村時節。”

⑤ 三際：即三世。前際，指過去；中際，指現在；後際，指未來。《仁王護國般若波羅蜜多經》卷上：“觀身實相，觀佛亦然。無前際、無後際、無中際，不住三際，不離三際。”

⑥ 十方：爲四方、四維、上下之總稱。即指東、西、南、北、東南、西南、東北、西北、上、下。佛教主張十方有無數世界及淨土，稱爲十方世界、十方法界、十方淨土、十方刹等。又其中之諸佛及衆生，則稱爲十方諸佛、十方衆生。

《華嚴》一經，總是一箇毘盧遮那佛①，善財五十三参②至彌勒③而止。獨不参釋迦佛，何耶？以釋迦卽毘盧遮那故。

《華嚴經》熱鬧到底，他經便都有冷淡寂莫④處。

問：《華嚴》云⑤："一身入定，多身起；⑥男身入定，女身起。"⑦何謂也？⑧

答：有分叚⑨識，則一多不能互融，男女不能互用。唯分叚識盡者有之。

問：何爲入定⑩？

答：卽今我與諸人，原同在定中，不必閉目静坐，方爲定也。⑪

問：菩薩跏趺⑫，入定多年，又何義⑬？

曰：此以定爲定者也。《華嚴》所論入定，則以慧爲定者也。蓋所

---

① 毘盧遮那佛：佛之報身或法身。《一切經音義》卷二十一："毘盧遮那，案梵本毘字……此云種種也。毘盧遮那，云光明遍照也；言佛於身智，以種種光明，照衆生也。或曰毘，遍也；盧遮那，光照也；謂佛以身智無礙光明，遍照理事無礙法界也。"原爲太陽之意，象徵佛智之廣大無邊，乃歷經無量劫海之修習功德而得到之正覺。

② 善財五十三参：参，同"參"。又作"童子五十三參"。據《華嚴經·入法界品》載，善財童子遍求法門要義，初参文殊師利菩薩，復遊行南方，先參德雲比丘，次第輾轉指示，終參普賢菩薩，即得一切佛刹微塵數三昧門。善財如是歷一百十城，参五十三位善知識，故稱爲"五十三參"。

③ 彌勒：又稱梅呾麗耶菩薩、末怛唎耶菩薩、迷底屨菩薩、彌帝禮菩薩。意譯作慈氏。依《彌勒上生經》《彌勒下生經》所載，彌勒出生於婆羅門家庭，後爲佛弟子，先佛入滅，以菩薩身爲天人説法，住於兜率天。據傳此菩薩欲成熟諸衆生，由初發心即不食肉，以此因緣而名爲慈氏。

④ 寂莫：同"寂寞"。沉寂、無聲。《南史・劉俊傳》："余聲塵寂莫，世不知，魂魄一去，將同秋草。"

⑤ 云：《德山暑譚》無此字。

⑥ 《大方廣佛華嚴經》卷四十二："菩薩摩訶薩住此三昧，亦復如是，一身入定，多身起，多身入定，一身起。"

⑦ 《萬松老人評唱天童覺和尚頌古從容庵録》卷五："韶陽老人可謂唱彌高而和彌寡，如今卻向延聖拂子頭上，入方網三昧，東方入定，西方起，乃至男身入定，女身起。"

⑧ 何謂也：《德山暑譚》無此三字。

⑨ 叚：同"段"。

⑩ 入定：入於禪定之意，即攝馳散之心，入安定不動之精神狀態。《觀無量壽經》："出定、入定，恒聞妙法。"

⑪ 此段《德山暑譚》作："答：人人皆有定，不必瞑目静坐，方爲定也。"

⑫ 跏趺："結跏趺坐"的略稱。佛教中修禪者的坐法：兩足交叉置於左右股上，稱"全跏坐"。或單以左足押在右股上，或單以右足押在左股上，叫"半跏坐"。據佛經説，跏趺可以減少妄念，集中思想。《無量壽經》卷上："哀受施草敷佛樹下跏趺而坐，奮大光明使魔知之。"

⑬ 何義：《德山暑譚》作"何謂也"。

謂定者，以中心明了，不生二念曰定。若[①]不明了，心生疑怖，則名不定矣[②]。辟[③]如我今認得某村路，隨步行去，此即是定；若路頭不明，出門便疑，是謂[④]不定。又如我在此坐，聞墻外金皷[⑤]聲，我已習知，便定；若從來不曾聞，未免有疑，是謂[⑥]不定。

《華嚴》言刦[⑦]由心生。過去現在未來之心不可得，則過現未三時刦不可得，時刦不可得，則授記[⑧]不可得，表毘盧遮那之無生也。主晝神，主夜神，主空神，主海神，表毘盧遮那之無生所不在也。外道[⑨]不學佛，然善財五十三参中，有外道登菩薩地[⑩]者，表毘盧遮那之不擇人也。但華嚴境界雖大，總只說得格內事，至格外[⑪]事不存焉。蓋爲不離言語，鬬凑[⑫]成箇大道聖耳。格外事言思路絕矣。

經云："心不妄取過去法，亦不貪着未來事，不於現在有所住。"[⑬]然吾人日用間，于過去事，有即今要接續做者，難道不去做？明日要爲某事，今日當預備者，難道不預備？過去事續之，未來事預備之，即是現在

---

① 若：《德山暑譚》作"儻"。

② 則名不定矣：《德山暑譚》作"斯名不定"。

③ 辟：同"譬"。

④ 謂：《德山暑譚》作"爲"。

⑤ 皷：同"鼓"。

⑥ 謂：《德山暑譚》作"爲"。

⑦ 刦：同"劫"。

⑧ 授記：梵語的意譯。謂佛對菩薩或發心修行的人給予將來證果、成佛的預記。《法華經・五百弟子受記品》："其五百比丘，次第當作佛，同號曰'普明'，轉次而授記。"

⑨ 外道：音譯作"底體迦"。又作"外教""外法""外學"。指佛教以外之一切宗教。與儒家所謂"異端"一語相當。梵語之原義係指神聖而應受尊敬之隱遁者，初爲佛教稱其他教派之語，意爲正說者、苦行者；對此而自稱內道，稱佛教經典爲內典，稱佛教以外之經典爲外典。至後世，漸附加異見、邪說之義，外道遂成爲侮蔑排斥之貶稱，意爲真理以外之邪法者。《三論玄義》卷上："至妙虛通，目之爲道。心遊道外，故名外道。"

⑩ 菩薩地：泛指十地，即修行過程之十個階位。一般多指"三乘共十地"之十地，或大乘菩薩修行過程之十地。三乘共十地，亦稱共地，即聲聞、緣覺、菩薩等三乘之人所共修之十個階位。

⑪ 格外：格，意指規格、法則、規定等，引申爲世間之尺度。佛教中每以格外一詞，用表超出常格之外，非比尋常之謂。

⑫ 鬬凑：鬬，原文漫漶不清，作"[illegible]"，有點像"鬬"，或覺得多寫了筆畫，後又涂掉，作"鬥"。"鬥"與"鬬"同。凑，俗"湊"字。鬥湊：湊合。《朱子語類》卷六四："此只將别人語言鬥湊成篇，本末次第終始總合，如此縝密。"《朱子語類》卷六八："許多嘉美一時鬥湊到此，故謂之會。"

⑬ 見《大方廣佛華嚴經》卷二八。

矣[①]。要知此中有活機，不是執定歿[②]本的。

問：何謂“如是我聞[③]”？

答：心境合一，曰如；超於是非兩端，曰是；不落眼耳鼻舌身意，爲我[④]；不從語言文字入，曰聞。[⑤]

問：《法華經》大旨[⑥]？

答：一光東照已盡了法華經矣。[⑦]其後種種方便譬喻因緣，皆不過《法華經》之註解耳。光中見諸天地獄衆生、諸佛涅槃修行，過去未來億千萬載事。建立如彼其廣，時世如此其夂[⑧]，凡聖如彼其多。此正李長者[⑨]所謂，無邊刹海，自他不隔於毫端；十世古今，始終不離於當念。[⑩]此四句，不唯盡《襍華[⑪]》之旨，卽《法華》全部，亦越此宗旨不得。

經云：“一稱南無佛[⑫]，皆已成佛道。”[⑬]又云：“大通智勝佛[⑭]，十刦坐道場。佛法不見前，不得成佛道。”[⑮]何相矛盾也？蓋時刦本無定，故一稱與十刦，同是一樣，非分夂暫也。如二人同在此睡，睡着之時

---

① 卽是現在矣：《德山暑譚》作“便卽是現在矣”。

② 歿：同“死”。

③ 如是我聞：又作“我聞如是”“聞如是”。爲經典之開頭語。釋尊於入滅之際，曾對多聞第一之阿難言其一生所説之經藏，須於卷首加上“如是我聞”一語，以與外道之經典區别。如是，係指經中所敘述之釋尊之言行舉止；我聞，則指經藏編集者阿難自言聽聞於釋尊之言行。又“如是”意爲信順自己所聞之法；“我聞”則爲堅持其信之人。此即信成就、聞成就，又作證信序。

④ 爲我：《德山暑譚》作“曰我”。

⑤ 《德山暑譚》此段后還有“無明即是明，世界山河所由起，皆始於求明，一念故明即無明，今學道人無一念不趨明者，不知此即生死之本”句。

⑥ 旨：同“旨”。

⑦ 《嘉興藏》第40冊《一貫别傳》卷五引作：“一光東照已盡了法華經之大旨。”

⑧ 夂：同“久”。

⑨ 李長者：即李通玄（635—730），唐代華嚴學者。王族出身，或謂滄州（河北滄縣）人。宋徽宗賜號“顯教妙嚴長者”。著有《新華嚴經論》《華嚴經會釋論》等。

⑩ 《註華嚴經題法界觀門頌》卷二：“李長者云：‘無邊刹境，自他不隔於毫端；十世古今，始終不離於當念矣。’”

⑪ 襍華：襍，同“雜”。襍華，即《雜華經》，《華嚴經》之異名。

⑫ 南無佛：南無，又作“南牟”“那謨”“南謨”“那摩”“曩莫”“納莫”等。意譯作敬禮、歸敬、歸依、歸命、信從。原爲“”禮拜之意，但多使用於禮敬之對象，表歸依信順，含救我、度我、屈膝之意。如稱南無三寶，即表歸依佛法僧三寶之意。如稱南無阿彌陀佛、南無妙法蓮華經等，將“南無”兩字冠於佛名或經名前，亦表歸依之意。

⑬ 見《妙法蓮華經》卷一。

⑭ 大通智勝佛：大通智勝，又作“大通眾慧如來”“大通慧如來”。即出現於過去三千塵點劫以前，演説《法華經》之佛名。

⑮ 見《妙法蓮華經》卷三。《德山暑譚》所引無“不得成佛道”句。

同[1]，醒時亦同。而一人夢經歷數日，一人夢止似俄頃[2]，此二人可分夂暫耶？

問："諸佛兩足尊"六句[3]，當如何解？

答："知法常無性"，卽慧足；"佛種從緣起"，卽福足。知法無性，所以不斷一切法，是謂從緣起也。二乘[4]遺緣，故析色明空[5]。一乘却[6]不然。盖一切法，各住在空位，世間相卽是常住，無緣非法，安用遺緣？此大慈所以訶焦種[7]也。[8]

問：經云："若人誦法華經者，其父母所生肉眼，能見三千大千世界，下至地獄上至有頂。"[9]今人誦《法華》者多矣。何以都不能見耶？

荅[10]：今之誦讀者果多寶如來[11]所聽之經乎？釋迦佛言，生生世世[12]，

---

① 睡着之時同：《德山暑譚》作"睡時同"。

② 一人夢止似俄頃：《德山暑譚》作"一人夢中止似過了一刻"。

③ 《妙法蓮華經》卷一："諸佛兩足尊，知法常無性，佛種從緣起，是故説一乘。是法住法位，世間相常住。"

④ 乘：同"乘"。

⑤ 析色明空：《德山暑譚》作"折色明空"。《嘉興藏》第27冊《石雨禪師法檀》卷九："相上求非相者有二：一者析色明空，二者即色明空。析色明空者，如法堂相似，棟樑椽柱，一一分析開來。"

⑥ 却：同"卻"。

⑦ 焦種：《德山暑譚》作"焦谷"。又作敗種、敗種二乘、敗根。大乘彈呵聲聞、緣覺二乘爲小乘，謂此二乘如草木之種子已敗壞，或根已腐敗，比喻其永不能成佛。二乘安於灰身滅智之涅槃，自認永不成佛，更無企求無上菩提之志，故大乘呵責之，喻如腐敗之草木種子，又如焦種，雖遇甘露，百千萬劫永不生芽。惟天台宗則謂，此一説法爲法華以前方等部之説相；至法華經時，始重顯二乘作佛之真實義，而以敗根蘇生爲其妙諦。

⑧ 《德山暑譚》後面尚有"今師家作了因、緣因因、法住、法位解者，大非"句。

⑨ 《添品妙法蓮華經法師功德品》第十八："爾時佛告常精進菩薩摩訶薩：'若善男子、善女人，受持是《法華經》，若讀、若誦、若解説、若書寫，是人當得八百眼功德，千二百耳功德，八百鼻功德，千二百舌功德，八百身功德，千二百意功德，以是功德莊嚴六根，皆令清淨；是善男子、善女人，父母所生清淨肉眼，見於三千大千世界內外所有山林、河、海，下至阿鼻地獄上至有頂，亦見其中一切眾生，及業因緣、果報、生處，悉見、悉知。'"

⑩ 荅：同"答"。

⑪ 多寶如來：多寶，音譯袍休羅蘭。又作寶勝佛、大寶佛、多寶佛。據《法華經》卷四《見寶塔品》之説，多寶佛係法華經之讚歎者，爲東方寶淨世界之教主。亦爲五如來之一。此佛入滅後，以本願力成全身舍利，每當諸佛宣説法華經時，必從地踊出，現於諸佛之前，以爲法華經之真實義作證明。

⑫ 生生世世：指無窮生死之世。又作世世生生。即重覆生死，歷經無數之生涯。意謂眾生生而死，死而生，流轉輪迴不已之相。《大乘本生心地觀經》卷三："有情輪迴生六道，猶如車輪無始終，或爲父母、爲男女，世世生生互有恩。"

在在處處[①]，演説《法華》。[②]則今日亦現在説，汝能聞否？既未能聞[③]，則汝所讀，定非多寶如來所聽之經。則肉眼不見宜矣。必欲遠見世界天地，當離眼根與色塵及日月燈光方能遠見。汝今黑夜連自己手足亦不見，何以見三千界耶？則知汝之肉眼原不能見，皆藉光藉色乃有見耳。

問：梵語首楞嚴，此云一切事究竟堅固。[④]夫論理可説堅固，若事相皆有毁壞，安得堅固？

答：理之堅固，已不待言，唯言一切事究竟堅固，辟如汝之肉身，卽今現在時念念密移，不得謂之堅固，則究竟夗後不得謂之不堅固。無情器用，時時脽壞[⑤]，亦復如是，蓋必現在時堅固，然後毁壞時方可説不堅固也。古云："一切法無性，名爲堅固。"肇公《物不遷論[⑥]》，卽一切事究竟堅固之。

《楞嚴》原是兩會[⑦]説自呪[⑧]文已前，皆頓教觀。不歷僧秖獲法身

---

① 在在處處：到處，各處各方。《佛説長阿含經》卷第一："爾時，如來默自念言：'今此城内乃有十六萬八千大比丘眾，宜遣遊行，各二人俱在在處處，至[1]於六年，還來城内説具足戒。'"

② 《妙法蓮華經》卷四："爾時佛告大樂説菩薩：'此寶塔中有如來全身，乃往過去東方無量千萬億阿僧祇世界，國名寶淨，彼中有佛，號曰多寶。其佛行菩薩道時，作大誓願："若我成佛、滅度之後，於十方國土有説法華經處，我之塔廟，爲聽是經故，踊現其前，爲作證明，讚言善哉。"彼佛成道已，臨滅度時，於天人大眾中告諸比丘："我滅度後，欲供養我全身者，應起一大塔。"其佛以神通願力，十方世界，在在處處，若有説法華經者，彼之寶塔皆踊出其前，全身在於塔中，讚言："善哉，善哉！"大樂説！今多寶如來塔，聞説法華經故，從地踊出，讚言："善哉，善哉！"'"

③ 聞：原文漫漶不清。

④ 《首楞嚴義疏注經》卷一："首楞嚴者，梵語也。《涅槃》云：'首楞者，名一切事竟。嚴者，名堅。即一切事究竟堅固也。'"

⑤ 脽壞：疑同"惰壞"，敗壞的意思。宋蘇軾《辯試館職策問札子》之二："然臣私憂過計，常恐百官有司，矯枉過直，或至於媮，而神宗勵精核實之政，漸致惰壞。"

⑥ 物不遷論：東晋著名的佛教學者、僧人僧肇著名著作《肇論》中的一篇。乃闡發般若性空學説，以"即動即静"之義闡明"即體即用"之理論。物不遷，謂雖有生起、流轉等現象，然其本體恒不遷。

⑦ 兩會：叢林中，大鼓與殿鐘等鳴打三會之際，其第一會（第一通）與第二會（第二通），合稱兩會。《禪苑清規》卷四"浴主"："打疊鳴鼓請眾，前兩會眾僧入浴，後一會行者入浴，末後住持、知事人入浴。"

⑧ 呪：同"咒"。

可知矣。此波斯匿王[①]父諱日[②]營齋[③]所説咒文，以後皆漸教[④]，觀信[⑤]、住[⑥]、行[⑦]、回向[⑧]可知矣。此□□[⑨]王難後所説，乃結集者合爲一經耳。

《楞嚴經註吳典解》不可看，彼處處配三觀四教，如何依得？

今人多以無着[⑩]爲心，然即今肚飢便思食，食時便知滋味，食後便飽，安能無着？經云："有不着者，不可名無。"[⑪]

《楞嚴》只破禪病，非實語，辟如告人云妄語是謊，此却是剩語[⑫]。然世間人以謊爲巢穴，不得不細細破之。

問：《楞嚴經》："但除器方，空體無方。"[⑬]先生云：辟如你夢見一池水與一河水，爲俱是汝不是？

答：都是。先生笑曰："河池本無，豈有是非耶？"

---

① 波斯匿王：又作鉢邏犀那恃多王、鉢囉洗曩喻那王。意譯勝軍王、勝光王、和悦王、月光王、明光王。爲中印度憍薩羅國國王，約與釋尊同時。

② 諱日：人死亡之日；忌日。《南史·袁粲傳》："孝建元年，文帝諱日，群臣並於中興寺八關齋。"

③ 營齋：設齋食以供僧道，請爲死者超度靈魂。《南齊書·劉瓛傳》："子良遣從瓛學者彭城劉繪、順陽范縝將廚於瓛宅營齋。"《法苑珠林》卷七六："留一萬錢物寄諮，請爲營齋。"唐元稹《遣悲懷》詩之一："今日俸錢過十萬，與君營奠復營齋。"

④ 漸教：指循序漸進而説之教法；即初説小乘，後説大乘，以淺深次第而説之教法。或指漸次修行至佛果之法門。爲"頓教"之對稱。南中三教之一，光統三教之一，化儀四教之一。以説法之内容而分，經長時修行後方覺悟者，稱爲漸教；一蹴而達佛果者，稱爲頓教。以説法之形式而言，由淺入深次第講説之教法，稱爲漸教；起始即説幽深内容之教法，稱爲頓教。

⑤ 信：指十信，菩薩五十二階位中，最初十位應修之十種心；此十種心在信位，能助成信行。全稱十信心。略稱十心。

⑥ 住：指十住，菩薩修行之過程分爲五十二階位，其中第十一至第二十階位，屬於"住位"，稱爲十住。

⑦ 行：指十行，菩薩修行之五十二階位中，指第二十一至第三十位所修之十種利他行。又作十行心。

⑧ 回向：回，同"迴"。指十迴向，菩薩修行五十二階位中，指從第三十一位至第四十位。迴向，乃以大悲心救護一切衆生之意。又作十迴向心，略稱十向。

⑨ 二字原文爲[illegible]，漫漶不清。

⑩ 着：同"著"。

⑪ 《大佛頂萬行首楞嚴經》卷一："佛告阿難：'汝言覺知分别心性俱無在者，世間虛空水陸飛行，諸所物象名爲一切。汝不著者，爲在爲無？無則同於龜毛兔角，云何不著？有不著者不可名無，無相則無，非無則相，相有則在，云何無著？是故應知，一切無著名覺知心，無有是處。'"

⑫ 剩語：多餘的話。宋邵博《聞見後録》卷十六："李邦直追作神道碑，至三百餘言，其文無一剩語。"宋惠洪《冷齋夜話·般若了無剩語》："此老人於般若横説豎説，了無剩語，非其筆端能吐此不傳之妙哉。"

⑬ 見《大佛頂萬行首楞嚴經》卷二。

問：如何爲物所轉，故觀大觀小？[①]

答：試觀世人分别心輕者，人我心亦輕；重者，人我心亦重。辟如有人争尺寸土田，見識大者，便讓些與之識量小者，必至争訟推此，則知轉物物轉之義矣。

無明即是明，世界山河所由起，皆始於求明一念，故明即無明。今學道人無一念不趨明者，不知此即輪迴之本也[②]。[③]

問：《楞嚴》中説"陰入[④]處界"，其旨如何？

答：阿難問："云何五陰[⑤]本如來藏[⑥]妙真如性？"若真義學家必答曰："五陰皆真心，影子無真心，何有五陰？如離波無水相似。"佛却不如此答，只説："色不從自生，不從他生，不共生，不無因生。"只如此便了，蓋四處求生不可得。正是無生，無生正是如來藏。

自他共生，即因緣無因，即自然世人，不説天地間事物從因緣生，便説自然而生，佛俱破却，曰本非因緣，非自然性，可見本來無生，不過循業發現妄見似有耳。

《楞嚴》文奥而義淺，《法華》《華嚴》文淺而義湥[⑦]。《楞嚴》可講，《法華》《華嚴》不可講。《楞嚴》説工夫，説次第，非了義之教，《法華》《華嚴》處處皆真方爲了義。

問：如何是知見立知？

答：山是山，水是水，此知見立知。

如[⑧]何是知見無見？

答：山不是山，水不是水，此知見無見。

數日又問：如何是知見立知？

---

① 《大佛頂萬行首楞嚴經》卷二："一切衆生從無始來迷己爲物，失於本心爲物所轉，故於是中觀大觀小；若能轉物則同如來，身心圓明不動道場，於一毛端遍能含受十方國土。"

② 輪迴之本也：《德山暑譚》作"生死之本"。

③ 此段《德山暑譚》在"何謂如是我聞"一問的回答后。

④ 入：原文作"人"。

⑤ 五陰：即五蘊，又作五衆、五聚。三科之一。蘊，音譯作塞健陀，乃積聚、類别之意。即類聚一切有爲法之五種類别：色蘊、受蘊、想蘊、行蘊、識蘊。

⑥ 如來藏：本指佛的一切經典教義，禪家認爲，一切衆生都具有清淨佛性，都能成佛，故以"如來藏"指清淨法身。《景德傳燈録》卷三〇《永嘉真覺大師證道歌》："摩尼珠，人不識，如來藏裏親收得。六般神用空不空，一顆圓光色非色。"

⑦ 湥：同"深"。

⑧ 如：《德山暑譚》"如"字前有一"問"字。

答：山不是山，水不是水，此知見立知。

問：如何是知見無見？

答：山是山，水是水，此知見無見。①

“不自觀音，以觀觀者。”②此“自”字最要緊。瞿洞觀③謂五十種陰魔④皆起於自，自即我相也，故經中只教人除我相。

《楞嚴》五十種陰魔，皆定中事，定中之魔，即睡中之事，特粗細不同耳。定中求慧，故有魔如叅禪者，乃慧中生定，故無魔如人不睡則無夢也。

問：念佛者何以無魔？

答：念佛心粗，魔王在六欲天之上，粗細不合，唯定境細與魔氣味相入耳。

問：習定者自身有魔，乃理之當然，何得另有天魔依附，曰如病者見鬼，雖因自己病，然實有鬼在特無病，人不見以氣味相接與不相接耳。

《楞嚴》云若以生滅心爲因，而求佛乘不生不滅，無有是處。今人在色身之內用功，皆生滅心也。初發心者慎之。

經云：“能平心地，則一切皆平。”顧心地豈易平哉？曾子之絜矩，孔子之忠恕，是平心的樣子，故學問到透徹處，其言語都近情，不執定道理以律人。⑤

問：何謂“精明湛不搖”，⑥爲八識區宇？

答：爲第六識分別不行，獨八識本體在，故有精明湛不搖境界。此乃

---

① “問如何是知見立知”至此：《德山暑譚》同。

② 見《大佛頂萬行首楞嚴經》卷六。

③ 瞿洞觀：即瞿汝稷（1548—1610）字元立，號那羅窟學人，幻寄道人、槃談、洞觀瞿子，瞿洞觀等，南直隸蘇州府常熟（今屬江蘇）人。明居士。編《續指月録》。著《石經大學質疑》《冏卿集》等。

④ 陰魔：又作蘊魔、五蘊魔、五眾魔、身魔。爲四魔之一。以身中五蘊皆構成奪命之因緣，故喻爲魔。即謂色、受、想、行、識等五蘊積聚，而成生死苦果，此生死法能奪智慧之命，故稱蘊魔。

⑤ 此段《德山暑譚》《瓶花齋雜録》同。

⑥ 《大佛頂萬行首楞嚴經》卷十：“又汝精明湛不搖處名恒常者，於身不出見聞覺知，若實精真不容習妄，何因汝等曾於昔年覩一奇物，經歷年歲憶忘俱無，於後忽然覆覩前異，記憶宛然曾不遺失，則此精了湛不搖中，念念受熏有何籌算？”

用工夫做到者。然終是根塵[①]邊事。

問："圓明了知，不因心念。"[②]此意云何？

先生曰：人喚汝名，汝即應，可因心念否？

曰：不因心念。

又曰：汝遇飯而喫，遇茶而飲，可因心念否？

曰：亦不因心念。但應名與飲食，不因心念易，如遇難處之事，要做仔細籌度。這個顯然是心念，如何説得不由心念？

先生曰：此亦現量當籌度者，即再四思維也。叫做不因心念，當知籌度難處之事，與喫飯應聲總是一樣，但在人有生有熟耳。

《圓覺經》吃緊處在："皆依圓照清淨覺相，永斷無明，方成佛道。"[③]且道清淨覺相，怎麼樣依？若依，則宛然能所；不依，則與佛旨相違。此處好疑。

"知幻即離"，[④]人人曉得，而畧當些小境緣，即昧而不知，若真知現前，豈逐境去？故須知得徹骨徹髓，任他千境萬境，展轉不昧，始謂之知可見。此知不在分别，而在不昧。

問：何謂真知不昧？

答：如遇物來觸眼，眼即自閉，何曾分别來的是甚物？又何曾思惟？我要閉眼，然却不覺不知自然眼閉了，如是方名真知，方能通乎晝夜。

先生嘗問人："知是空華，即無輪轉。"[⑤]此知字是有心知耶？是無心知耶？有心則同情識，安免輪廻？無心則同土木，何以能知學人？透得此知字一關，思過半矣。

先生云[⑥]：往有問伯修，"居一切時，不起妄念"[⑦]四句作何解者？

---

① 根塵：佛家謂眼、耳、鼻、舌、身、意爲六根，色、聲、香、味、觸、法爲六塵。色之所依而能取境者謂之根；根之所取者，謂之塵。合稱根塵。《楞嚴經》卷五："根塵同源，縛脱無二。"

② 《大佛頂萬行首楞嚴經》卷四："諸滅盡定得寂聲聞，如此會中摩訶迦葉，久滅意根，圓明了知，不因心念。"

③ 《大方廣圓覺修多羅了義經》："一切如來本起因地，皆依圓照清淨覺相，永斷無明方成佛道。云何無明？"

④ 《大方廣圓覺修多羅了義經》："善男子！知幻即離，不作方便；離幻即覺，亦無漸次。一切菩薩及末世衆生依此修行，如是乃能永離諸幻。"

⑤ 見《大方廣圓覺修多羅了義經》。

⑥ 先生云：三字《德山暑譚》無。

⑦ 《大方廣圓覺修多羅了義經》："但諸菩薩及末世衆生，居一切時，不起妄念，於諸妄心，亦不息滅，住妄想境，不加了知，於無了知，不辨真實。"

伯修曰："居一切時，不起妄念"，是止病。"於諸妄心，亦不熄滅"，是作病。"住妄想境，不加了知"，是任病。"於無了知，不辨真實"，是滅病。要知此四句，是藥語亦是病語[①]。

問：《圓覺經》四相，先生揮扇語曰：如此一柄扇，說是我的，乃我相；說非我的，是人相；說非我非人乃眾人公共的，是眾生相；又此扇葉不是我的，也不是人的，也不是眾人的，而還有此扇子在，乃壽者相。離了我，便叫做人；離了我人，便叫做眾生；展轉要離，却離不得，便是壽者。故曰如衣敗絮行荊棘中。

問：《金剛經》云，若人書寫一偈，乃至爲人演說一句，皆得阿耨多羅三藐三菩提[②]，[③]是實語否？

答曰：經云："不取於相，如如不動。"[④]今人所聽、所讀、所寫皆文字紙墨之相，非真經也。又云："若以色見我，以音聲求我，是人行邪道，不能見如來。"[⑤]即是觀之，則今學人刺血書經，以至枯坐苦行等，皆行邪道矣！慧眼未明者，多爲此邪道所累，空糜日月，徒費精神，惜哉！

問：經云："是法平等，無有高下。"[⑥]如今尊卑疎[⑦]戚，宛然高下，如何得平等？

答：汝若等親於疎，等尊於卑，即親者尊者之心先自不平，當知平等便是無高下。

問：應無所住，而生其心？

---

① 是藥語亦是病語：《德山暑譚》作"是藥亦是病"。

② 阿耨多羅三藐三菩提：略稱阿耨三菩提、阿耨菩提。意譯無上正等正覺、無上正等覺、無上正真道、無上正遍知。"阿耨多羅"意譯爲"無上"，"三藐三菩提"意譯爲"正遍知"。乃佛陀所覺悟之智慧；含有平等、圓滿之意。

③ 《金剛般若波羅蜜經》："佛言：'善哉，善哉！須菩提！如汝所說："如來善護念諸菩薩，善付囑諸菩薩。"汝今諦聽，當爲汝說。善男子、善女人，發阿耨多羅三藐三菩提心，應如是住，如是降伏其心。'"

④ 《金剛般若波羅蜜經》："須菩提！若有人以滿無量阿僧祇世界七寶持用布施，若有善男子、善女人，發菩薩心者，持於此經，乃至四句偈等，受持讀誦，爲人演說，其福勝彼。云何爲人演說？不取於相，如如不動。何以故？"

⑤ 《金剛般若波羅蜜經》："爾時，世尊而說偈言：'若以色見我，以音聲求我，是人行邪道，不能見如來。'"

⑥ 《金剛般若波羅蜜經》："復次，須菩提！是法平等，無有高下，是名阿耨多羅三藐三菩提；以無我、無人、無眾生、無壽者，修一切善法，則得阿耨多羅三藐三菩提。須菩提！所言善法者，如來說非善法，是名善法。"

⑦ 疎：同"疏"。

答：辟之水也，停於一泓，則名夗[①]水；流於江河，則名活水。今人之心，住於六塵，皆是皆是夗心，菩薩不住色聲等，是爲生心。

又有一友問：應無所住而生其心？

先生曰：我且問你此句是説工夫，是説本體？

曰：似指本體。

先生曰：此是説工夫。觀應字，便見應者當也。須菩提問應云何住？佛答：不應住色生心，不應住聲香味獨法。生心應無所住，而生共心，謂人用功不當如彼，而當如此也。

問：人心但起一念，便即是住，云何得無住？既無住矣，又云何言而生其心？

答：如教人閉了眼，却要見前許多色象也。今人修行，皆是有所住，而生其心，直僥一切無着，亦是住於無着。此句經稍認差了，而便同于無，爲外道墮任病窠臼矣。經中分明叫你生心，只要你無住而生心，即参禪者分明教你去参，只要離心意識参。

問：般若無所不該，何爲與五度竝列？

答：般若非離前五度，即五度之不住於相者，便名爲般若。故《金剛經》云：不住色布施，不住聲香味觸法布施。

《楞枷經》有唐宋魏三譯，今時所行唯宋譯，但宋譯文艱難而多脱畧，不如唐譯七卷明暢，不用注疏便可看。如以唐譯謂不如宋譯，則譯《華嚴》者即此人。新《華嚴》不勝舊本百倍耶。今講師家獨行宋譯者，師家有講宋譯套本，遂沿而不改耳。

達磨西來時，《楞嚴》尚未入中國，彼時人唯知漸修，達磨獨傳頭教，恐人不信，故指《楞枷》四卷可以印心，以彼經所言，俱無階級故耳。

問：《楞嚴》言信、住、行、向等非漸修乎？

答：此雖漸，實非。欲人人依此階級修也。乃言人之進道淺深不同，到此地位謂之信，到此地位謂之住，到此地位謂之暖、頂耳。

問：《楞枷》百八句中，佛詰大慧所未[②]問者，皆極微細事，此有何義？

---

① 夗：同“死”。

② 未：《德山暑譚》作“來”。

答：辟之有人問言："云何地動？"達者應曰："此何足問，汝眼睛如何動，手足如何動，何故不問？"蓋佛見得天地間事物，總不可窮詰，勿以尋常、奇特、大小、遠近，作兩般看也。佛意原如此。若真正要大慧問，眉毛有幾，微塵有幾，此有何要緊耶[①]？[②]

凡看經於沒要緊處，不必理會，只理會要緊處。若逐字逐句解，則擔閣[③]了精神。且經中十分難明處，姑置之到後來再看，當自有徹時。若目前强尋其所不通，亦是沒用的。

《維摩經》以直心淡心爲首談，蓋直心淡心是修行基址，若無這個，即如虛空無宅地矣。

《維摩經》中螺髻梵王[④]謂釋迦，佛土如自在天宮，亦直螺髻所見然耳。未盡釋迦佛土之壯嚴也。視下文佛足按地所現莊嚴，豈但自在天宮已乎？[⑤]

夫人跟前之存心，即是將來之國土，故《維摩經》曰："欲得淨土，當淨其心，隨其心淨，則佛土淨。"[⑥]菩薩有直心淡心，故成佛時，自有不諂衆生具足功德，衆生來生共國凡夫心，自有高下，故見國土有坑坎穢惡。螺髻梵王則見佛土如天宮，世尊按足，則盡世界如珍寶，若此等者，辟之共寶器食飯色有異矣！

問：維摩以火喻無我，以水喻無人，何也？

答：火必藉薪，無有自體，故喻身之無我；水有自體，不藉他物，故喻身之無人。[⑦]

---

① 此有何緊要耶：《德山暑譚》作"此有何關係"。

② 《德山暑譚》此句後還有"今法師家作總相別相解者，大非"語。

③ 擔閣：同"擔擱"。耽誤。宋王安石《千秋歲引·春景》詞："無奈被些名利縛，無奈被他情擔閣。"《朱子語類》卷十："少間擔閣一生，不知年歲之老。"

④ 螺髻梵王：梵天王頂髻作螺形，故稱螺髻梵王，或螺髻梵。曾於維摩上與舍利弗問答。

⑤ 《維摩詰經》卷上："爾時螺髻梵王語舍利弗：'勿作是意，謂此佛土以爲不淨。所以者何？我見釋迦牟尼佛土清淨，譬如自在天宮。'舍利弗言：'我見此土丘陵坑坎、荆蕀沙礫、土石諸山、穢惡充滿。'螺髻梵王言：'仁者心有高下，不依佛慧，故見此土爲不淨耳！舍利弗！菩薩於一切衆生，悉皆平等，深心清淨，依佛智慧，則能見此佛土清淨。'於是佛以足指按地，即時三千大千世界，若干百千珍寶嚴飾，譬如寶莊嚴佛，無量功德寶莊嚴土，一切大衆歎未曾有！而皆自見坐寶蓮華。佛告舍利弗：'汝且觀是佛土嚴淨？'舍利弗言：'唯然，世尊！本所不見，本所不聞，今佛國土嚴淨悉現。'佛語舍利弗：'我佛國土常淨若此，爲欲度斯下劣人故，示是衆惡不淨土耳！譬如諸天，共寶器食，隨其福德，飯色有異。如是，舍利弗！若人心淨，便見此土功德莊嚴。'"

⑥ 《維摩詰經》卷上："若菩薩欲得淨土，當淨其心，隨其心淨，則佛土淨。"

⑦ 此段問答《德山暑譚》同。

問：《維摩經》云："説法者，當如法説。"[1]又曰："法同法性。"[2]何謂也？

答：法既無我，人無衆生，無壽命等，又豈可説乎？故曰："説法者，當如法説也。"法同法性者，謂是法同於一切。法以是法，即入於諸法故。

維摩多是反説：所謂入得魔者凡夫。與道法相反，乃曰不捨道法，而現凡夫煩惱；與涅槃相反，乃曰不斷煩惱，而入涅槃。餘俱倣此。

棗栢[3]説："文殊表智，普賢表行。"[4]原無此等人，都是取象。釋迦佛，亦據衆人見聞，説有釋迦耳，其實釋迦未曾生，未曾説法，即如仲尼表高義，顔淵表深義，亦無是人。棗栢此等議論，非是破相之談，實在是如此。

問：何名表法？

答：本事難明，而借事以表揚之，如《易經》畫卦，正是表法，畫無文義。故隨他千事萬事，皆可以卦象表顯，至於爻辭，彖辭及繫辭，皆明義理，則所表有限矣！

問：《肇論》謂"物不遷"，即如今人搬家。分明是彼宅中物遷於此宅。何謂不遷？

答：遷與不遷，非動與不動之謂也。若論遷，則凡物皆有遷，如這棹子置此房中不動，至百年必壞，則知此棹當新置時便時時遷了，如現在不遷，將來何以頓壞，即如人身髮時時白，面時時皺，特人不覺。如現前不白不皺，將來何以頓白頓皺？故曰：凡物皆有遷，非關動也。若論不遷，則凡物皆不遷。蓋物物皆有現在，在彼處，爲彼處現在；正搬移時，爲搬移現在；移到此，爲此處現在。是物物皆有現在，故曰不遷。

問：以理言覺不遷易會，以物言覺不遷難會？

答：事理無二説。物不遷正是説理不遷物也，性也，非兩也。説箇物即性，猶是多了一層，唯説物不可遷便是。

---

① 《維摩詰經》卷上："唯，大目連！爲白衣居士説法，不當如仁者所説。夫説法者，當如法説。"

② 《維摩詰經》卷上："法同法性，入諸法故；法隨於如，無所隨故。"

③ 棗栢：即上文提到的李長者，李通玄。栢，同"柏"。

④ 《嘉興藏》第26冊《布水臺集》卷六："文殊表智，普賢表行。此二菩薩所以爲佛，佛栅始之師，而與吾人常自偶諧者也。"

一部《宗鏡録》只説得一箇安心。

問：看《宗鏡》便覺快活，至参話頭便冷淡，又覺費力，奈何？

答：看[①]《宗鏡》乃順事，如放下水舟順快無量，然未免有障悟門；若参話頭乃逆事，如百丈灘泝流而上，其間篙櫓籄笮又禁不用，故参禪者纔隔絲毫，猶屬費力，決無快活省力之理。試觀逆流船只，半里未到家，須半里費力；三五步未到家，須三五步費力。又曰《宗鏡録》，乃参禪之忌；祖師公案及語録，乃参禪之樂。

《西方合論》一書，乃借淨土以發明宗乘，因談宗者，不屑淨土；修淨者，不務禪宗。故合而論之。

自圭峰將宗教混作一樣看，故後世單傳直指之脉不明，多有以教中事例宗門者。

小修[②]云：李龍湖[③]般若甚深，但道不勝習，然自是寂音以上人。

問：李氏藏書大旨？

小修答：寧取眞正的奸雄，不取掩覆的道學。曰：學道人當看此書否？曰：學道人不看也罷。蓋此書無筋骨，人讀之反長其不肖之心，徒令小人藉口。凡看此書者，欲人不可不具此眼耳。若以爲訓，則大錯，故曰國之利器不可以示人。

問：如何是“溪聲盡是廣長舌，山色豈非清淨身”？[④]

答：諸佛説：法有聲而无無文，聲之所説者，長文之所宣者，短學人看經教，能聽其聲而不尋其文，則百刦千生用得着。溪聲無文，與山色無形其理一也。令人遠看山似有青色，近看之色何有耶？

問：有禪師揀坡公偈云：“聲色之中欲透身，無山無水好愁人”，此何義？

答：雲門欲打殺釋迦，此何義？自古宗師都是後面人檢點前面人，何得將一二語遂定藕公長短？

東坡諸作，圓活精妙，千古無匹。唯説道理評人物，脱不出宋人

① 原文“荅”“看”字并在一起，占一個位置，作“𦫸”。

② 小修：袁中道（1570—1623），字小修，袁宏道胞弟，公安派代表人物之一，明代文學家，著有《袁小修日記》。

③ 李龍湖：即李贄。

④ 宋蘇軾《廬山東林寺偈》：“溪聲便是廣長舌，山色豈非清淨身；夜來八萬四千偈，他日如何舉似人。”

氣味。[①]

問：龍樹自生、他生、無因生？

答：即以眼一法言，眼自生色，便不消面前種種形質，眼根中自有此等形像矣。若色是他生，則盲瞽人亦應見之。既無自無他，兩邊都是沒有的，如何能共生？辟如人説的兩箇謊，合來做不得一句實話。蓋惟兩邊有，方能共；兩邊俱無，以何體爲共？無因生，即不藉自他共而生也。

凡經中垂詢，俱無合頭語，辟如高墻外有種種名山勝水。佛不説墻外有若干殊勝？但教你築臺造閣，彼人依此管辦土木，及樓臺成後，高登一望，自然見得墻外境界矣。

經教[②]皆有權有實[③]，人不達其爲權[④]，往往牽纏固執，看不痛快。唯祖師不認權教，故單提實相接人。

問：權教豈佛之誑語耶？

曰：非也[⑤]，辟之[⑥]小兒不肯剃髮，父母語之曰："剃了頭極好看，人都把菓品與你。"此語非實事，然父母無誑子之罪，以[⑦]不如是語，則彼不肯剃髮。故曰，權以濟事，則非誑語。

王龍溪書多説血脉，羅近溪[⑧]書多説光景。如[⑨]有人于此，或按其十二經絡，或指其面目手足，總只一人。但初學人，不可認光景，當尋血脉。

羅近溪、鄧豁渠[⑩]與夫《宗鏡録》都只引人進步耳，過關以後事俱未談及也。試思豁渠云第二機不是第一機，然第一機畢竟是如何？近溪云：汝等即是聖人，言語動静，無非是者，然又不許有知有證，却如何下手？

---

① 此段文字《德山暑譚》同。

② 經教：《德山暑譚》作"凡經教"。

③ 有權有實：權，權謀、權宜之義，指爲一時之需所設之方便；實，真實不虚之義，係指永久不變之究極真實。權，又作善權、權方便、善權方便、假、權假；實，又作真、真實。兩者合稱權實、真假等。

④ 人不達其爲權：《德山暑譚》作"不達其權"。

⑤ 非也：《德山暑譚》作"非誑語也"。

⑥ 辟之：《德山暑譚》作"如"。

⑦ 以：《德山暑譚》作"以爲"。

⑧ 羅近溪（1515—1588）：明代著名的思想家，泰州學派的重要傳人。

⑨ 如：《德山暑譚》作"辟如"。

⑩ 鄧豁渠：初名鶴，又名藿初，亦簡作藿，號太湖，四川省成都府内江縣（今四川省内江市市中區）人。明朝"泰州學派"的重要代表人物，著名思想家，也是李贄思想體系形成的引路人。著有《南詢録》。

《宗鏡録》中説：執一切皆是的也未是，執一切皆不是的也未是，又有説一切未嘗不是，但不可有所執也，未是學人當如何始出得這窠臼。

問：三界唯心，萬法唯識，於八種識内何屬？

答：心是八識，意是七識，識是六識。三界唯心者，以前七識不能造世界，惟第八能造，前[①]七不任執持故。萬法唯識者，法屬意家之塵，故意識起分别，則種種法起。如飯内有不淨物，他人私取去，我初不知，便不惡，以意識未起故。若自己從盞内見，決然[②]與飯俱唾。可見，唾[③]者是唾[④]自己之見，非唾[⑤]物也。又如鄉人，以彼處鄉談，罵[⑥]此北人，此北人不知，怡然順受。若以罵[⑦]彼土人，其怒必甚矣[⑧]。可見怒者亦怒自已之知，非怒物也。以此知萬法唯識，定是六識，非屬前五與七八也。以五八無分别故，第七但思量故，但執我故。

第六識審而不恒，如平時能分别，至熟睡時則忘，中毒中風時則忘[⑨]。第八識恒而不審，雖持種子[⑩]，而自體瞢昧。惟第七識亦恒亦審，是爲自然。老氏之學，極玄妙處，惟止於七識。儒家所云格致誠正，[⑪]皆是第六識也。所[⑫]云道生天地，[⑬]亦是以第八識爲道也。[⑭]

問：八識之見相二分何如？

答：前六識即第八見分，前五根塵，即第八相分，器界疎相分，根身親相分。七識謂之傳送者，以七識無體外依，前五内依第八，其實只執我一念耳。

問：八種識一時具否？

---

① 前：《德山暑譚》作“爲前”。
② 決然：《德山暑譚》作“決”。
③ 唾：《德山暑譚》作“吐”。
④ 唾：《德山暑譚》作“吐”。
⑤ 唾：《德山暑譚》作“吐”。
⑥ 罵：《德山暑譚》作“詈”。
⑦ 罵：《德山暑譚》作“詈”。
⑧ 矣：《德山暑譚》無此字。
⑨ 中毒中風時則忘：《德山暑譚》作“迷悶時則忘”。
⑩ 雖持種子：《德山暑譚》作“雖持一切種子”。
⑪ 明王守仁《大學問》：“此格致誠正之説，所以闡堯舜之正傳而爲孔氏之心印也。”
⑫ 所：《德山暑譚》作“至”。
⑬ 《管子・四時》：“道生天地，德出賢人。”
⑭ 此段《德山暑譚》“在前五識屬性境，屬現量，何以有貪嗔癡？”問答後。

答：皆具。辟如人有名趙甲者[①]，趙甲之身，及諸受用，則第八識所變；呼之即聞，此前五中之耳識分別；所呼之字爲趙甲，則第六識；餘人不應，獨趙甲應，則第七識之執我也[②]。就中七識，冣[③]難別出，今畧指其凡耳。

凡人日間所見之物，乃第八識所變，故物物皆實；夢中所見之物，乃第六識所變，故物物皆虛是知。凡屬第六識變者，皆無力不可受用，今人所謂悟解者，皆六識邊事，是以力弱耳。

問：前五識屬性境，屬現量，何以有貪嗔癡？

答：貪嗔痴乃俱生惑，不待意識而起者。如小孩子眼識不曾分別花木[④]，然見好花則愛，此眼識之貪也。小孩子舌識亦無分別，然去却乳則哭，此舌識之嗔也。至于癡，則不待言矣。

問：第八識別有體性邪？

答：前六識即第八見分，前五根塵即第八相分，色聲等疏相分也，眼耳等親相分也。[⑤]

問：云何又有七識？

答：七識無體，即前六中之執我一念，如大海水，波濤萬狀，濕體則一。

儒家說萬物皆備於我，不如釋家說見相二分親切，故見分相分，該括無盡妙義也。[⑥]

世界所賴以撐持者，俱由根塵識假合也。無塵，則而根無用；無根，則塵不顯；無識，則根塵不合也。根猶母也，塵猶父也。根塵相偶而生識，猶父母相合生子也。故曰："由塵發知，因根有相，相見無性同於交蘆。"[⑦]

---

① 人有名趙甲者：《德山暑譚》作"有人名趙甲者"。

② 則第七識之執我也：《德山暑譚》作"斯第七識"。

③ 冣：同"最"。

④ 花木：《德山暑譚》二字無。

⑤ 此段問答《德山暑譚》同。

⑥ 此段問答《德山暑譚》同。

⑦ 《大佛頂萬行首楞嚴經》卷五："佛告阿難：'根塵同源，縛脱無二，識性虛妄猶如空花。阿難！由塵發知，因根有相，相見無性，同於交蘆。是故汝今，知見立知，即無明本；知見無見，斯即涅槃、無漏真淨。云何是中，更容他物？'"

邵堯夫[①]云："一念未起，鬼神莫知，不由我乎我，更由乎誰？"[②]此即唯識之旨。

儒者但知我爲我，不知事事物物皆我；若我非事事物物，則我安在哉？如因色方有眼見，若無日月燈，山河大地等，則無眼見矣。因聲方有耳聞，若無大小音響，則無耳聞矣。以至[③]因記憶一切，方有心知，若將從前所記憶者，一時拋棄，則無心知矣。

今人皆謂人有礙於我，物有礙於我，不[④]知若論相礙，即我自身亦礙，如眼不能聽，耳不能見，足不能持是也。如説不相礙，則空能容我，舍空無容身處，是空與我爲一合相[⑤]；地能載我，舍地無置足處，是地與我爲一合相[⑥]；夏飲水則不渴，水與我爲一合相；冬煨火則不寒，火與我爲一合相。[⑦]故地水火風空見識，教中謂之七大，總是一箇身耳。

問：根與塵分明是兩物，如何經言各各不相知，各各不相到？

答：有兩箇則彼此相到，今只有一箇[⑧]，寧有心知心，心到心者乎？如耳不到眼，以眼耳雖兩形，同是一頭；指不到掌，以指掌雖兩形，同是一手故[⑨]。

人生過去歷刦事，未來歷刦事，在如來藏中，皆照得極分明，在如定水中於樹影畢照，特人爲識浪境風所動，故不能見耳，所以入定者，能通宿命，知未來。羅漢能前觀八萬刦，後觀八萬刦，皆是道也。

問：眼前鳥之飛，魚之躍，柳之綠，蓮之紅，種種形色當前，我之眼識，原未嘗動，眼識與色相可分别乎？

答：只今眼觀翠竹時，欲分何處是眼之界，何處是竹之界？如舉扇風中，智者難辨，故曰：一即一切。此如來藏也。

---

① 邵堯夫：即邵雍（1011—1077），北宋哲學家、易學家。字堯夫，謚號康節，自號安樂先生、伊川翁，後人稱百源先生。其先范陽（今河北涿縣）人，幼隨父遷共城（今河南輝縣）。著有《觀物篇》《先天圖》《伊川擊壤集》《皇極經世》等。

② 見《純陽帝君神化妙通紀》卷四。

③ 以至：《德山暑譚》二字無。

④ 不：《德山暑譚》作"庸"。

⑤ 是空與我爲一合相：《德山暑譚》作"是空亦我也"。

⑥ 是地與我爲一合相：《德山暑譚》作"是地亦我也"。

⑦ "夏飲水則不渴"四句：《德山暑譚》作"夏飲水則不渴，冬煨火則不寒，是水火亦我也"。

⑧ 箇：《德山暑譚》作"心"。

⑨ 故：《德山暑譚》此字無。

問：兀有[①]思量，即有間斷，七識何以獨恒？

答：六識思量，附物而起，故有起有滅；七識唯我愛一念，依我而起，生與俱來，寧有起滅？雖[②]癡如孩提，昏如睡眠，此念隱然未間斷也，何故？我即我愛，故自然而有，不覺如故。

問：貪嗔癡相因而起，七識何以有貪癡而無嗔？

答：七識以我爲貪，既云我矣，豈有我嗔我之理耶？然我愛一念甚細，二乘雖極力破除，居然是我在。[③]

問：妙喜《語録》云，將八識一刀兩叚[④]，八識如何斷得？

答：杲公以種種文字記憶，爲第八識也。記憶是第六識，八識乃持種，非記憶也。八識如斷，則目前山河大地，一時俱毁矣。[⑤]

参禪不可在光景上求，不可在知見上取。有時得些好光景，勿喜；有時失却些光景，勿憂；有時自見得些道理，勿將他認作學問。總只話頭上挨將去，余俱莫管。

問：歇下念佛，便去妄想，如何處他？

答：念佛亦是妄想。李長者云：上乘總是昏沉，菩薩不出妄想。問：参禪亦屬妄想否？答：若無妄想，何以参禪？

凡夫[⑥]以有想爲心，修禪天者以無想爲心。又進之至非非想，以無想亦無爲心。種種皆非心體，故《楞嚴》逐處破之。

根身器界，影也。世人有疑離眼耳鼻舌身意，則冥然無知，殊不知六根影子尚然靈覺，何況真性？

日間幻想，夜間妄想，總是一箇？蓋昏沉是妄想之子。試觀人日間塵勞重，則夜間昏沉重可知也。

問：妄念紛飛，甚爲可厭，奈何？

先生曰：汝厭妄念之念是妄否？答：亦是妄。曰：汝但除厭妄之念，纔是學問進步處。

問：念起卽覺，覺之卽無，此義何如？

---

① 兀有：《德山暑譚》作“凡屬”。

② 雖：《德山暑譚》作“蓋雖”。

③ 此段問答《德山暑譚》同。

④ 叚：同“段”。

⑤ 此段問答《德山暑譚》同。

⑥ 凡夫：《德山暑譚》作“凡人”。

答：念是賊子，覺是賊魁，除却贼魁賊子，何依？此覺乃是妄覺，蓋前念起固是念，而後念覺亦是念，終是以賊逐賊。

問：不怕念起，只恐覺遲，又如何？

答：此所謂覺，非時時覺照之覺，此覺卽悟耳。

問：塞情止念，固非工夫。若縱情恐亦未是？

答：止念縱念，總沒相干。汝若源頭清切，自無此等問。

佛喻五陰之中，都①無有我，譬如洗狗②相似，洗得止剩③一絲毫，亦是臭的，决無有不臭者在其中④。此喻絕妙，今學道者，乃在五陰中作工夫，指五陰光景爲所得，謬矣。

問：學人管帶有礙否？

答：亦何礙？若管帶有礙，則穿衣喫飯亦有礙矣。⑤

小修云：凡作道理照管會，則不可。若尋常散去收來，自合如此。雖然只可放下，不專在收來。

問：大慧云："不許起心管帶，不得將心忘懷。"⑥似非初學可到？

答：譬之諸公，連⑦日在敝舍聚首，竝不見一人走入我閫内去⑧，此心何曾照管，亦何曾非照管也？又今在座者⑨，謝生多髯，然其齒頰間，談笑飲食，自與髯不相礙⑩，非必忘其爲鬚，始得自在⑪。卽此可見，是天然忘懷，不需⑫作爲。

---

① 都：《德山暑譚》作"决"。

② 狗：《德山暑譚》作"死狗"。

③ 剩：《德山暑譚》作"有"。

④ 在其中：《德山暑譚》無此三字。

⑤ 此段問答《德山暑譚》同。

⑥ 《大慧普覺禪師書》卷二七《答劉通判（彥冲）》："若一向忘懷、管帶，生死心不破，陰魔得其便，未免把虛空隔截作兩處，處静時受無量樂，處閙時受無量苦。要得苦樂均平，但莫起心管帶，將心忘懷，十二時中，放教蕩蕩地。忽爾舊習瞥起，亦不著用心按捺，只就瞥起處，看個話頭——'狗子還有佛性也無？無'——正恁麽時，如紅爐上一點雪相似。眼辦手親者，一逴逴得，方知懶融道，'恰恰用心時，恰恰無心用。曲談名相勞，直説無繁重。無心恰恰用，常用恰恰無。今説無心處，不與有心殊。'不是誑人語。"

⑦ 連：《德山暑譚》作"長"。

⑧ 竝不見一人走入我閫内去：《德山暑譚》作"并不見走入内宅"。

⑨ 者：《德山暑譚》此字無。

⑩ 礙：《德山暑譚》作"干"。

⑪ 非必忘其爲鬚，始得自在：《德山暑譚》作"非要忘其爲髯，始得自在也"。

⑫ 需：《德山暑譚》作"是"。

問：古人有《牧牛歌》，謂須“索頭時在手”。[①]又云：“一回入草去，驀鼻拽將回。”[②]又云：“東邊去，不免食國王水草；西邊去，不免食國王水草。不如隨分納些些。”[③]此等語或是念起卽覺，覺之卽無耶？

答：此等垂訓，皆與南泉斬猫、青州布衫、竹篦子話一樣。若如你恁麽會，乃二乘小法，非上乘宗旨宗占也。要知有心照管，固是犯人苗稼；有心不照管，亦是犯人苗稼。于今盡大地是箇露地白牛，盡大地是箇索頭，却將他放在那裏去，收在那裏來？

問：王龍溪貴默識，大慧戒默照，此是何别？

答：識者記也。常人之記，必在言語文字上，今云默識，則言語道斷，正是參禪之學也。默照乃以意識照管本體者，今人畏落空不能默識，多走了默照一路。蓋默照其收功易見効，但究竟極處，不過到無想天止矣。此正與参學相反者，故大慧痛以爲戒。

問：想念澄清，覺得放曠自在，此是人路否？

答：屬無記[④]。曰：此境靈瑩，豈是無記？曰：正是意識邊事斷邪，可坐在此。曰：到此田地，無可用力，有何方便？曰：古人語録只説於無可用力處，要你着力，竝無方便與人，辟如平空要登天，豈有梯子接你，但凡坐在一光景，古宿早已與你破除功夫，到此方知語録之妙。

問：何謂昭昭靈靈的禪？

答：凡認意見、認光影者，皆是鄧豁渠説，邵堯夫弄精魂，亦爲他認受用快樂之光影，非率性之眞樂耳。

問：吾今如在日月光影中行，何如？

答：凡在光影上會者，皆非也。光影不可常，久之自滅，如小兒戀本刻果子相似。

小修病目，閑步於庭。嘆曰：書又看不得，飯又不消化，心中又東想

---

① 《大慧普覺禪師書》卷二九：“自此不被人謾，不錯用工夫矣。大概已正，欛柄已得。如善牧牛者索頭常在手中，争得犯人苗稼，驀地放卻索頭，鼻孔無撈摸處，平田淺草一任縱横。”

② 《大慧普覺禪師書》卷二九：“山云：‘汝作麼生牧？’安云：‘一回入草去，驀鼻拽將回。’”

③ 《大慧普覺禪師普説》卷四：“南泉和尚道，牽牛向溪東放，不免犯他國王水草；牽牛向溪西放，不免犯他國王水草。不如隨分納些些。”

④ 無記：三性之一。一切法可分爲善、不善、無記等三性，無記即非善非不善者，因其不能記爲善或惡，故稱無記。

西想，只得散行幾步去尋友問飯。此閒思亂想，將若之何？

答：妄念起時不隨之，不止之，故曰："夢幻空花，何勞把捉。"[①]初學道者嗔癡[②]妄念，但見此心十分不好，因圖謀計較，强欲念頭停息，不知念本至圓，如何肯依你停息，徒自勞耳？先生曰：止動歸止，止更彌動。辟之夜間睡不着，强欲安排睡著，益發睡不着了，不如放開一步，便自睡着矣。

問：吾輩有時或意思清泰，或身子輕安，何故？

答：此皆苦參念頭，逼得身心無力運轉，以故塵勞暫息，非究竟法。我昔爲吳令時，或有日早間，佥押問事作揖，各項雜事冗極疲勞，至退堂時，便覺身心無量暢快，百念不行，蓋是意根疲勞之極，暫得休息，是斯光景耳。

僧問：偷心處處有，何以盡之？

答[③]：汝想今年生兒子否？曰[④]：豈有此理！這便是偷心盡處。

小修云：予見某執情念初起名第一念，某執好念頭爲本體。夫好念、惡念總不離念，念頭初起，獨非念乎？總之與本體不相干。

問：情念時來打攪，奈何？

答：汝怎麼只在意識上建立？曰：某已知意識是妄斷，不依之建立矣，只無奈他往來何？曰：只此無奈他往來便是建立。又問：不許他往來如何？曰：亦是建立。

人心未有無念時，此妄念決無有方法可治他。惟有悟了源頭，方可破之。悟無方便，參禪其方便也；參禪無方便，提話頭其方便也。提話頭，不要註解，不要明白，不要忘了，絕與有事，勿正，勿念，勿助長。相類今人，只於妄念起時，方舉話頭，以對治妄念，便是忘之時多矣。

或云：學人不必參禪，只隨處正念，現前人自當悟人？

答：汝將以何者爲正念耶？將以眼見耳聞爲正念耶？以鼻龥舌嘗身觸爲正念耶？以意想爲正念耶？夫不樂禪而求正念？現前者修至精明湛不

---

① 見唐僧璨《信心銘》。

② 嗔癡：二字漫漶不清。《金剛經解義》卷二："就理而言，即貪嗔癡妄念各具一千也。"又《金剛經註》卷三引同。

③ 答：《德山暑譚》作"先生曰"。

④ 答曰：《德山暑譚》作"答"。

搖處止矣。然總是根塵邊事，惟透悟根源，則那伽[①]常在定，正念時時現前矣。

出得依傍便好，如今都是依傍成事，如何得休歇？最要緊是不落有無，不落根境，如此方教做真工夫。

問：意識不可用矣，如今参話頭，豈非意識耶？

小修云：不然所謂意識者，乃是情念行得，去想成箇道理分别也。今話頭無道理可解，無情想可行，豈得名爲意識？

問：貪嗔癡習可斷除否？

答：世間凡有根者，可拔。若水上浮萍，如何斷除？予每見學道之流，自謂習氣已除，或過一年半載過境來，依舊一樣可見習氣，非易斷除者。

今人不求最上乘，單欲除習氣，不知喫飯亦習氣也，睡眠亦習氣也。僧家有打七[②]者，喫水齋者，至期完之日，依然喫飯睡眠，期習氣可除耶。

喜怒哀樂不能爲害。爲害者，在喜怒哀樂之所以然。所以然者，只在一明字，因有明白一念，故有喜怒哀樂。試觀市上人，衣服稍整，便恥擔糞，此是明之爲害。凡人體面過不得處，日用少不得處，皆是一箇明字，使得不自在。故《楞嚴》以明爲無明之本，参禪人不要走明白一路，正爲此。

世人營生，路有廣狹，而心之勞逸頓分。家有百石之儲者，營生路寬，朝夕經營，卒無停息，乞丐無來日之需。營生路狹，終夜鼾睡自如也。卽是而知學道人，眼前百事不如人，正是快活處。體面愈好，牽絆愈多。

問：學人有刺血書經事，當爲否？

答：此乃求福德事，真學道，不必爲此也。

問：刼睡魔是工夫否？

答：瞌睡時便睡一覺，則醒來有精神，好参禪，安用不睡？與其坐而妄想，不若睡而無想。今不治妄想，而治昏沈，庸知昏沈卽妄想之子耶？

---

① 那伽：意譯龍、象、無罪、不來。稱佛或阿羅漢爲摩訶那伽，喻其有大力用。

② 打七：指於七日中剋期求證之修行。修行者爲求在短期内得到較佳之修行成果，常作限期之修行，通常多以七日爲期，稱爲打七，又稱結七。如於七日中，專修念佛法門者，稱爲打佛七，略稱佛七；專修禪宗法門者，稱爲打禪七，略稱禪七。

問：牛山打七，何意？

答：初意爲欲求諸三昧，如智者法華儀[①]之類，今人徒以身受箠楚，疲勞之極，六根雖乍得輕安，然過此與常人一樣，竟無絲毫得力，其失本意甚矣。

問：設若證得神通三昧，何如？

答：縱便證得，亦只耳聞得極遠，眼見得極高，其於人譬，則遠視近視而已，於本分事何交涉？

問：古來諸師，何爲多有神通？

答：蠅能倒棲，此蠅之神通也；鳥能騰空，此鳥之神通也；脚夫[②]一日能走百餘里，我却不能，此脚夫[③]之神通也。凡人以己所能者，爲本等；己所不能者，爲神通。其實不甚相遠。

修行之事，凡濃絕者，夂之必厭，如念經苦行之類是也。惟参禪一路，其味甚淡，而駸駸有進步處，難於丢手，故曰淡而不厭。

有一諸生祝髮後，身戀百結，足着草履，跋涉山川。先生曰：人看你太寂莫，我看你太熱鬧。好穿巧敝與好穿齊整，其心是一樣，總是箇要熱鬧的意。如此行去，必不能夂，不如平淡爲妙。

常見初學道人，每行人難行之事，謂修行當如此[④]。及其後，連[⑤]自己亦行不去，鮮克有終[⑥]。可見順人情可夂，逆人情難夂。故孔子説："道不遠人，遠人不可爲道。"[⑦]索隱行怪，吾弗爲之。夫[⑧]難事自律，又以难事责人。故修齊治平，處處有礙，其爲天下國家之禍，不小矣。

若苦行可成道，則地獄受無間之苦，何不乘道？若不食可成道，則餓鬼不聞漿水之名，何不成道？

問：釋迦佛何用六年苦行？

答：爲外道之苦行者。假此以攝服之今日參禪之輩，皆謂此事不可求

---

① 法華儀：爲誦讀法華經，行懺悔罪障之修法。儀：同“懺”。

② 脚夫：《德山暑譚》作“役夫”。

③ 脚夫：《德山暑譚》作“役夫”。

④ 此：《德山暑譚》作“是”。

⑤ 連：《德山暑譚》《瓶花斋杂录》作“即”。

⑥ 鮮克有終：謂做事很少有堅持到底的。《詩·大雅·蕩》：“天生烝民，其命匪諶，靡不有初，鮮克有終。”

⑦ 《中庸》：“子曰：‘道不遠人；人之爲道而遠人，不可以爲道。’”

⑧ 夫：《德山暑譚》此字後有“難堪處能堪，此賢智之過也。賢智之人”語。

名，不可求利，冷淡之極，不如禪定苦行，講讀書寫之熱鬧，可以動人，俱外道之見。

學佛法者，止可學其本宗，不可襲其行事，以其事迹止可行於西域，而不可行于震旦也。設釋迦當時托生震旦，亦必依震旦行事。佛豈固執不通方之人乎？

從法师門中來者，见参禅之无巴鼻、無滋味，必信不及；從戒律门中來者，见悟明之人脱脱落落[①]，收放自由，亦信不及。二者均難入道。

達磨西來只剗除两种人：其曰齋僧造像，實無功德，乃剗除修福者；其曰廓然無聖，乃剗除修禪定及説道理者。[②]

問：看經論多有不明，何以明之？

答：即使你句句講明了，亦有何用？能抵得生夘麽？《楞伽經》説，文字語言乃咽喉中轉出，偶爾成文，畢竟無益於人，如我震旦國語，至朝鮮琉球便通不去。可見文字力弱，卽異域不能行，况生夘分上！

問：心眼未明者，似當潛心講席，辟如無病人，固不必服藥，至有病人，亦須服藥乃是？

答：一切義解非参禪之藥，乃忌也。故参禪當去忌，藥忌同服，藥便不靈。

問：道理未能盡透，宜如何體會？

答：你説世間那一件是有道理的，試舉其近者來説[③]，如每日飲食，喫下卽消爲大小便利，是何道理？又如男女婬欲，想來是何道理？[④]女人懷胎，胎中子女，六根臟腑，一一各具，是何道理？初生下子女來，其母胸前便有白乳，是何道理？一身之脉，總見於寸關尺，而寸關尺所管肺腑各異，是何道理？只是人情習聞習見，自以爲有道理，其實那有道理與你思議！

問：孔孟之書，諸佛教典，亦無道理乎[⑤]？

曰：孔孟教人，亦依人所常行，畧加節文，便叫做理。若時移俗異，

---

① 脱脱落落：《德山暑譚》作“灑灑落落”。

② 此段文字《德山暑譚》同。

③ 你説世間那一件是有道理的，試舉其近者來説：《德山暑譚》作“你説世間何者爲理，姑舉其近者言之”。

④ 《德山暑譚》無“如每日飲食，喫下卽消爲大小便利，是何道理？又如男女婬欲，想來是何道理”語。

⑤ 孔孟之書，諸佛教典亦無道理乎：《德山暑譚》作“孔孟及諸佛教典，豈非理耶”。

節文亦當不同，如中國以守身爲孝之理；外國有親夘者，其子以刀割自己面爲孝。父夘也，割一條痕；母夘也，割一條痕。面上無刀痕者，便非孝。便有許多不孝，報應出來，則是彼國之夭。且不能違人情爲理，而聖人可知矣。諸佛經典，乃應病與藥。無病，卽不設藥，三乘不過藥語。那有定理耶？故我謂無道理，謂無箇一定之理容你思議者。人唯執着道理，所以東也有礙，西也有礙，便不能出脱耳。再廣言之，汝今觀虚空中青青的是氣耶？是形耶？氣則必散，形則必墜。莊子説："上之視下，亦蒼蒼。"夫下之蒼蒼，乃有質的，上之蒼蒼何質耶？天之上有天，天果有盡否？地之下有地，地果有窮否？天可呼爲地，地可呼爲天；男可呼爲女，女可呼爲男。若初安名時以地作天，以天作地，今人亦依此爲理了。只因天地君臣等名字，從古來如此稱呼，今若顛倒呼之人，卽以爲沒理矣。①

問：理無，一定不可思議，如今人作詩作文，分明是有思議有道理，此又何如？

答：今人所習用之字，不過數千，而古今來，詩文竟無一人相同，此是何理？

問：天地間事，皆諉之不可思議耶？

答：悟人知其所以然，是不消思議；迷人不知其所以然，是不能思議。②

自家以知見入及以知見接人者，此荷澤圭峰一路的學問。

在經綸上求通者，乃聲音邊事也。自謂有箇見處，只口中説不出者，乃意識邊事也。

---

① 此段《德山暑譚》作："曰：孔孟教人亦依人所常行，略加節文，便此做理。若時移俗異，節文亦當不同。如今吳、蜀、楚、閩，各以其所習爲理，使易地而行，則相笑矣。諸經佛典，乃應病施藥，無病不藥。三乘不過藥語，那有定理？故我所謂無理，謂無一定之理容你思議者。人惟執著道理，東也有礙，西也有礙，便不能出脱矣。試廣言之，汝今觀虛空中，青青的是氣耶？是形耶？氣則必散，形則必墜。莊子説：'上之視下，亦蒼蒼。'夫下之蒼蒼乃有質的，上之蒼蒼何質耶？天之上有天耶？天果有盡耶？地之下有地耶？地果有窮耶？此義愈説愈荒，諸君姑置之。"

② 此答語《德山暑譚》作："答：知者通其所以然，是不消思議；迷者不知其所以然，是不能思議。"

《珊瑚林》下卷

古郢門人張五教編　錢塘後學馮賁校
明公安袁宏道中郎　著

聰明的人参禪，須將從前所記所解，一一抛在東洋大海，看他糞帚也不值，即諸佛知見將來向宗門中，也不在眼裹始得。

百花至春時便開，紅者紅，白者白，黄者黄，孰爲妝點？人特以其常見，便謂理合如此，此理果可窮耶？若梅花向夏秋開，便目爲異矣。

問：此與老莊自然何别？

答：這裏如何容得自然？[1]

堪輿家談風水，其朽肉枯骨，何能蔭子孫耶？

答：天地間有作必有報，只是没道理與你思議。

今學道者，往往在文字道理上，求明白這箇求明白的心，即是千生萬刦生死根本。

問：學道人不用學問知見，余平生未讀書，没有學問，如何學道？

這等難答難説，没學問，即今僕隸下人，亦有滿肚子學問。蓋學問非必在看經論中來，凡眼見耳聞言思測度都是學問，須把巴豆大黄下盡方可入道。

先生問學人云：《楞嚴》説："見猶離見，見不能及。"[2]如何参禪？人又要明心見性。

學人云：離于能見所見，名爲見性。

先生曰：離了這見那裹，再討箇見來。

學人云：若見性時，即是眼前這見，則用工時，又何必離心意識？

---

① 此問答《德山暑譚》同。

② 《大佛頂萬行首楞嚴經》卷二："汝復應知，見見之時，見非是見；見猶離見，見不能及。云何復説因緣、自然及和合相？汝等聲聞狹劣無識，不能通達清淨實相，吾今誨汝，當善思惟，無得疲怠妙菩提路。"

先生曰：你自從參禪已來，那一時離了心意識？

學人云：正提話頭時，意識不行，即此時亦名離心意識。

先生曰：能提話頭者爲誰？豈非心意識乎？這箇事猶之習字者，初時要一點一橫如何，此全是分別，謂之心意識。至於習學既成，手忘筆，筆忘書，此不分別之智，便是離了心意識矣。又如小兒學語初時，賴人教之，稍長，則舌與言相忘，何嘗起心動念，然後説話耶？

先生問學人云：汝今工夫比初出家時，有進益否？

答云：有之。

先生云：汝須依然如初出家時便好。

學人未解。先生云：汝初出家，赤手空拳，無些子佛法，如今學了許多佛法，譬如不識銀子的人，積了許多銀錠子，封在匣子中，筭計拏去買田置地，到成交開封時，方知是錫，沒用，汝至臨命終時，正是用銀子時候，那時方知，纔悔所學佛法是假的，不能濟事。故初學道人，不得些錫錠子，不肯歡喜去求，及用工久了，卻須把從前所積聚的一一拋棄始得。

小修云：參禪人自家一箇心，不知是箇甚麼樣子？何等要緊？乃捨此心，而在經綸道理上求，失策甚矣！

心未透悟，只當在心體上理會，勿在道理知見上理會。辟之手有病，只在單方醫手，勿去徧尋醫方。

問：一切公案俱是明本色事否？

先生曰：若是本色事，何須要明。

學人曰：從上來皆说，明必见性，如何不用明？

先生曰：《楞嚴》云："吾不見時，何不見吾不見之處？"又云："見見之時，見非是見；見猶離見，見不能及。"[①]汝道是有見是無見？

小修云：人知得道理，不可用證之經論無不脗[②]合，遂目以爲足，不知見得道理，不可用底，止是落在大道理中，以不可用之理，亦理也，終有疑惑日子在。

問：某學道自謂有入路如何？病篤將危時，却疑慮不定？

答：悟明心地者，臨終雖十分不好看，其悟自在也；不明心地者，雖

---

① 兩處引用皆見《大佛頂萬行首楞嚴經》卷二。

② 脗：同"吻"。

坐脱立亡，其不悟自在也。

問：病中如何作主宰？

答：汝勿以病爲病，即今好人都在害病。[①]

問：何謂好人亦害病[②]？

曰[③]：夫人眼要看色，耳要聞聲[④]，以至欲食欲衣，無非是病。此中甚難作主宰，何况寒熱等證[⑤]，一時纏身，能作主宰耶？

問：真歇了師云："老僧自有安閒法，八苦交煎總不妨。"[⑥]未知何等是安閒法？

答：不必到病中，汝即今推求，渾身所作所思[⑦]，皆是苦事。何者是[⑧]安閒法？

問：每見學人于疾病臨身，便覺昏瞶慌張，其平昔工夫，到此使不上，何故？[⑨]

答：觀人當觀其平昔[⑩]用功，得力不得力。莊生所謂："善吾生者，所以善吾夗也。"[⑪]至于疾病生夗現前，雖悟明人，有病亦知痛苦，其臨終亦或有昏瞶者，皆不足優劣[⑫]。蓋昏瞶與不昏瞶，猶人打瞌睡與不打瞌睡耳[⑬]，寧[⑭]有高下邪？夫疾病已是苦矣，複加箇作主宰之念，則其苦益甚。復有[⑮]臨病時，且不愁病，先愁人看我破綻，説學道人如何亦恁的受苦，遂裝扮一箇不苦的人，此便是行險僥幸入三塗的種子。噫，自爲

---

① 此問答《德山暑譚》同。

② 何謂好人亦害病：《德山暑譚》作"如何好人亦病"。

③ 曰：《德山暑譚》作"答"。

④ 夫人眼要看色，耳要聞聲：《德山暑譚》作"眼欲看色，耳欲聞聲"。

⑤ 證：《德山暑譚》作"症"。

⑥ 《續藏經》第62冊《雲棲淨土彙語題涅槃堂（有序）》："真歇了禪師有涅槃堂詩一律，悽惋警切，令人悲感興起。予乃續成四律，置之堂中，未必非病僧藥石云。原作：訪舊論懷實可傷，經年獨臥涅槃堂。門無過客牕無紙，爐有寒灰席有霜。病後始知身是苦，健時多半爲人忙。老僧自有安閒法，八苦交煎總不妨。"

⑦ 所作所思：《德山暑譚》作"所思所作"。

⑧ 是：《德山暑譚》作"是你"。

⑨ 便覺昏瞶四句：《德山暑譚》作"便覺昏瞶，如何平昔工夫，到此却使不上"。

⑩ 平昔：《德山暑譚》作"平日"。

⑪ 見《莊子・內篇》。

⑫ 優劣：《德山暑譚》作"論"。

⑬ 耳：《德山暑譚》無。

⑭ 寧：《德山暑譚》作"安"。

⑮ 復有：《德山暑譚》作"况"。

已知幾之學不講，世間好人以生死爲門面者多矣，不如那昏瞶的，却得[①]自在。

問：三界受生何由差别？

答：總不出善念、惡念、無記念三種。善念熟，則生天；惡念熟，則生三塗；善惡念相間，則生人道；善惡念頭總無，則諸禪天；善惡念頭倏起倏滅，故所得之壽最長。此等都是有爲法，不能超三界。

問：我今覺目前無有生死？

答：覺得沒有生死，這也是多了的，説有生死固是生事，説無生死亦是虚頭，形本幻也，而言貪生者非身現存也，而言不貪生者，亦非本無四也，而言畏死者，非死至苦也，而言不畏死者，亦非大都只有休心，然心豈是容易休得的？

問：舉話時妄言乘間竊發，當若之何？

答：舉話頭時，外又生出念來，此人心之常，不甚害事，亦不必除他，只是你總舉話頭時，情識已先起了，此正生死根本。

問：舉話頭之念，與乘間窮髮之念，同歸于念，何故一不必除，一爲生歡根本？

答：妄念乘間窮發，汝既知是賊，賊已無力矣。至於話頭纔舉未舉時，正是情識。此汝所不見者，故爲生死根本。能于此除去，方爲搗巢，故曰護生須用殺，殺書始安居。

問：話頭未舉，情識先起，此情識既看不見，如何可殺得他？辟如有賊於此，必見此賊，方可殺之，不用[②]刀劍，何施？

答：汝今渾身是賊沒有能殺賊者不。參禪人須知念生念滅，人皆有之，如浮雲水泡，倏去倏來，不必嗔嫌，只以悟爲則。今人所患者，迷耳，不關妄念生滅事。即能遏捺妄念，而不能透悟，亦無生死不相干。

問：參話頭時，覺心不安穩，此是何義？

小修答：理合如此。用功之時，東也不得，西也不得，上也不得，下也不得，直到悟明了，方始自在。若正參究時，欲求箇妥帖巢臼坐定，此必是走了錯路，非終參究一路也。

學人有欲參話頭者問之龍湖，龍湖曰："你於此路尚早，恐參不得。"

---

① 得：《德山暑譚》作"是"。

② 用：此字漫漶不清。

問：我参禪覺得有滋味？

答：覺得有滋味，是心懶散；覺得沒滋味，是心綿密。

問：余久参公案不起疑，奈何？

答：汝今進不得，退不得。于心性未知何等樣，于生死未知何日了，即是疑情，豈别有道理疑耶？

諸公勿談心談性，勿講公案透得透不得，只心下自思，此時死到面前如何抵敵他？此處豈容自瞞？

問：如何説看公案不要求明？

答：有個喻子極妙。往在沙市舟中，有僧雨中自剃頭，一僧燃燈見之，驚云："你自家剃頭，又不用燈。"舟人皆笑。[①]

凡参話頭，只依他本分言句，驀直参去，不必從旁生枝葉，替他注解，或疑我今能参的，亦是意識所参的，亦是道理，亦是知見。又或謂此是箇沒情識、沒道理知見的。如此皆都叫做生枝生葉，非驀直参去者，蓋参話頭，乃是於一切不是中，求箇真是。非可以書册印證者，亦非可置在無事甲裏。

問：往往閑暇時，不見有許多妄念，至於用功看心時，反覺妄念新新不往，因自思心如猿猴，愈捉愈脖跳？

先生嘆曰：捉猿猴還有箇捉的人在。若看心之人，乃是以猿猴捉猿猴，汝當返看自心之時，思[②]已念起了，安得念頭不新新乎？

問：某子甲平生未曾做工夫，忽参一公案，十日自謂透悟。于一切公案，都評品得來。後復寡廉鮮耻，依然如常人，何也？

答：此如不會作文人，因苦思之極，忽爾文極通。然所通者，止于文義，拏[③]來自己身上受用不得，故依舊如常，無所不爲去也。其所評[④]公案非真能合祖意，不過謂公案乃無義味話，遂以無義味言語餖飣[⑤]來評之耳！

---

① 此問答《德山暑譚》同。

② 思：此字漫漶不清。

③ 拏：同"拿"。

④ 評：此字漫漶不清。

⑤ 餖飣：將食品堆疊在器皿中擺設出來。宋郭應祥《好事近·丁卯元夕》詞："客來草草辦杯盤，餖飣雜蔬菓。"比喻文辭的羅列、堆砌。明胡應麟《詩藪續編·國朝上》："第詩文則餖飣多而鎔鍊乏，著述則剽襲勝而考究疏。"清李慈銘《越縵堂讀書記·史記》："臧氏之學，頗嫌餖飣，繁而寡要。"胡適《文學改良芻議》："餖飣獺祭，古人早懸爲厲禁。"

問：参話頭起疑不來，當如之何？

答：疑情豈易起的？到疑情起時，去悟不遠矣。必過信關，然後真正起得疑。若未過關，而有意起疑者，非真疑也。惟過了關，自有放不下處。羅近溪云：“未過關人，大信，則大進；小信，則小進。已過關人，大疑，則大悟；小疑，則小悟。若過了關，而不疑，自以爲足者，便不長進。”

小修云：“學人参話頭，且不要遽求悟明，當先求迷悶。胸中七上八下，便是悟之機也。”又云：“参話頭時，不可作有道理會，亦不可作無道理會；不可太着意，不可不着意。有無兩邊，俱遣作止，任滅皆除，如此方得少分。”今人知話頭不可作道理解，又謂此不過古人應機之語，乃無心妙用，此則墮在無道理甲中。似此輩甚多。

問：已前提話頭覺可用力，近日併提話頭，亦覺無力矣？

答：此是你求明心未忘，還要走明的一路，故覺話頭無力。辟之飛蛾，惟欲向燈燭處飛，不知明處是他喪身失命之所。緣人從最初一念之動，只爲求明。此病已深，最難除拔，遇着即發斷得此根，方爲搗巢。

問：正用功時，偶有應酬，未免間斷。

答：如好秀才落第歸來，即飲酒下棋[①]，而真悶何會[②]解？

問：一面應事，一面於工夫上有嘿嘿[③]放不下處，恐多了心，分了功？

答：如人打你頭，曉得痛；并打你足，亦曉得痛；通身打，曉得通身痛。如何不見多了心，分了痛[④]去？

問：正婬欲時，佛性在何處？

答：不婬欲時，佛性在何處？

凡事不經意識分别，則未有業，故世間聰明的人，造業極大，以意識分别太多也。《唯識》云：三塗及此間愚人不造業，以無分别故。

問：學人遇有事時，如何用功？遇無事時，又如何用功？

答：人心那有無事之時？外面事多，則心中事覺少；外面事少，則心中事覺多。其實總是一様，以人惟一心，心無内外故。

① 即飲酒下棋：《德山暑譚》作“雖下棋飲酒”。

② 何會：《德山暑譚》作“未嘗”。

③ 嘿嘿：《德山暑譚》作“默默”。

④ 痛：《德山暑譚》作“功”。

參禪人或認無着爲心，或認寂而常照爲心，或認一切皆是爲心，或認一切皆不是爲心，或認一切法無自性爲心，或認一切現成爲心，或認一切法不可思議爲心，或認言語道斷，心行處滅爲心，或認不識不知順帝之則爲心，總未離見，俱非心體。透悟心體，自無此等窠臼。鄧豁渠論之極詳。皆學人所必墮之病。

有所知，則有所不知。無所知，則無不知，是爲知之極也。有所見，則有所不見。無無所見，則無所不見，是爲見之極也。

問：羅近溪説人人都是聖人，此義何如？

答：此未是究竟話。嘗有一友問近溪："如何是聖？"近溪曰："公適騎馬來過橋，如何不樸落橋底？"曰："我乘馬上橋時，將身前俯；下橋時，將身後仰。如何得墜？"近溪大呼曰："怎得這等自在。你即是聖人。"其人茫然。歸思曰："復來云某體認先生語，真箇吾人處處現成，在在天性，人皆堯舜，信不誣我。"近溪大叱曰："這等便是無忌憚的小人。"

問：某於無事時，覺得停妥，但恐有妄念起、境緣來，未免失之？

答：妄念起、境緣來，翻不害事，只汝預先防閑之念，其害實滚耳。辟如人恐賊至，先畜一虎于庭以禦之。賊未必來，而舉家先被虎噬矣。汝不知無事時，覺得停妥者，未必真停妥也。乃意見之安排也。念慮境緣之來，而安排不能及者，非真不停妥也。乃天則之發見也。學人凡有此等疑，皆屬執滯。有滯，則機心未忘。斯即妄想之根本。以妄想皆從滯流出，如人心滯於爲善，便有許多爲善之妄想出生；滯於爲惡，便有許多爲惡之妄想出生。故不滯，則爲生生之機；滯，則爲生死之機矣。

問：滯心如何去得？

曰：汝試觀滯心從何處起。

昔人[①]問羅近溪云：如何是不慮而知？

近溪云：你此疑，是我説來方疑耶[②]？是平時有此疑？答：是平時有此疑。近溪云：既平時有此疑，乃不得不疑者，此謂不慮而知。

問：王龍溪一念入微，乃見天則，何謂也？

答：微與顯對，行事顯念慮微，有思慮顯，無思慮微。

---

① 昔人：《德山暑譚》作"有人"。

② 耶：《德山暑譚》無此字。

問：龍溪云：從一點靈竅，實落致將去，隨事隨物不要蔽昧，夂夂純熟，自有覿面相承時，在不在悟而自悟也。予謂應事接物，靈竅自然不昧。若更起心，不要蔽昧，是二知矣。豈非多了事？答：龍溪云，直須自信本心，從無些子倚靠處，確然立定腳跟，始爲有用力處。此幾語正不要蔽昧之註腳也。達磨云："外息諸緣，内心無喘，心如牆壁。可以入道。"[①]即從無些子倚靠處，用力之義。

所謂天則者，須將從前所知所解，盡情抛捨。是書冊得來者，還之書冊；從人言語解會者，還之人言；從意識中揣摩者，還之意識。方是天則。即如此冠，誰是冠之天則？答無論取下及戴上，皆冠之天則也。先生曰：須是以樣子還盔頭，以騣還牛尾，方爲巾之天則。

問：何謂不識不知順帝之則？

答：大知，無所不知；不可以知名之；大識，無所不識，不可以識名之。如日光之普照，從何處窺其爲照？又從何處窺其非照？若燈光之照有限，便有能所矣。凡以知識求者，亦如是。

禪者，禪代不息之義，正是時中。

問：有以禪定解者，是否？

答：以定爲定，此小定也。乃六度之一也。若禪代不息，是謂那伽常在，定無有不定時，斯則爲大定，兼六度俱在其中矣。須知人生動作，云爲原定在此者，不消你去安頓他。若欲安頓，便不定矣。

問：禪學乃細中之細，世間粗人恐學不得細事。

答：事豈有粗細，灑掃應對，便是形而上者。隸卒人，與習静人，看來是一樣的；市井貿易人，與深山隱居人，看來是一樣的。故《華嚴》中，外道、婦女、宰官、比丘等，皆以佛稱之，故唯此参禪之學不必改，業不必擇何人，箇箇可入，那分事之粗細？

問：何爲"時中"？

答：時即春、夏、秋，亥，子，丑之時也。頃刻不停之謂"時"，前後不相到之謂"中"。《金剛經》："應無所住，而生其心。"[②]亦此義。不停，故無住；不相到，故心生。

---

① 見《景德傳燈録》卷三。

② 《德山暑譚》引《金剛經》作："應無住，而生其心。"《金剛般若波羅蜜經》："是故須菩提，諸菩薩摩訶薩應如是生清淨心，不應住色生心，不應住聲、香、味、觸、法生心，應無所住而生其心。"

問：何謂不相到？

答：如駛水流，前水非後水，故曰不相到。

問：何謂心生？

答：如長江大河，水無腐敗，故曰心生。

問：何謂無忌憚？

答：不知中庸之不可能，而欲標奇尚异以能之，此人形迹雖好看，然執著太甚，心則舛矣。世間惟此一種人最動人，故爲孔子[①]所痛恨。

問：某資鈍只宜斷緣簡事，朝夕參究，方得話頭綿密。若攙和世俗事，則功有間斷矣。

答：古人云："不怕妨功，惟患奪志。"志在參究，即應酬世務，其功自在。今學道人遇境緣順，不知由境緣之順，故心寧寂，非關得力也；遇境緣逆，則自謂學問不得力，不知由境緣之逆，故心上懊惱，亦非關不得力也。

參禪人大率有三關。第一關，悟得一切處無生；第二關，悟得一切處皆是；第三關，悟得言語道斷，心行處滅。然却總不是過此關，方叫作參禪。

學道人若不遇作家，莫説此生不悟，即多生亦不得悟。蓋不遇作家，必走錯路，與悟門相反。

小孩子見鏡中影，以爲實有此人，往往翻背覓之，覓之即久，年亦漸長，始知鏡中元無此人，從前求覓之心，一時頓歇。

先生嘗問：盃中天與瓶中天孰大？有謂瓶中大，盃中小者；有謂瓶中盃中，雖不同，其所照之天是一般者。先生笑曰：瓶中盃中何曾有天來？

問：即今舉心動念無不是心，何以曰無心？

答：人有生以後，將耳聞目見，串習一切世間事，飣餖凑合，强名做心。若除却此等，那有心在？

擔土人每日擔幾囘土，亦獲升斗，豈謂無功？若善書寫人，爲人傭書[②]，則力逸，而所獲倍矣。至于秀才教書，則所獲又倍矣。再進而歲貢舉人做官，則所獲什百倍矣。又上而甲第游宦，則相去不啻萬倍矣。今人

---

① 孔子：《德山暑譚》作"夫子"。

② 傭書：受雇爲人抄書。亦泛指爲人做筆札工作。《後漢書·班超傳》："家貧，常爲官傭書以供養。"

修苦行者，擔土也；寫經者，傭書也；講經者，教書也；習定與念佛者，歲薦與鄉舉也；至參禪者，則甲第也。擔土人不能爲科名事，作官人不能爲擔土事。比例發明。功效迥别。

若論此事，盡世界辯才的説不到，盡世界聰明的想不到，盡世界苦行者踏不到。

學道不肯休心者，醒時受用的，睡着時不受用，睡着時受用的，醒時不受用。

問：如何晝夜一如？

答：汝知睡着時受用，則日間看經看教，辨有生無生者，都是多了一畨[①]事。

不悟明而求受用者，只零碎受用而已，如喜樂時受用，哀怒時不受用，富貴時受用，貧賤時不受用。悟明人則有整段受用，喜怒哀樂，富貴貧賤，皆受用也。嘗見學道者，自恨云：我無事時，頗有光景，只到應事時，便爲境所奪。此等人不如日用不知的百姓却自在。

世人爲有生忙學道人，爲無生忙其忙等耳。近有尊宿語予曰：我一向只説有箇法，可以安心地受用，不知無此等事。予甚然之。蓋人若肯安心，則目前有甚不受用處？試觀病人嘗言：我平日無病時不知受用，今病時方知平日受用，故有心求受用。則如清閒者，想飲酒爲受用；飲酒者，想看戲爲受用；看戲者，想携妓遊山水爲受用。前途受用之境，愈求愈不足。若知眼前即受用，雖病中亦未嘗不自在以心安故。

小修云：王陽明説："滿街都是聖人。"[②]要知非特，本體是聖人，卽受用處亦是聖人。然既同是聖人，如何彼出生死？而吾輩在生死中是迷悟之分耳。畢竟如何爲悟？若執定實有迷悟，則又遠矣。

問：王南塘[③]言：有無之間爲幾工夫，只在研幾。敢問研幾工夫如何用？

答：若有功便落於有，若不用功便落於無。

一切人皆具三教。饑則餐，倦則眠，炎則風，寒則衣，此仙之攝生也；小民往復亦有揖讓，尊尊親親，截然不紊，此儒之禮教也；喚着卽

① 畨：同"番"。

② 見王陽明《傳習録》卷下。

③ 王南塘：疑爲王塘南，王時槐（1522—1605），字子直（一作子植），號塘南。安福（今屬江西）人，明代教育家。著有《友慶堂合稿》《廣仁類編》等。

應，引着卽行：此禪之無住也。觸類而通，三教之學，盡在我矣。奚必遠有所慕哉？[①]

今之慕禪者，其方寸潔淨，戒行精嚴，義學通解，自不乏人，我皆不取。我只要得箇英靈漢，擔當此事耳！夫心行根本，豈不要淨？但單只有此，總沒幹耳。此孔子所以不取鄉愿[②]，而取狂狷[③]也。

參禪人須將從前所知所能的道理，及所偏重習氣，所偏執工夫，一一抛棄，畧上心來，卽與斬絕，如遇仇人相似。

頓漸原是兩門，頓中有生熟，漸中亦有生熟。從頓入者，雖歷阿僧祇刦，然其所走，畢竟是頓的一路；從漸入者，雖一生即能取證，然其所走，畢竟是漸的一路。[④]

先生問僧云：佛與眾生受用同否？

僧云：迷人認爲實有，雖現在受用，而不知悟者，謂其有而不有，故得自在受用。

先生曰：假如眾生認爲實有，佛亦認爲實有，其體同，其用同，其不同處又安在？

僧云：佛之實有，即法華所談實相。是法在法位，世間相常住也。豈同眾生妄想爲實有耶？如吾輩今現在契茶，又想着一別事，豈與佛同？

先生曰：假使佛契茶，亦想着別事，其不同又安在？

僧不能對。

先生曰：從此過去還有許多辯駁處。

来日是僧復問云：佛雖千思萬慮，皆現量。當思慮者達知是現量，豈得以妄想名佛而谓其与眾生同一妄想耶？

先生曰：有箇達知即妄也。昔梵志來見世尊曰："瞿曇，我一切法不受。"世尊曰："是見受否？"梵志曰："是見亦不受？"世尊曰："是

---

① 此段文字《德山暑譚》同。

② 鄉愿：指鄉中貌似謹厚，而實與流俗合污的僞善者。漢徐幹《中論·考僞》："鄉愿亦無殺人之罪，而仲尼惡之，何也？以其亂德也。"

③ 狂狷：亦作"狂獧"。指志向高遠的人與拘謹自守的人。《論語·子路》："子曰：'不得中行而與之，必也狂狷乎！狂者進取，狷者有所不爲也。'"何晏"集解"引包鹹曰："中行，行能得其中者，言不得中行則欲得狂狷者。狂者，進取於善道。狷者，守節無爲。欲得此二人者，以時多進退，取其恒一。"《孟子·盡心下》："孔子不得中道而與之，必也狂獧乎！狂者進取，獧者有所不爲也。"焦循"正義"："此亦見《論語·子路篇》，獧作'狷'。"

④ 此段文字《德山暑譚》同。

見不受，則同無見，與眾生之無見何別？”梵志不能對。即是觀之，有見則同外道，無見則同凡夫，此處與佛差別者安在？此正金刚圈栗棘蓬，于此能疑能悟便是大聰明人。汝再不消理會佛與衆生同處，同處不必說，自然是一樣了。只要参同之中所以不同者，在甚麼處？

人問孩子云：汝心在何處？

孩子即以手指胸前：學道人遇人問他如何是你本心？則答云：空空洞洞，無處不是。此兩人病則一般。

問：如何是人鬼關？

答：鬼屬陰，人屬陽。古云：“思而知，慮而解，是鬼家活計。”[①] 故凡在情念上遏捺[②]者，是鬼關；在意識上卜度者，是鬼關；在道理上湊合者，是鬼關；在行事上妝點者，是鬼關；在言語文字上探討者，是鬼關。如此類不可胜数，反是，則不落陰界，而爲人關矣。[③]

人至於真到不得處，則心絕矣。辟如即今聞自家門響，則回頭看，聞鄰家門響，即不思看，何也？知到不得故也。

世人終身受病，惟是一明，非貪嗔痴也。因明故有貪有嗔及諸習氣。試觀市上人，衣服稍整，便耻挑糞，豈非明之爲害？凡人體面過不得處，日用少不得處，皆是一個明字使得不自在。小孩子明處不多，故習氣亦少。今使赤子與壯者較明，萬不及一；若較自在，則赤子天淵矣。[④]

凡用工若在道理上着力，決不能出頭。凡救人若在道理上提拔，决不能度脱。即如[⑤]羅近溪有一門[⑥]人，與诸友言我有好色之病，請诸公一言之下，除我此病。時诸友有講[⑦]好色之從心不從境者，有講作不净觀者[⑧]，如此種種[⑨]，俱不能破除。最後问近溪，近溪厲聲曰：“窮秀才家

① 見《宗鏡録》卷二八。

② 遏捺：壓制，按捺。《朱子語類》卷三二：“若使其心地不平，有矜伐之心，則雖十分知是職分之所當爲，少間自是走從那一邊去，遏捺不下。少間便説，我卻盡職兮，你卻如何不盡職兮！便自有這般心。”

③ “如此類”至此：《德山暑譚》無此語。

④ 此段文字《德山暑譚》同。

⑤ 《德山暑譚》無“凡用功若在道理上着力，决不能出頭。凡救人若在道理上提拔，决不能度脱。即如”語。

⑥ 門：原文漫漶不清，《德山署譚》《瓶花齋雜録》皆作“門”。

⑦ 講：《德山署譚》《瓶花齋雜録》皆作“言”。

⑧ 有講作不淨觀者：《德山署譚》《瓶花齋雜録》皆作“有言此不淨物無可好者”。

⑨ 如此種種：《德山署譚》《瓶花齋雜録》皆作“如此種種解譬”。

只有箇醜婆娘，有甚麼色可好？”其友羞慚無地，自云色病除矣[①]。

問：參學人遇事來時，還用思量否？

答：汝今是有事時思量多耶？無事時思量多耶？若有事時思量止是一事，如今人下棋子時一心只在棋上，就不去管閒事了。唯無事時，閒思雜慮最多，卻也照管不得。

達磨“外息諸緣”四句，[②]原是教人用功的公案，言循此可以入道，非即是道也。後人把這四句，作静定光景會，認此是道，故祖師將麻三斤乾屎橛等話易之。

問：五家綱宗？

答：此事不説，則無以教人，説之又不容言語。若不設箇方便，何以接引後學？

問：首山云：“唤作竹箅則觸，不唤作竹箅則背。”[③]如何？

答：這公案，大慧喻得極明，喻如剝荔枝者，將殼與核盡剝去，只要解吞耳。《寶鏡三昧》云：“背觸俱非，如大火聚。”[④]

問：偏法界總是一箇，那得有觸有背？

答：若總是一箇，則刀創劒戟亦總是一箇，如何你怕觸着他？奸婬殺盜亦總是一個，如何你要背了他？

莊上喫油糍公案，與琅邪問舉和尚公案一様，古人多於此發明。如此等者，均謂之誵訛公案。

先生舉僧問趙州：“萬法歸一[⑤]，一歸何處？”州云：“我在青州，做一領布衫，重七斤。”[⑥]諸君平日作何道理會？

答：作順應會。

曰：若問和尚，你有衣否？答云：我在青州，做一領布衫，重七斤。

---

① 自云色病除矣：《德山署譚》《瓶花齋雜録》皆作“自云除矣”。

② 《景德傳燈録》卷三：“别記云：師初居少林寺九年，爲二祖説法秖教曰：外息諸緣，内心無喘。心如牆壁，可以入道。”

③ 見《大慧普覺禪師住徑山能仁禪院語録》卷四。

④ 見《人天眼目》卷三。

⑤ 一：字漫漶不清。

⑥ 《五燈會元》卷四：“問：‘萬法歸一，一歸何所？’師曰：‘老僧在青州，作得一領布衫重七斤。’”

此方可作順應。今問一歸何處，豈是順應？此議覺範已曾笑破。[①]

問：古人多舉眼前小事，要人下語，如此時聞爆竹聲，試請道一句？

先生曰：聾人掩耳。

問：此句如何與悟相干？

曰：相干便非。

先生曰：汝輩公案不能透，莫只在本文上搜索，須舉問明眼人。若人反詰汝，汝當據自己所見處對。第一莫怕羞，既對來，仍求明眼者再答汝，汝聽他答處，自然會去。如劉居士問僧："古鏡未磨時如何？"曰："黑似漆。""磨後如何？"曰："照天照地。"此據自己見處答也。因居士不許，乃問洞山。山云："你問我？"曰："古鏡未磨時如何？"曰："此去漢陽不遠。"曰："磨後如何？"曰："黄鶴樓前鸚鵡洲。"此僧遂徹。[②]此因人答而悟者也，辟之不會作文的，只在刻文本子上看其竅，難通，須是自家動手做幾篇，求明師塗改，方有進步處。

問：機鋒相叩，貴在迅速。少落思量，便名鬼家活計。如某甲機思素遲，未免落思量。奈何？

答：若是犯思量的，即隨問隨答也，是思量。若是不犯思量的，即來得遲些，也不是思量。即如僧被古德問，一連答數十轉。皆不契。到末後一轉，方契。難道他全不思量的？

問：五宗血脉同否？

答：血脉本同，門庭各異。然非有心立異，實出于不得已。因前人之法，行夂有弊，故繼起者，鑒而更張之臨濟棒喝，未免粗疎。故曹洞易爲綿密耳。然此宜論其大槩，而中亦有相同者。如問："如何是奪人不奪

---

① 此則問答從"先生舉僧問趙州"至此，"曰：若問和尚，你有衣否？答云：我在青州，做一領布衫，重七斤。此方可作順應"，《德山暑譚》作"先生曰：若問和尚有衣麽？答：我在青州做領布衫，重七斤。這方叫作順應"。

② 《聯燈會要》卷二八《南康軍雲居曉舜禪師》："自洞山如武昌，行乞，首謁劉公居士家。居士高行，爲時所敬。意所與奪，莫不從之。師時年少，不知其飽參，頗易之。居士云：'老漢有一問，上人語相契，即開疏。如不契，即請却還。'遂問：'古鏡未磨時如何？'師云：'黑似漆。'士云：'磨後如何？'師云：'照天照地。'居士長揖云：'若恁麼，上人且請還洞山。'拂袖入宅，師懡㦬即還洞山。山問其故，師具言其事。山云：'儞問來，我與儞道。'師理前問。山云：'此去漢陽不遠。'師進後語。山云。'黄鶴樓前鸚鵡洲。'師於言下大悟，機鋒不可觸。"

境？”臨濟曰：“煦日發生鋪地錦，嬰見垂髮白如絲。”[①]此臨濟同曹洞處。“如何是佛？”雲門曰：“麻三斤。”[②]此雲門同臨濟處。此中無實法。使當今之世有臨濟曹洞者出，又別是一番建立矣。

問：直指參禪之要？

答：參禪的無別法。只是一些道理不上心來，一毫意見學問不生，此即有六七分了。蓋意見學問不來這裏，情識不行，卻有箇入處。參禪人得三三昧，謂空三昧，無相三昧，無作三昧。此三昧皆無形跡。若在六根上求三昧，則或有眼通耳通，皆有形可指者，是謂根塵小學，故惟三三昧爲諸三昧之王。得此三昧，則一切三昧俱具矣。

人[③]未悟時，觸處皆妄。如與人爭競，固人我相；即退讓人[④]，亦人我相也。以我與人爭，我能讓人，總之人我也。既悟時，則觸處皆真。如待人平易，固無人我相；即與人競爭，亦非人我也[⑤]。永嘉云“不是山僧逞人我，修行恐落斷常坑”[⑥]是也。

問：悟明人亦用心意讓否？

答：心意識何病？但認他做主宰，便不可如以僮僕作家主，豈不害事？

參禪將徹時，惟守定一箇話頭，便是真功夫。若拾話頭，而別求路，必難透脱矣。常見久參者多謂我參禪到此分際，如何？尚不得力，尚不得受用。我謂此人必未曾學道者。試觀日用間安往有不得力時？安往有不受用處？《華嚴》云：“若起精進心，是妄非精進；若能心不妄，精進無有涯。”[⑦]

問：某已曉得，知解道理不可用矣，但放不下？

答：汝每日所作，如飢知食，寒知衣，那件不是知解見？尊長便拜，逢故人便問，那件不是有道理？須知知解道理，用不着此極則語。不是與

---

① 《鎮州臨濟慧照禪師語録》：“時有僧問：‘如何是奪人不奪境？’師云：‘煦日發生鋪地錦，瓔孩垂髮白如絲。’”

② 《圓悟佛果禪師語録》卷一九：“舉。僧問洞山：‘如何是佛？’山云：‘麻三斤。’”

③ 人：《德山暑譚》無此字。

④ 人：《德山暑譚》無此字。

⑤ 人我也：《德山暑譚》作“人我相”。

⑥ 《大正藏》第48冊《永嘉證道歌》。

⑦ 見《大方廣佛華嚴經隨疏演義鈔》卷三九。

汝作學問的。

問：何名證人？

答：證人亦方便語。如有一房舍在此，若是我自家的，常於此中出；若是他家的，方從外面入。

問：古人云[①]："一切現成，只要人承當。"如何是承當的事？

答：今呼汝名，汝即知應；叫汝飲食，汝便是飲食。此即是[②]承當。

問：悟明人須加修治，方可除貪與癡？

答：譬如小孩子，手執無礫，人奪之則哭，及長至六七歲時，奪之則不哭。此果由修治否？

悟明人雖自眼已開，猶有無始業習，未能盡除，故世世出來化人，以消除自己業習。辟之重船搭人，非但濟人，實欲藉力牽挽，便易行也。故曰："佛前普賢，總是自利之行。"[③]

認趣膽三者，入道之人不可闕一。

有聰明，而無膽氣，則承當不得；有膽氣，而無聰明，則透悟不得。膽勝者，只五分[④]識，可當十分用；膽弱者，總[⑤]有十分識，只當得五分用。

先生云：汝近日看《大慧語録》，何如？

答：覺得快活。

曰：此是汝看書不濟處。大慧一書，將人所走的門路，一一塞盡，觀者唯增迷悶而已，那得有快活處？

人知見有大小，其事業因之而異，佛不過是有大知見的人，其教人，唯開示佛之知見而已。試觀賢易之人，有貿本相等，而所獲利，或倍蓰千萬之不同，由其知見有大小耳。出離生死，全靠真知見。

僧問：古德云："修證則不無，汙染則不得。"[⑥]如何？

先生曰：汝曾往南北二京否？

答：曾往。

---

① 古人云：《德山暑譚》無此三字。

② 是：《德山暑譚》無此字。

③ 《智覺禪師自行録》："佛前普賢位，猶自利利他門。"

④ 五分：原文二字占一字格，右"五"左"分"。

⑤ 總：《德山暑譚》作"縱"。

⑥ 見《宏智禪師廣録》卷一。

曰：這箇是修證不是修證？

又問：汝往京城，曾聽經否？

答：曾聽。

曰：這箇是汙染，不是汙染？

僧復擬答。先生搖手曰：不是。不是。[①]

參禪須是利根人，鈍根人不得。蓋聰明過人者，少有所得；不能滿他聰明的分量，則愈前進。若智量小的，稍稍由悟便自足了。如大慧衆同參公諸人，皆同時穎悟[②]。大慧自以爲未得。又參三十余年，方大徹，始知諸人皆得少爲足者，正爲大慧聰明過人前所得底，不能满其分量故。

問：道理知見用不着，然仔細點檢日用間，那一件不是道理知見？

答：用不上，便叫做道理知見。若人契飯穿衣，豈得名道理知見乎？

凡學道人，走別樣路，則要易其職業，易其念慮，唯參求宗門一着，則不唯不必轉業，亦不必轉念。觀《華嚴經》可見矣。然業念俱猶常人矣，畢竟不同者，何在？

問：某甲二六時中，無取無舍，不依倚一物，是保任否？

答：汝自謂不取不捨，不依倚一物，然是取了箇不倚依一物，捨了箇依倚一物也。安得謂之保任？夫保任者，譬之此園中，有名花欲保任他，則設墻垣以衛之，至於保任虛空，則如何用力？

人能見得性，則隨時隨事，光明自透露。

予初年學道，雖見得道，本平常而求玄妙之心猶未忘，邇年来方知別无奇特，唯平常行去便是。今海内參禅者，或行苦行，或習静定，或修福德。據外面看，人争慕之。然察其中，有這段求玄妙做門面的心，即與道相遠。

問：先生往年修淨土，是何見？

答：大凡參禪而尋別路者，皆係見未穩故。

走明白路者，求解也，解通，名如來禪；走漆黑路者，求悟也，悟透，名祖師禪。

---

① 此則問答從總問語"僧問：古德云：'修證則不無，汙染則不得。'如何？"至此，《德山暑譚》總問語作："僧問：如何是'修證則不無，污染則不得'？"其他問答《德山暑譚》全同。

② 穎悟：聪明；理解力强。穎，同"穎"。《晋书・王戎传》："戎幼而颖悟，神彩秀彻。"

小修云[1]：走明白路，亦有兩種：有于經論上求明白，如法師是也，乃認賊爲子，決不可用者[2]；有見得言語道斷[3]，心行處滅，亦是走明白一路者，如鄧豁渠亦其人也[4]。觀《南詢録》[5]自見。

問：言語道斷，心行處滅，如何亦有兩種？

答：有假有真。辟如要北人談閩中鄉談，此真言語道斷。若本處鄉談，但只不説，此假言語道斷。尋常做官，要休[6]下去，此假心行處滅。若遇考察去了官，此真心行處滅。

問：先生言洪覺範[7]有道理知見，然予觀覺範提唱公案，其識見議論，似與大慧不殊？

答：透關的人，亦分兩樣：有走明白路者，如覺範永明壽是也；有走黑路者，若大慧等是也。其議論識見一樣，而却分兩途。[8]

有人向小修舉似[9]，小修云：覺範亦是走黑路者，但其中微帶有明耳。

先生曰：不然。覺範往往將黑路都要解做明白的[10]，是夗語，是實法。

夂于道者，每以參究爲功，不以安閉爲功。寧知矜持著尚有功，不矜持者豈無功？特汝等自家，不肯筭作工夫耳。

問：大慧示衆云："有等人謂法不在言語上，不在情識上，不在舉動施爲上，此錯認業識爲佛性。"[11]夫既不在言行情境矣，如何又名爲業識？

---

① 云：《德山暑譚》作"又云"。

② 者：《德山暑譚》無此字。

③ 有見得言語道斷：《德山暑譚》作"有語言道斷"。

④ 如鄧豁渠亦其人也：《德山暑譚》作"如覺范、豁渠其人也"。

⑤ 南詢録：《德山暑譚》作"《林間》《南詢》二録"。

⑥ 休：字有點模糊。《德山暑譚》作"林"。

⑦ 洪覺範：德洪（1071—1128），宋代臨濟宗黄龍派僧。瑞州（江西高安）人，俗姓喻（或謂彭、俞），字覺範，號寂音尊者。著《林間録》2卷、《禪林僧寶傳》30卷、《高僧傳》12卷、《智證傳》10卷、《志林》10卷、《冷齋夜話》10卷、《天廚禁臠》1卷、《石門文字禪》30卷、《法華合論》7卷、《楞嚴尊頂義》10卷、《金剛法源論》1卷等。

⑧ 此問答，《德山暑譚》答語作："答：透關的人，亦分兩樣：有走黑路者，若大慧等是也；走明白路者，洪覺範、永明壽是也。"

⑨ 向小修舉似：《德山暑譚》作："舉似小修"。

⑩ 往往將黑路都要解做明白的：《德山暑譚》無此語。

⑪ 見《正法眼藏》卷三之下。

答：認言行情境者，名妄念；不認言行情境者，名業識。業識乃第八識，是渾渾淪淪的，故不在言行情境上。古云："業識茫茫，無本可據。"[①]正是指此。

大慧所説，用功總不出四句，謂不可以有心求，不可無心得，不可以言語造，不可以寂默通。這四句，乃聖賢學脉精髓。凡有絲毫依倚，皆非真學問。

小修云："今學道人，都疑悟明之人，其意識必然孤立在那裹，一無所倚傍也。"不知無有此理？

先生曰：然眼不觀色，則無眼；耳不聽聲，則無耳。以至意不緣法，則無意，豈有箇孤立者？

過了信關人，只當休去歇去，便是眞功夫，第一不得于逆順境上疑已不相應[②]。古人所謂不相應者，非指此也，謂偷心未絕，不能相應也。

問：十分打不過去的事，當如之何？

答：衆人打得過者，我亦打得過。我打不過者，衆人未必打的過。既是衆人打不過，我又何必要打過？

五家綱宗，只一逆字，足以盡之。不特五宗，三教聖人都是逆。

問：悟明人作何功夫？

答：做功夫須不落陰界，不墮區宇，方爲眞功夫。且汝既見心體矣，則日用常行，無非是心，若有去看心治習，猶飯既熟，而復去淘米也。

過了關的人，猶分爲己爲人兩種學問，不可不知参禪人，要通玄解，暫歇心易；要事上過得去，疑不上心來卻難。蓋解通的人，雖暫歇了心，久之閒不過，必自疑云，我學道一場，未知臨終時，作何狀？夘後黑如漆，又不知作何狀？近日眼前只散散地，恁麼去，怎好要尋件事來做，方過得。若於日用行事上，都打得過，心中都安得去，没有絲毫疑惑，此非消融之久不易到也。

問：大悟時即得證否？

---

① 見《圓悟佛果禪師語録》卷八。

② 已不相應：《大乘起信論》就薰習真如之體用，而有已相應與未相應二門之分。已相應者，地上菩薩得根本智，與諸佛自體相應；得到後得智，則與諸佛自在之業用相應，故其修行，不若地前未相應者單以信力而行。因其證得真如之法而修行，是爲依法力之自然修行。故地前未相應者之修行稱爲緣修，地上已相應者之修行稱爲真修。依此自然之修行而薰習真如，滅除無明，故稱爲已相應。未相應爲"已相應"之對稱。謂修行者之心未與其真如之自體、業用相互薰習，或謂修行者未與諸佛之自體、業用相應。

答：即證。

曰：此還是因中事耶？

曰：因果一時齊。

有曰：還得三明六道否？

曰：具足。但不在眼耳鼻舌身意上。

先生問寒灰[①]曰：近況如何？

答：去年夏秋甚快活，今春偶思古人如何到此遂得休息，不得迷悶？

先生曰：此是汝求知見，求明白的念頭未忘，關頭未過得盡耳。

老鼠入牛角，此喻最好，譬之盜刦人家，有十數間房皆到，唯一空室未入，雖去猶疑，必回頭驗過，然後疑纔息耳。予昔年欲娶一妾，聞其美，旦暮思之不輟。一日親見，此女貌醜，此心當時頓息。悟道者亦如是。

小修云："明道是眼，行道是足，兩者不可闕一。"

問：何謂行起解絕？

答解如問路，行如走路，到得走路時，則前此問路之心絕矣。

初入悟人容有偷心未死者，再須鍛鍊多年，方始淨盡。所以古人謂：雲門禪，如百精金。

問：偷心乃不光明之心耶？

答：非也。參禪人將謂別有奇特玄妙心，不肯休。如盜刦人物，要處處搜尋到了纔罷，是謂偷心未死也。

問：有入頭人只參公案，其餘三玄三要四料揀等，俱不必理會他？

答：且不必理會他。

明白的，乃順路；黑漆漆的，乃逆路。順路所得，雖多，而實無用；逆路，只一些子，却有無窮受用。

參禪人須走得撞著墻，方肯回頭，只徒望見墻，猶是未到，必在墻上掀翻撞到一回方好。

學問須闇然日章[②]，勿求人知。

問：此是不求名麼？

---

① 寒灰：釋如奇，别號喝石如奇、喝石老人、體玄等，俗姓方，嗣紫柏大師（1544—1604），生於嘉靖某年月日，寂于萬曆某年月日，世壽六十有九。捐貲刻《西方合論標註》行于世。

② 闇然日章：闇然，隱晦深遠，不易爲人所見。日章，謂日見彰明。《禮記·中庸》："故君子之道，闇然而日章；小人之道，的然而日亡。"

答：不求人知，又非是不求名。求名不妨。但學問不必人知，有心求人知，即逃名亦是要人知的。

小修云："求名，乃喜怒哀樂内事，人惟於此錯認，故進退不得自知。"

問：道貴平常。炫奇過高，是多了的？

答：平常亦是多的。[1]

過了關的人，亦須常會朋友講論一畨[2]，則自己所已到者，又操演一畨，所未到者，又精進一畨，所謂借他人戰場，練自己軍馬，古之禪伯大率如此。

古人所謂悟後修行者，乃去其心中不眞實處，消其心中有嶷惑處，非以知見功德去補綴他也。

毋論學道人，凡高人皆不可不會讀，其議論超卓，觀[3]其行事拓落，皆足以發我未發。

常讀書亦是操練之法，李龍湖曰："古人往矣，獨有言句在耳。"不觀古人言句，自以爲歇矣，倘問之有透不過處，方知自己未到必用心參究，所謂攪濁河之長竿，撥寒灰之妙手。

凡看經論，非徒玩索文義也。爲自己生夘不能了，恐於經論上有疑可參處，有機緣可省發處，若語句没相干者，直當揀過不必看，以至看租師語録亦然。

小修云："謂悟後人，全與人不同，非也，依然是舊時人；謂悟後人，全與人一様，亦非也，面前自有閒田地。"

"隨緣消日月，任運着衣裳。"[4]此臨濟極則語，勿作浅會，若偷心未歇，安能隨緣任運？[5]

小修云：今人見參禪之士，有世網未脱，習氣未除者，率云彼既參禪，何爲猶有此等餘結，不知世情與道情，非兩也，如生禪天者，其世緣盡脱，習氣已除，然祖家不許之，何也？

---

① 此問答《德山暑譚》同。

② 畨：同"番"。

③ 觀，字漫漶不清。

④ 《鎮州臨濟慧照禪師語録》："若是真正道人，終不如是，但能隨緣消舊業，任運著衣裳，要行即行，要坐即坐，無一念心希求佛果。"

⑤ 此段文字《德山暑譚》同。

問：諸法既如夢泡，則一切善惡，辟之好夢惡夢，一醒都空，何以標善而遮惡耶？

答：夢中受樂，與夢中被打，畢竟不同，故東坡云：嗔喜皆幻，喜則非嗔。

問：今人或有此事全不干自身，而橫罹禍者，何故？

答：禍之來不可測，非是定有相干不相干。或有失足於彼，而假手於此者；有造因于前，而受報於今者。夫周孔何人也？而居東過宋，幾不免焉。可俱謂之不知幾乎？

問：持己待人之方？

答：以情恕人，便是公；以理律人，便是私。以理律己，便是公；以情自待，便是私。

孔子説："施諸己而不願，亦勿施於人。"[①]以情恕人者也。所求乎子臣弟友，反之己未能，[②]以理律己者也。此非孔子謙辭，自是實事。如今鄉里愚人，見父責子，子語不遜，衆必共非其子。至生平誦法孔子者，受父訶斥，果能纖毫無違心耶？少有違心與不遜何別？可見責人之事，自己多未能盡也。王荆公非是不好的人，只爲他有一肚子道理，將此道理律人便至敗壞天下耳。

耳順隨緣，漫無所知者，似耳順，漫無所知者，似隨緣，人畧有些聰明，則其聽人説話，自心即起思惟此人所説如何，至漫無所知之人，聽得人言句，眞覺得句句是好話，領畧在心。故曰：似耳順人畧有些智謀，必不安分，處處思量，攀緣將來要如何做。若漫无所知之人，才調施展不開，如傭工挑土，舂碓之人，終日巴巴做至晚更，無别想。故曰：似隨緣，又如小孩子及禽獸，亦皆似隨緣之類也。唯真實悟明人，聲入心通，乃真耳順。順世無疑，乃真隨緣。故相宗中有眞現量，似現量，亦是此義。

問：如何方是無爲？

答：所謂無爲者，非有百事不理也。漢文帝稱無爲之主，吴王不朝，

① 見《禮記・中庸》。

② 《禮記・中庸》："故君子以人治人，改而止。忠恕違道不遠，施諸己而不願，亦勿施於人。君子之道四，丘未能一焉：所求乎子以事父，未能也；所求乎臣以事君，未能也；所求乎弟以事兄，未能也；所求乎朋友先施之，未能也。庸德之行，庸言之謹；有所不足，不敢不勉；有餘不敢盡。言顧行，行顧言，君子胡不慥慥爾？"

賜以几杖，張武受賂，金錢愧心，此無爲也。舜放四凶，舉八愷，亦無爲也。故曰："無爲而治，其舜也與[①]？"[②]

問：有放有舉，何名無爲？

答：因人情好惡而好惡之，亦是無爲。[③]

問：此與外道自然何别？

答：老莊之因，即是自然，謂因其自然，非强作也。外道則以無因而生爲自然，如烏黑鷺白，棘曲松直，皆無因而自爾如此[④]，此則不通之論矣。

喜與嗔皆幻也。寧就喜，多事簡事，皆幻也；寧就簡，拘檢放曠，皆幻也；寧爲曠，但不可以我之放曠，遂病人之收斂。世間人識見才調不同，未可一律齊也。

問：從上祖師，亦有夗于刑戮者，何故？

答：夗于刀杖，與夗于床榻，一也。人殺與鬼殺，何殊哉？但有好看，與不好看之異耳，於學問却不相干。[⑤]

嘗見爲官者，每曰我待官至某處，即休心學道。予竊笑之。將來之心，即是今日之心，目前即不能了，將後又安能了耶？故要了，則即今便了。今日不能了，即百刦千生不能了，何况來年？

問：權詞對人亦涉妄語否？

答：古人云："權以濟事。"[⑥]則不謂之妄語。

曰：如何比丘戒，却不許有方便語？

曰：佛既設律，則不得不嚴，即今《大明律》何等嚴密，官民豈盡依之？《曲禮》三千，何等嚴密，儒家豈盡依之？所以比丘戒難持，然比丘戒亦只爲中人設耳。若上品異材，則超于律外戒，詎足以縛之？如《菩薩戒》則不然，其中多有權以濟事者，辟如兵法，只中等之將依之。至于名將，則出于兵法之外矣。故曰："非禮之禮，非義之義，大人弗爲。"[⑦]大抵我中國之法，唯孔子之教行之無弊。若佛法，則有難以治國治民者。

---

① 與：《德山暑譚》作"歟"。

② 見《論語·衛靈公》。

③ 此問答《德山暑譚》同。

④ 如此：《德山暑譚》無。

⑤ 此問答《德山暑譚》同。

⑥ 《三国志·魏书·贾诩传》："权以济事，咸此类也。"

⑦ 見《孟子·離婁下》。

可見古今不同時，夷夏不同俗，不可執彼而非此也。

菩薩極慈悲，而有時現忿怒相，可見慈悲臉皃，有不可槩用之處。

居安不如身安，身安不如心安。今勞心以養其身，勞身以營其居，失笑甚矣。

西域唯重僧，凡俗人有不公平事，皆聽僧家處分。故佛説，僧家不用自耕種，唯募化衣食，每日止化七家。若我震旦國，只重烏紗，非修道作福人，鮮有重僧者，故古來禪師，知募化事難行於震旦，祇自卑自勞者而已。於是開叢林，置庄[①]地，此正師其意，不泥其迹也。

曾見一書云：有一異人，欲引藴子遊地獄，且語藴曰："汝若到彼一看，决定不肯做官。"子由懼不從，因同座一人往甫坐定，此人神識，即同到地獄，但見有一獄中，純是做官的及僧家。

小修云，僧家募造甚非計之得者，本是無求漢，卻作有求事，寧不招人輕賤？天下佛殿，亦多矣，建之何爲？佛經亦廣矣。書之何爲？

問：若然，則一切治生事，皆不當營爲乎？

答：難道修行人明晨缺早炊，亦不料理，只有濃淡不同耳？事可已，則已之；不可已始起而圖之。古德云，今年莊上無收，竝不着急。唯狗子無佛性話，無一人發明，實是急。夫以莊租與參學竝談，可見莊上事亦要緊，詎可置之不理耶？

吾[②]輩少時，在京師與諸搢紳[③]學道，自謂我等[④]不與世争名争利，只學自己之道，亦有何礙？然此正是少不更事。自今看來[⑤]，學道不能潛行密證，乃大病也。即如講聖，學尚節義，係功令所有者。然漢時尚節義，而致黨人之禍；宋朝讓聖學，而有偽學之禁。都缘不能退藏于密，以致如此。故学道而得禍，非不幸也。

老莊生当乱世，其学惟善下，惟韬晦，惟處于不才，是退藏于密者。

龙湖曰：世间好事甚多，安能一一书为之？此语绝妙。

處世间事，眾人皆见得非，而我独见得是，亦须缓缓调停不可直遂。直遂则取禍矣，蓋有理可行，而勢行不得者，在審己量力可也。

---

① 庄：同"莊"。

② 吾：《德山暑譚》作"我"。

③ 搢紳：《德山暑譚》作"縉紳"。

④ 我等：《德山暑譚》作"吾儕"。

⑤ 看來：《德山暑譚》作"觀之"。

問：李卓老臨歿時得力否？

先生笑曰：不得力。

問：如何不得力？

曰：若得力，便不歿。

問：某昔曾割股彼，時不見痛，今乃拔一髮亦痛，何也？

答：世人卑者好利，利之所在，雖喪身命不顧也。高者好名，名之所在，亦喪身命不顧也。以名利之心持着，故不見有可畏。割股可得孝名，故不知痛。拔毛不足以成名，便覺痛耳。

凡人脾胃好者，不論飲食粗細，食之皆甘；脾胃薄者，遇好物則甘，粗物則厭；至害病人，則凡味皆揀擇矣。今人見一切人無過者，是自己脾胃好；檢點一切人者，是自己有病，與人無干。試觀兇暴人，未有不作惡者。故好字從好，惡字從惡，此意羅近溪[①]發得極透。

今月出母錢，至來月償，其利少；若隔年償，則利多。由此觀之，隔生償者，豈不尤多耶？

一友説：人只不歿便好。

先生曰：全幸有這一歿，不然勞碌豈有了日？

又一友云：争得不歿只壽一二百歲便好？

先生曰：今人只六十七十，已筭計得無半刻閒，何況百歲？

問：近代所稱龍象何以多不免？

答：學道人須是韜光斂迹，勿露鋒芒，故曰潛曰密。若逞才華，求名譽，此正道之所忌，安得無禍？夫龍不隱鱗，鳳不藏羽，網羅高張，去將何所？此才士之通患，學者尤宜痛戒。[②]

問：某子甲露才揚己，精光爍爍動人？

答：凡人逞才華學問者，人説他伶俐，我説是忠厚。若斂藏不露者，人説他忠厚，我説是伶俐。古時阮籍以酒自娱，人説他疎狂，然卒免於禍，故子元説是他謙慎，可謂具眼。

人惡貧賤，我亦惡貧賤；人欲富貴，我亦欲富貴。但在我，患塵勞之心，甚於惡貧賤；好清閒之心，甚于好富貴。故所欲奪于所甚欲，所惡奪

① 羅近溪：《德山暑譚》作“羅于江”。

② 此則問答，《德山暑譚》無問語“問：近代所稱龍象何以多不免”，答語無“答”字和“安得無禍”語。

於所甚惡耳。他人亦惡塵勞，而不如惡貧賤之甚；亦好清閒，而不如好富貴之甚。故終身碌碌，亦往往甘之。

勿爲福始，勿爲福先，非禁人作福，惟不可自我倡耳。吾儒講學亦是好事，然一講學，便有許多求名求利，及好事任氣者，相率從之。及此等不肖之人，生出事來，其罪皆歸于首者。東漢而後，君子取禍皆是也。此等[①]涉世機關，惟老莊的然[②]勘得破。

問：如二乘只了却自家事亦儘好，何爲如來訶責之？

答：辟如有人遭患難，其一人心腸極熱，委曲方便救脱之；其一人毫不動念，此二人孰優劣？

問：二乘與菩薩其所行，孰難孰易？

答：委曲救人，自是難事；只管自己，自是容易。

應以宰官身[③]得度者，即現宰官身而爲説法，陽明是也；應以儒教得度者，即現儒身而爲説法，濂溪是也。

世間人有近道而不學道者，有學道而不近道者。日用不知的，何等近道，却不肯去學道；修行立名的，有心學道，然實與大道相遠。故曰：“賢者過之，不肖者不及。”[④]

龍溪、近溪非真有遺行挂清議，只爲他鍛煉甚久，真見得聖人與凡人一般。故不爲過高好奇之行，世人遂病之，云：彼既學道，如何情境與我輩相似？因訾議之夊夊，卽以下流歸之耳。若使二公不學道，世人決不議論他。蓋衆人以異常望二公，惟以平常自處。故孔子曰：“道不遠人。”[⑤]

問：吾輩想像聖賢，心事如青天白日，真無徇外爲人之私？

答：纔作青天白日想，早是徇外爲人矣。此處棲泊不得，汝莫作註解。

世人我相最重，故往往見人之過。若以人之過，反思都是我常有的，但過在我便不見，可惡在人則見，爲可惡皆我相之病也。蓋過有兩樣，有

---

① 此等：《德山暑譚》作“這樣”。

② 的然：明显貌。《礼记·中庸》：“故君子之道，闇然而日章；小人之道，的然而日亡。”

③ 身：《德山暑譚》無。

④ 見《禮記·中庸》。

⑤ 同上。

一等真正犯天下之不韙，彼自陷法律，自難逃于公論，我固不必嫌他至些小差處，乃常人所有者，惟以衆人望人而已。若求凡事恰好是惟賢智之士能之，我原不當以賢智律天下人，又不求人過，亦有自家眼明，容得人過者，此名真不見過。

常人些子分叚情識，有依傍，有典要，尚感得有如此世界，如此受用，蓋天蓋地，絕依傍，出典要者，其其所感世界受用，又當何如？

李長者云："未有今生以神智用，而求來生不獲大致申通者也。"

恒人皆曰：我凡事任運隨緣。夫天下事不由人筭計，不由人勉强，值得任運隨緣去。但彼衷戚戚之懷，若欠兩稅百姓相似，那有受用安閒時？

問：戰場中千萬人一時殺盡，都是命該夗麼？

答：省闈八月終，十三省同時中了千名舉者，有命不該中者耶？

問：佛言有横夗者，似不屬於命？

答：亦是他所造横業，如無故而戕物命等，故受横夗之報。横夗者，謂不似尋常夗耳，非謂不當夗而夗也。

人人俱有我相，習爲尊大，固我相也。習爲謙抑，亦我相也。唯破除我相之人時，當尊大，則尊大時，當謙抑，則謙抑，當其時，爲其事，自合如此，無些毫擬議之心，即有心忘擬議，猶屬我相未盡。

小修云："惡人終日心心念念，惟想害人，其招刀山劍樹等報，誰不宜？"

修行人始初一二年内，嗔嫌他人不學好，到久後，方知自家不好處。①

寺僧舊例募大燭供佛後，漸竊油蠟别用，或以告先生，欲止其例。先生曰：借供佛之資，以自潤。此庸僧常態也，何必惡而革之。

有僧募造銅塔，人争笑曰："有恁麼要緊事，何苦如此？"爲斯言者，是以聖言望人也。人心於沒要緊事攀援妄想，皆此僧募塔之類耳。吾不病此僧造塔，病其於自己造塔，則喜見他人鑄佛則忌，故其募塔猶是常情，而忌人則爲惡念矣。

一友贊某老一心扶持世教。先生笑曰：此老未生之前，世教何曾掃地耶？世間人，寒自知衣，飢自知食，遇親自知孝，遇子自知慈，何待教乎？至於不肖之人教亦不善矣。

① 此段文字《德山暑譚》同。

世間事做得省力，便去做；做得費力，便不去做。此最是便宜安樂法。

問：菩薩捨頭目髓腦何義？

答：試觀自釋迦佛後許多菩薩，那一箇捨頭目髓腦？此言不必作如是解，只明其無我耳。釋迦於歌利王割截身體，亦此義。不然頭目髓腦人乞之何用？而捨之用耶？

問：創國仁主何以多殺無辜？

答：國初承元之獘，紀綱風俗壞亂極矣，故立法不得不嚴。至今二三百年，享太平之樂，誰之賜也？卽做官者，典一好事，眼前勞民傷財，人豈不怨？及其後，民實賴之，厥澤遠矣。若些些計較，唯恐錯施一刑，错問一罪，如此迂腐拘攣，如何行得去？

凡名都巨邑奸宄每每伏藏，若奸宄不伏於都邑，更於何處藏身？昔人云：不如是何以稱京師？此有見之言也。故治奸者，但使其不甚爲暴而已，不必過爲摘發，盡爲損除也。如蛇蝎匿於牆垣，不害人斯已矣，必欲拆墻垣，以去之，亦無是理。

道明德立，曰高人；繩趨尺步，曰庸人；阿諛逢迎，曰小人；剛暴險刻，曰惡人。高人之待人也，如化工，遇庸人則平等交之，遇惡人其禮貌，亦不廢俾，不至爲害也。至於小人，謟媚其前，亦不起憎心，見彼容悦之態，如俳優奏樂，亦爲之色喜而已。

儒者曰："親君子，遠小人。"[①]禍天下者，必斯言也[②]。人誰肯自居小人，甘心爲人所遠耶[③]？勢必反噬矣[④]。夫君子不屑爲人使，凡任役者，皆小人也。小人貪名逐利，甘心[⑤]爲人用，非小人將誰與奔走哉？遠者，友君子，而役小人；愚者，友小人，而遠君子；拘者，親君子，而逐小人[⑥]。

問：人情未有不相同者，然而聖凡之異在甚處？

---

① 諸葛亮《前出師表》："親賢臣，遠小人，此先漢所以興隆也；親小人，遠賢臣，此後漢所以傾頽也。"《資治通鑑》卷一九四《唐紀》十："妾生無益於人，不可以死害人，願勿以丘壟勞費天下，但因山爲墳，器用瓦木而已。仍願陛下親君子，遠小人，納忠諫，屏讒慝，省作役，止遊畋，妾雖沒於九泉，誠無所恨！兒女輩不必令來，見其悲哀，徒亂人意。"

② 禍天下者，必斯言也：《德山暑譚》作"斯言是而非也"。

③ 耶：《德山暑譚》作"邪"。

④ 勢必反噬矣：《德山暑譚》無此語。

⑤ 甘心：《德山暑譚》作"故甘心"。

⑥ "遠者，友君子"至此：《德山暑譚》作"故古來英主，皆是尊君子而役小人"。

答：我説人情相同，但論其理耳。然人誰肯安心，謂我與常人一樣乎[①]？雖屠兒樵子，亦有自負的心[②]。至於學道之人，曉得幾句道理[③]，其憤世嫉俗尤甚。此處極微細[④]，最難拔除。若能打倒自家身子，安心與世俗人一樣，非上根宿學不能也。然此意，自孔老後，惟陽明、近溪幾[⑤]近之。

漢高帝見蕭何治田宅，則喜；及見其作好事，則下獄，恐其收人心也。宋太宗見人心歸其太[⑥]子，則嘆曰："人心已屬太子矣[⑦]。"夫漢高、宋宗[⑧]皆英主也，一則以利之故，忌其臣；一則以利之故，忌其子。此一念可輕易責恒人乎？

人有性急而量寬者，有性緩而量狹者。量狹之人，心腸多冷；量寬之人，心腸多熱。然此中又有大人小人之異。大人之寬舒者，毋論己卽或性急，或量狹，或心腸冷，而其衷常欲立人達人；小人之褊狹者，毋論己卽或性緩，或量寬，或心腸熱，而其衷常欲自私自利。大抵合之之極，斯名大人；分之之極，斯名小人。

先生曰：某鄉有人，當歲歉時，每穀一石值一金。有村人持一金来買穀，其人視之云：銅也。村人憤懣仆地，其人扶起曰：是真的。我錯認了。以穀付之村人，曰：我鬻男以救一家性命者，汝眼不明，幾駭殺我。既擔穀猶唾罵而去，然其金實銅也，度去遠遂擲水中。又我先祖家頗饒，嘉靖中，出母金以千計，穀以數千計。值歲荒，焚其券，仍每日遍點僮僕，恐有往彼索取者，曰：此時人家備一飯也，難以上二事，皆是爲善毋近名。

孔子説：終身之行，不越一恕。治平之要，惟在絜矩。能推此心以濟人利物，功德何等大？比之僧家持門面戒者，不啻天淵矣。

堯舜不能使其子之肖仲尼，不能使其妻賢漢高帝，不能使戚姬之不爲人彘。今人德不如聖人，位不埒王者，乃終身爲妻妾子孫長久，愚亦甚矣。

---

① 乎：《德山暑譚》作"者"。
② 亦有自負的心：《德山暑譚》作："開口亦曰：'我便如何，彼却不能。'"
③ 曉得幾句道理：《德山暑譚》作"曉得幾句道理，行得幾件好事"。
④ 極微細：《德山暑譚》作"極微極細"。
⑤ 幾：《德山暑譚》作"庶幾"。
⑥ 太：《德山暑譚》無。
⑦ 人心已屬太子矣：《德山暑譚》作"人心遽屬太子，奈何"。
⑧ 宋宗：《德山暑譚》作"宋真"。

跋《珊瑚林》

石公先生《珊瑚林》，楚中張明教所録。先生自擇其可與世語者，爲《德山暑譚》，梓行矣，玆其全也。後來居士中第一了手，共推龐公。惜偈頌之外，語不多見。張無垢深入玄奥，與妙喜相伯仲，而語一涉玄，輒爲其甥删去。陽明諸大老得禪之髓，録之者諱言竺乹[①]，語多回護[②]，令人悶悶[③]。先生談儒，譚釋皆是了義，無一剩語。故嘗自況於大黄[④]，能與一切人排盪積滯。玆録亦不復[⑤]諱其談，向上商工夫最明且悉，顧毫無實法，可爲人繫綴者，其有補於學人甚大。覽者能向是中挨身直入，當知迦文宣尼[⑥]原一鼻孔，正不妨與龐老、石公把臂共行。何煩百方回護，作此委屈之相？

先咎居士馮賁識

---

① 竺乹：佛，佛法。乹，同“乾”。唐白居易《新昌新居書事四十韻因寄之郎中張博士》：“大底宗莊叟，私心事竺乾。”唐黄滔《泉州開元寺佛殿碑記》：“初僕射太原公，以子房之帷幄布泉城，以叔度之褲襦纊泉民，而謂竺乾之道與尼聃鼎。”宋沈遘《三司獄空道場功德疏右語》：“命竺乾之衆，啟梵唄之場。”《詩話總龜前集・雅什下》引《雅言系述》：“路振贈詩云：‘……已絕勞生念，虔心向竺乾。’”

② 回護：袒護、庇護。宋羅大經《鶴林玉露》卷十六：“古人是則曰是，非則曰非，明白正直，曾何回護。”明田藝蘅《留青日札・非民風》：“上下不相回護，甲第不相朋黨。”《西湖佳話・南屏醉跡》：“長老道：‘濟公應承了，必有個主意，他怎好騙我？今睡不起，想是多吃幾杯，且待他醒來，再作道理。’監寺見長老回護，不敢再言。”葉聖陶《這也是一個人》：“隔幾天，她父親來了，是她公公叫他來的……但是她仗着主母的回護，沒有跟她父親同走。

③ 悶悶：第二箇“悶”字原文爲重文符號“ 〻 ”。悶悶：鬱悶不樂。唐趙璘《因話録・羽》：“（進士鄭滂）一夕忽夢及第，而與韋周方同年。當時韋氏先期舉人，無周方之名者，益悶悶。”元無名氏《謝金吾》第二摺：“這兩日氣得我悶悶的眠，害得我懨懨的臥。”之理，因此日夜悶悶，如有所失。

④ 大黄：藥草名。也叫“川軍”。多年生草本，分布於我國湖北、陝西、四川、雲南等省。根莖可入藥，性寒，味苦，可攻積導滯、瀉火解毒，主治實熱便秘、腹痛脹滿、瘀血閉經、癰腫等症。

⑤ 同“復：原文作“復”，字同。

⑥ 宣尸：尸同“尼”。漢平帝元始元年追謚孔子爲褒成宣尼公，後因稱孔子爲宣尼。見《漢書・平帝紀》。晉左思《詠史》詩之四：“言論準宣尼，辭賦擬相如。”五代王定保《唐摭言・師友》：“互鄉童子，當顧接於宣尼；蘇門先生，竟未言於阮籍。”元劉壎《隱居通議・文章五》：“續杏壇之音，鼓宣尼之操，吾徒之修養也。”

附《德山暑譚》

德山暑譚[①]

石公袁宏道中郎語

古郢五教明教編

《德山暑譚》小引

甲辰秋，余偕僧寒灰、雪照、冷雲，諸生張明教，入桃花源。馀暑尚熾，遂憩德山之塔院。院後嶺，有古樟樹，婆娑偃蓋。梁山青色，與水光相盪，蒼翠茂密，驕焰如洗。櫛沐未畢，則諸公已先坐其下。既絕糅雜，闞號呶，閑言冷語，皆歸第一。明教因次而編之。既還，以示余。余曰："此風痕水文也，公乃爲之譜邪？然公胸中有活水者，不作印板文也。"遂揀其近醇者一卷，付之梓。

甲辰冬日石公宏道識

問：如何中庸不可能？

答：此正是雖聖人亦有不能處。蓋中庸原不可能，非云不易能也。君子之中庸，衹一"時"字，非要去能中庸也。孔子可以仕則仕，可以處則處，可以久則久，可以速則速，正是他時中。小人而無忌憚，衹爲他不能時中。聖凡之分，正在于此。

問：何謂"時中"？

答：時即春、夏、秋，亥、子、丑之時也。頃刻不停之謂"時"，前後不相到之謂"中"。《金剛經》"應無住，而生其心"，亦此義。不停，故無住；不相到，故心生。

問：何謂不相到？

答：如駛水流，前水非後水，故曰不相到。

---

① 此據万曆戊申秋日勾吴袁氏书种堂校梓本。"德山暑譚"四字處原爲"《瀟碧堂集》卷之二十"數字。

問：何謂心生？

答：如長江大河，水無腐敗，故曰心生。

問：何謂無忌憚？

答：不知中庸之不可能，而欲標奇尚异以能之。此人形迹雖好看，然執著太甚，心則死矣。世間唯此一種人最動人，故爲夫子所痛恨。

曾子所謂格物，乃徹上徹下語。紫陽謂窮致事物之理，此徹下語也。殊不知天下事物，皆知識到不得者。如眉何以竪，眼何以横，髪何以長，須何以短，此等可窮致否？如蛾趨明，轉爲明燒；日下孤燈，亦複何益。

問：妙喜言："諸公但知格物，不知物格。"意旨如何？

答：格物物格者，猶諺云"我要打他，反被他打"也。今人盡一生心思欲窮他，而反被他窮倒，豈非物格邪？

"小人行險以僥幸"，非趨利也，只是所行不平易，好奇過高，故謂之險，謂之幸。孟子説性善，亦只説得情一邊，性安得有善之可名？且如以惻隱爲仁之端，而舉乍見孺子入井以驗之。然今人乍見美色而心蕩，乍見金銀而心動，此亦非出于矯强，可俱謂之真心邪？

問：何謂如是我聞？

答：心境合一，曰如；超于是非兩端，曰是；不落眼耳鼻舌身意，曰我；不從語言文字入，曰聞。

無明即是明，世界山河所由起，皆始于求明一念，故明即無明。今學道人無一念不趨明者，不知此即生死之本。

問：如何是知見立知？

答：山是山，水是水，此知見立知。

問：如何是知見無見？

答：山不是山，水不是水，此知見無見。

數日又問：如何是知見立知？

答：山不是山，水不是水，此知見立知。

問：如何是知見無見？

答：山是山，水是水，此知見無見。

經云："能平心地，則一切皆平。"顧心地豈易平哉？曾子之絜矩，孔子之忠恕，是平心的樣子。故學問到透徹處，其言語都近情，不執定道理以律人。

問："諸佛兩足尊"六句，當如何解？

答：“知法常無性”，即慧足；“佛種從緣起”，即福足；“知法無性”，所以不斷一切法，是謂從緣起也。二乘遺緣，故折色明空，一乘却不然，蓋一切法，各住在空位，世間相即是常住，無緣非法，安用遺緣，此大慈所以呵焦穀也。今師家作了因緣因法住法位解者大非。

經云：“一稱南無佛，皆已成佛道。”又云：“大通智勝佛，十劫坐道場。佛法不見前。”何相矛盾也？蓋時劫本無定，故一稱與十劫，同是一様，非分久暫。如二人同在此睡，睡時同，醒時亦同。而一人夢經歷數日，一人夢中止似過了一刻，此二人可分久暫邪？

往有問伯修，“居一切時，不起妄念”四句作何解者？

伯修曰：居一切時，不起妄念”，是止病。“于諸妄心，亦不息滅”，是作病。“住妄想境，不加了知”，是任病。“于無了知，不辨真實”，是滅病。要知此四句，是藥亦是病。

問：《楞伽》百八句中，佛詰大慧所來問者，皆極細事，有何緊要？

答：辟之有人問曰：“云何地動？”達者應曰：“此何足問，汝眼睛如何動，手足如何動，何故不問？”蓋佛見得天地間事物，總不可窮詰，勿以尋常奇特、大小、遠近，作兩般看也。佛意原如此。若真正要大慧問，眉毛有幾，微塵有幾，此有何關係？今法師家作總相別相解者。大非。

問：維摩以火喻無我，以水喻無人，何也？

答：火必藉薪，無有自體，故喻身之無我；水有自體，不藉他物，故喻身之無人。

凡經教皆有權有實，不達其權，往往牽纏固執，看不痛快。惟祖師不認權教，故單以實相接人。

問：權教豈佛誑語邪？

答：非誑語也。如小兒不肯剃髮，父母語之曰：“剃了頭極好看，人都把果品與你。”此語非實事，然父母無誑子之罪，以爲不如是語，則彼不肯剃髮。故曰，權以濟事，則非誑也。

問：《華嚴經》：“一身入定，多身起；男子入定，女人起。”

答：有分段識，則一多不能互融，男女不能互用，惟分段識盡者有之。

問：何謂入定？

答：人人皆有定，不必瞑目靜坐，方爲定也。

問：菩薩跏趺，入定多年，又何謂也？

答：此以定爲定者也。《華嚴》所論入定，則以慧爲定者也。蓋所謂定者，以中心明了，不生二念曰定。儻不明了，心生疑怖，斯名不定。譬如我今認得某村路，隨步行去，此即是定；若路頭不明，出門便疑，是爲不定。又如我在此坐，聞垣外金鼓聲，我已習知，便定；若從來不聞，未免有疑，是爲不定。

經云："心不妄取過去法，亦不貪著未來事，不于現在有所住。"然吾人日用間，于過去事，有即今要接續做者，難道不去做？明日要爲某事，今日須預備者，難道不預備。過去事續之，未來事預備之，便即是現在矣。要知此中有活機，不是執定死本的。

問：三界惟心，萬法唯識，于八種識内何屬？

答：心是八識，意是七識，識是六識。三界惟心者，以前七識不能造世界，惟第八能造，爲前七不任執持故。萬法惟識者，法屬意家之塵，故意識起分别，則種種法起。如飯内有不淨物，他人私取去，我初不知，便不作惡，以意識未起故。若自己從盞内見，决與飯俱吐。可見吐者，是吐自己之見，非吐物也。又如鄉人，以彼處鄉談，詈此土人，此土人不知，怡然順受。若以詈彼土人，其怒必甚。可見怒者是怒自己之知，非怒物也。以此見萬法惟識，定是六識，非屬前五與七八也，以五八無分别故，第七但思量故，但執我故。

問：前五識屬性境，屬現量，何以有貪嗔痴？

答：貪嗔痴乃俱生惑，不待意識而起者。如小孩子眼識不曾分别，然見好花則愛，此眼識之貪也。小孩子舌識亦無分别，然去却乳則哭，此舌識之嗔也。至于痴，則不待言矣。

第六識審而不恒，如平時能分别，至熟睡時則忘，迷悶時則忘。第八識恒而不審，雖持一切種子，而自體瞢昧。惟第七識亦恒亦審，是爲自然。老氏之學，極玄妙處，唯止于七識。儒家所云格致誠正，皆第六識也。至云道生天地，亦是以第八識爲道。

問：第八識别有體性邪？

答：前六識即第八見分，前五根塵即第八相分，色聲等疏相分也，眼耳等親相分也。

問：云何又有七識？

答：七識無體，即前六中之執我一念，如大海水，波濤萬狀，濕體則一。

問：凡屬思量，即有間斷，七識何以獨恒？

答：六識思量，附物而起，故有起有滅。七識惟我愛一念，依我而起，生與俱來，寧有起滅？蓋雖痴如孩提，昏如睡眠，此念隱然未間斷也。何故？我即我愛，故自然而有，不覺知故。

問：貪嗔痴相因而起，七識何以有貪痴而無嗔？

答：七識以我爲貪。既云我矣，豈有我嗔我之理邪？然我愛一念甚細，二乘雖極力破除，居然是我在。

問：妙喜《語録》云："將八識一刀兩斷。"八識如何斷得？

答：杲公以種種文字記憶，爲第八識也。記憶是第六識，八識乃持種，非記憶也。八識如斷，則目前山河大地一時俱毀矣。

儒者但知我爲我，不知事事物物皆我；若我非事事物物，則我安在哉？如因色方有眼見，若無日月燈山河大地等，則無眼見矣。因聲方有耳聞，若無大小音響，則無耳聞矣。因記憶一切，方有心知，若將從前所記憶者，一時拋弃，則無心知矣。

今人皆謂人有礙于我，物有礙于我，庸知若論相礙，即我自身亦礙，如眼不能聽，耳不能見，足不能持是也。如説不相礙，則空能容我，舍空無容身處，是空亦我也；地能載我，舍地無置足處，是地亦我也；夏飲水則不渴，而冬煨火則不寒，是水火亦我也。故地水火風空見識，教典謂之七大，總是一個身耳。

問：八種識一時具不？

答：皆具。譬如有人名趙甲者，趙甲之身，及諸受用，則第八識所變；呼之即聞，此前五中之耳識分别；所呼之字爲趙甲，則第六識；餘人不應，獨趙甲應，斯第七識。就中七識，最難别出，今畧指其凡耳。

問：根與塵分明是兩物，如何經言各各不相知，各各不相到？

答：有兩個則彼此相到，今只是一心，寧有心知心，心到心者乎？如耳不到眼，以眼耳雖兩形，同是一頭；指不到掌，以指掌雖兩形，同是一手。

東坡諸作，圓活精妙，千古無匹。惟説道理，評人物，脱不得宋人氣味。

王龍溪書多説血脉，羅近溪書多説光景。辟如有人于此，或按其十二經絡，或指其面目手足，總只一人耳。但初學者，不可認光景，當尋血脉。

問：儒與老莊同異？

答：儒家之學順人情，老莊之學逆人情。然逆人情，正是順處。故老、莊嘗曰因，曰自然。如“不尚賢，使民不争”，此語似逆而實因，思之可見。儒者順人情，然有是非，有進退，却似革。夫革者，革其不同，以歸大同也。是亦因也。但俗儒不知以因爲革，故所之必務張皇。即如耕田鑿井，饑食渴飲，豈不甚好？設有逞精明者，便創立科條，東約西禁，行訪行革，生出種種事端。惡人未必治而良，民已不勝其擾。此等似順而實革，不可不知。曰：儒者亦尚自然乎？曰：然。孔子所言絜矩，正是因，正是自然。後儒將矩字看作理字，便不因，不自然。夫民之所好，好之；民之所惡，惡之。是以民之情爲矩，安得不平？今人祇從理上絜去，必至内欺己心，外拂人情，如何得平？夫非理之爲害也，不知理在情内，而欲拂情以爲理，故去治彌遠。

一切人皆具三教。饑則餐，倦則眠，炎則風，寒則衣，此仙之攝生也。小民往復，亦有揖讓，尊尊親親，截然不紊，此儒之禮教也。唤著即應，引著即行，此禪之無住也。觸類而通，三教之學，盡在我矣。奚必遠有所慕哉？

問：古來諸師，何爲多有神通？

答：蠅能倒栖，此蠅之神通也；鳥能騰空，此鳥之神通也；役夫一日能行百餘里，我却不能，役夫之神通也。凡人以己所能者，爲本等；己所不能者，爲神通。其實不相遠。

常見初學道人，每行人難行之事，謂修行當如是。及其後，即自己亦行不去，鮮克有終。可見順人情可久，逆人情難久。故孔子説：“道不遠人，遠人不可爲道。”索隱行怪，吾弗爲之。夫難堪處能堪，此賢智之過也。賢智之人，以難事自律，又以難事責人，故修齊治平，處處有礙，其爲天下國家之禍，不小矣。

從法師門中來者，見參禪之無巴鼻，無滋味，必信不及；從戒律門中來者，見悟明之人，灑灑落落，收放自由，必信不及。二者均難入道。

世人終身受病，唯是一明，非貪嗔痴也。因明故有貪有嗔及諸習氣。試觀市上人，衣服稍整，便耻挑糞，豈非明之爲害？凡人體面過不得處，日用少不得處，皆是一個明字使得不自在。小孩子明處不多，故習氣亦少。今使赤子與壯者較明，萬不及一；若較自在，則赤子天淵矣。

問：學人管帶有礙否？

答：亦何礙？若管帶有礙，則穿衣吃飯亦有礙矣。

問：大慧云："不許起心管帶，不得將心忘懷。"似非初學可到？

答：譬之諸公，長日在敝舍聚首，併不見走入内宅，此心何曾照管，亦何曾非照管也？又今在座謝生多髯，然其齒頰間，談笑飲食，自與髯不相干，非要忘其爲髯，始得自在也。即此可見，是天然忘懷，不是作爲。

佛喻五陰之中，決無有我，辟如洗死狗相似，洗得止有一絲毫，亦是臭的，決無有不臭者，此喻絕妙。今學道者，乃在五陰中作工夫，指五陰光景爲所得，謬矣。

僧問：偷心處處有，何以盡之？

先生曰：你想今年生孩子否？答：豈有此理！先生曰：這便是偷心盡處。

凡人以有想爲心，修禪天者以無想爲心。又進之至非非想，以無想亦無爲心。種種皆非心體，故《楞嚴》逐處破之。

達摩西來，只剗除兩種人：其曰齋僧造像，實無功德，乃剗除修福者；其曰廓然無聖，乃剗除修禪定苦行及説道理者。

羅近溪有一門人，與諸友言我有好色之病，請諸公一言之下，除我此病。時諸友有言好色從心不從境者，有言此不淨物無可好者，如此種種解譬，俱不能破除。最後問近溪，近溪厲聲曰："窮秀才家只有個醜婆娘，有甚麼色可好？"其友羞慚無地，自云除矣。

問：道理未能盡徹，宜如何體會？

答：你説世間何者爲理？姑舉其近者言之：如女人懷胎，胎中子女，六根臟腑，一一各具，是何道理？初生下子女來，其母胸前便有白乳，是何道理？一身之脉，總見于寸關尺，而寸關尺所管臟腑各異，是何道理？只是人情習聞習見，自以爲有道理，其實那有道理與你思議！

問：孔孟及諸佛教典，豈非理邪？

曰：孔孟教人，亦依人所常行，略加節文，便叫作理。若時移俗異，節文亦當不同，如今吴、蜀、楚、閩各以其所習爲理，使易地而行，則相笑矣。諸經佛典，乃應病施藥，無病不藥。三乘不過藥語，那有定理？故我所謂無理，謂無一定之理容你思議者。人惟執著道理，東也有礙，西也有礙，便不能出脱矣。試廣言之：汝今觀虛空中，青青的是氣邪，是形邪？氣則必散，形則必墜。莊子説："上之視下，亦蒼蒼。"夫下之蒼蒼乃有質的，上之蒼蒼何質邪？天之上有天邪？天果有盡邪？地之下有地邪？地果有窮邪？此義愈説愈荒，諸君姑置之。

百花至春時便開，紅者紅，白者白，黄者黄，孰爲妝點？人特以其常見，便謂理合如此，此理果可窮邪？若梅花向夏秋開，便目爲異矣。

問：此與老莊自然何别？

答：這裏如何容得自然？

問：天地間事，皆諉之不可思議邪？

答：知者通其所以然，是不消思議；迷者不知其所以然，是不能思議。

問：如何説看公案不要求明？

答：有個喻子極妙。往在沙市舟中，有僧暗中自剃頭，一僧燃燈見之，驚云："你自家剃頭，又不用燈！"舟人皆笑。

問：正用功時，偶有應酬，未免間斷？

答：如好秀才落第歸來，雖下棋飲酒，而真悶未嘗解。

問：一面應事，一面于工夫上有默默放不處，恐多了心，分了功？

答：如人打你頭，曉得痛；併打你足，亦曉得痛；通身打，通身痛，如何不見多了心，分了功？

有人問近溪先生云：如何是不慮而知？

近溪云：你此疑，是我説來方疑？是平時有此疑？答：是平時有此疑。近溪云：既平時有此疑，乃不得不疑者，此謂不慮而知。

問：每見學人于疾病臨身，便覺昏聵，如何平昔工夫，到此却使不上？

答：觀人當觀其平日用功，得力不得力。莊生所謂："善吾生者，所以善吾死也。"至于疾病生死現前，雖悟明人，有病亦知痛苦，其臨終亦或有昏聵者，皆不足論。蓋昏聵與不昏聵，猶人打瞌睡與不打瞌睡，安有高下邪？夫疾病已是苦矣，複加個作主宰之念，則其苦益甚。况臨病時，且不愁病，先愁人看我破綻，説學道人如何亦恁的受苦，遂裝扮一個不苦的人，此便是行險僥幸入三塗的種子。噫，自爲已知幾之學不講，世間好人以生死爲門面者多矣，不如那昏聵的，却是自在。

問：病中如何做主宰？

答：汝勿以病爲病，即今好人都在害病。

問：如何好人亦病？

答：眼欲看色，耳欲聞聲，以至欲食欲衣，無非是病。此中甚難作主宰。何況寒熱等症，一時纏身，能作主宰邪？

問：真歇了師云："老僧自有安問法，八苦交煎總不妨。"未知何等是安間法？

答：不必到病中，汝即今推求，渾身所思所作，皆是苦事，何者是你安間法？

今之慕禪者，其方寸潔淨，戒行精嚴，義學通解，自不乏人，我皆不取。我只要個英靈漢，擔當此事耳！夫心行根本，豈不要淨？但單只有此，亦沒干耳。此孔子所以不取鄉願，而取狂狷也。

問：如何是人鬼關？

答：鬼屬陰，人屬陽。古云："思而知，慮而解，鬼家活計。"故凡在情念上遏捺者，是鬼關；在意識上卜度者，是鬼關；在道理上湊合者，是鬼關；在行事上妝點者，是鬼關；在言語文字上探討者，是鬼關。

頓漸原是兩門，頓中有生熟，漸中亦有生熟。從頓入者，雖曆阿僧祇劫，然其所走，畢竟是頓的一路；從漸入者，雖一生即能取證，然其所走，畢竟是漸的一路。

有聰明，而無膽氣，則承當不得；有膽氣，而無聰明，則透悟不得。膽勝者，只五分識，可當十分用；膽弱者，縱有十分識，只當五分用。

問："一切現成，只要人承當。"如何是承當的事？

答：今呼汝名，汝即知應；叫汝飲食，汝便飲食。此即承當。

未悟時，觸處皆妄。如與人争競，固人我相；即退讓，亦人我相，以我與人争，我能讓人，總之人我也。既悟時，觸處皆真。如待人平易，固無人我相，即與人争競，亦非人我相。永嘉云："不是山僧逞人我，修行恐落斷常坑。"是也。

問：先生言洪覺範有道理知見，然予觀覺範提唱公案，其識見議論，似與大慧不殊？

答：透關的人，亦分兩樣：有走黑路者，若大慧等是也；走明白路者，洪覺範、永明壽是也。

有人舉似小修，小修云：覺範亦是走黑路的，但其中微帶有明耳。

先生曰：不然。覺範是死語，是實法。

小修又云：走明白路，亦有兩種：有于經綸上求明白，如法師是也，乃認賊爲子，決不可用；有語言道斷，心行處滅，亦是走明白一路者，如覺范、豁渠其人也。觀《林間》《南詢》二録自見。

問：言語道斷，心行處滅，如何亦有兩種？

答：有假有真。辟如要北人説閩中鄉談，此真言語道斷；若本處鄉談，但只不説，此假言語道斷。尋常做官，要林下去，此假心行處滅。若遇考察去了官，此真心行處滅。

問：道貴平常，炫奇過高，是多了的？

答：平常亦是多的。

僧問：如何是“修證則不無，污染則不得”？

先生曰：汝曾往南北二京否？

答：曾往。

曰：這個是修證不是修證？

又問：汝往京城中聽經否？

答：曾聽。

曰：這個是汙染，不是汙染？

僧複擬答，先生摇手曰：不是，不是。

先生舉僧問趙州：“萬法歸一，一歸何處？”趙州曰：“我在青州做一領布衫，重七斤。”諸君平日作何道理會？

答：作順應會。

先生曰：若問和尚有衣麽？

答：我在青州做領布衫，重七斤。這方叫作順應。今問一歸何處，豈是順應？此義覺范已曾笑破。

問：從上祖師，亦有死于刑戮者，何故？

答：死于刀杖，死于床榻，一也。人殺與鬼殺，何殊哉？但有好看與不好看之異耳，于學問却不相干。

“隨緣消日月，任運著衣裳。”此臨濟極則語，勿作淺會。若偷心未歇，安能隨緣任運？

學道人須是韜光斂迹，勿露鋒芒，故曰潜曰密。若逞才華，求名譽，此正道之所忌。夫龍不隱鱗，鳳不藏羽，網羅高張，去將安所？此才士之通患，學者尤宜痛戒。

我輩少時，在京師與諸縉紳學道，自謂吾儕不與世争名争利，只學自己之道，亦有何礙？然此正是少不更事。自今觀之，學道不能潜行密證，乃大病也。即如講聖學，尚節義，系功令所有者。然漢時尚節義，而致黨人之禍；宋朝講聖學，而有僞學之禁。都緣不能退藏于密，以至于此。故學道而得禍，非不幸也。

勿爲福始，勿爲禍先，非禁人作福，惟不可自我倡耳。吾儒講學，亦是好事，然一講學，便有許多求名求利，及好事任氣者，相率從之。及此等不肖之人，生出事來，其罪皆歸于首者。東漢而後，君子取禍皆是也。這樣涉世機關，惟老莊的然勘得破。

修行人始初一二年內，嗔嫌他人不學好，到久後，方知自家不好處。

凡人脾胃好者，不論飲食麤細，食之皆甘；脾胃薄者，遇好物則甘，麤物則厭；至害病人，則凡味皆揀擇矣。今人見一切人無過者，是自己脾胃好；檢點一切人者，是自己脾胃有病，與人無干。試觀凶暴人，未有不作惡者。故好字從好，惡字從惡，此意羅于江發得極透。

儒者曰："親君子，遠小人。"斯言是而非也。人誰肯自居小人，甘心爲人所遠邪？夫君子不屑爲人使，凡任役使者，皆小人也。小人貪名逐利，故甘心爲人用，非小人將誰與奔走哉？故古來英主，皆是尊君子而役小人。

應以宰官得度者，即現宰官身而爲説法，陽明是也；應以儒教得度者，即現儒者身而爲説法，濂溪是也。

問：如何方是無爲？

答：所謂無爲者，非百事不理也。漢文帝稱無爲之主，吴王不朝，賜以幾杖，張武受賂，金錢愧心，此無爲也。舜放四凶，舉八愷，亦無爲也。故曰："無爲而治，其舜也歟？"

問：有放有舉，何名無爲？

答：因人情好惡而好惡之，亦是無爲。

問：此與外道自然何異？

答：老莊之因，即是自然，謂因其自然，非强作也。外道則以無因而生爲自然，如烏黑鷺白，棘曲松直，皆無因而自爾，此則不通之論矣。

漢高帝見蕭何治田宅，則喜；及見其作好事，則下獄，恐其收人心也。宋真宗見人心歸其子，則嘆曰："人心遽屬太子，奈何？"夫漢高、宋真，皆英主也，一則以利之故，忌其臣；一則以利之故，忌其子。此一念可輕易責恒人乎？

問：人情未有不相同者，然而聖凡之異，却在甚處？

答：我説人情相同，但論其理耳。然人誰肯安心，謂我與常人一樣者？雖屠兒樵子，開口亦曰："我便如何，彼却不能。"至于學道之人，曉得幾句道理，行得幾件好事，其憤世嫉俗尤甚。此處極微極細，最難拔除。若能打倒自家身子，安心與世俗人一樣，非上根宿學不能也。此意自孔老後，惟陽明、近溪庶幾近之。

徐景鳳、元輝參訂

門人袁叔度初校

吴士冠相如

附《瓶花齋雜録》

瓶花齋雜録[①]

明　公安袁宏道中郎輯

王龍溪書多説血脉，羅近溪書多説光景，辟如有人于此，或按其十二經絡，或指其面目手足，總衹一人耳。但初學者，不可認光景，當尋血脉。

東坡諸作，圓活精妙，千古無匹。惟説道理、評人物，脱不得宋人習氣。

某日，入主客署，遇南安貢使，所貢皆金銀瓶爐，雕鏤不甚精，此外則白檀及降真象牙而已。問使臣能書否？曰：能。以筆授之，草書一絕云：路繞石橋溪九折，雲藏竹塢宅三間。門扉半掩山花落，鳴鳥一聲春日閒。草幾不可識，命以真書注其旁，與中國無异。

小人行險以僥幸，非趨利也。只是所行不平易，好奇過高，故謂之險，謂之幸。

孟子説性善，亦只説得情一邊，性安得有善之可名？且如以惻隱爲仁之端，而舉乍見孺子入井以驗之。然今人乍見美色而心蕩，乍見金銀而心動，此亦非出于矯强，可俱謂之真心邪！

僚友中有言：某人患半身不遂，但用鳳仙花煮燒酒，去花飲之，逾月而可。又一方，乃醫女娘虚弱者，香附一斤，用醋浸一宿，當歸、蘄艾共一斤，合入醋煮之，搗爲丸甚效。

客言熱鴨血能破堅。有貴家女吞螺殼不能咽，一草澤醫以鴨血點之，應手而愈。一客言用熱鴨血，先須絹帛裹齒，不然齒即時碎。一客言鴨血調冷水，可解砒霜毒。常德舊有庫役被毒，太守試之，立效。

經云：能平心地，則一切皆平。顧心地豈易平哉！曾子之絜矩，孔

---

① 此據上海涵樓本《學海類編》第89冊。

子之忠恕，是平心的樣子。故學問到透徹處，其言語都近情，不執定道理以律人。

問：儒與老莊同異？答：儒家之學順人情。老莊之學逆人情。然逆人情正是順處，故老莊嘗曰因，曰自然。如不尚賢，使民不争。此語似逆而實因，思之可見儒者順人情。然有是非，有進退，却似革。夫革者，革其不同以歸大同也，是亦因也。但俗儒不知，以因爲革，故所之必務張皇，如耕田鑿井，饑食渴飲，豈不甚好。設有逞精明者，便創立科條，東約西禁，行防行革，生出種種事端，惡人未必治，而良民已不勝其擾。此等似順而實革，不可不知。曰：儒者亦尚自然乎？曰：然。曾子所言絜矩，正是因，正是自然。後儒將矩字看作理字，便不因、不自然。夫民之所好，好之；民之所惡，惡之。是以民之情爲矩，安得不平。今人衹從理上絜去，必至内欺己心，外拂人情，如何得平？夫非理之爲害也，不知理在情内，而欲拂情以爲理，故去治彌遠。

常見初學道人，每行人難行之事，謂修行當如是。及其後，即自己亦行不去，鮮克有終。可見順人情可久，逆人情難久。故孔子説：道不遠人，遠人不可爲道。索隱行怪，吾弗爲之。夫難堪處，能堪此，賢智之過也。賢智之人以，難事自律，又以難事責人，故修、齊、治、平，處處有礙，其爲天下國家之禍不小矣！

夏日與諸友集城西張園，園甚敞，有荷池水亭。每暇日，携具往。諸友以飲户相角謬，謂餘不飲者，以評屬餘。餘略爲之定，曰：劉元定如雨後鳴泉，一往可觀，苦其易竟。陶孝若如俊鷹獵兔，擊搏有時。方子公如游魚呷浪，喁喁終日。丘長孺如吴牛嚙草，不大利快，容受頗多。劉元質如蜀後主，思鄉非其本情。胡仲修如徐娘風情，當追念其盛時。袁平子如五陵少年，説舞劍未識戰場。龍君超如德山擔青，龍鈔高自期許。數日後小修自漁陽來，複與諸公校飲元定邸中。而黄季主適至，是日去杯杓，取元定齋頭淨水碗行酒，一碗傾二壺許。微風倏至，波浪鱗鱗，然不三行皆醉。孝若曰：是二公者不可無評。餘應聲曰：黄季主如狄武襄，奪昆侖關巧于乘敝。袁小修如破浪之船，得風乃濟，否則反爲漁刀所笑。

羅近溪有一門人，與諸友言我有好色之病，請諸公一言之下，除我此病。時諸友有言好色從心不從境者，有言此不淨物無可好者，如此種種解譬，俱不能破除。最後問近溪，近溪厲聲曰：窮秀才家只有個醜婆娘，有甚麼色可好！其友羞慚無地，自云除矣。

學道人，須是韜光斂迹，勿露鋒芒，故曰潛曰密。若逞才華，求名譽，此正道之所忌。夫龍不隱鱗，鳳不藏羽，網羅高張，去將安所，此才士之通患，學者尤宜痛戒。

我輩少時在京師，與諸縉紳學道，自謂吾儕不與世争名争利，只學自己之道，亦有何礙。然此正是少不更事。自今觀之，學道不能潛行密證，乃大病也。即如講聖學，尚節義，系功令所有者，然漢時尚節義，而致黨人之禍；宋朝講聖學，而有僞學之禁，都緣不能退藏于密，以至于此。故學道而得禍，非不幸也。

臭梧桐葉煮水，可以洗脚氣。無葉用根，雪照雲心光，用之以治蟲，極效。

蘁絞汁，投廣膠煎作膏子，貼狗皮上，治脚痛，效甚速。侯師之年老，衹足軟不能行，有人教之炒綿子，搗碎和老米飯爲丸，足健如初。時一醫在側云：某曾用此方治夢泄併痔，亦愈奇方也。

勿爲福始，勿爲禍先，非禁人作福，惟不可自我倡耳。吾儒講學，亦是好事。然一講學，便有許多求名、求利及好事任氣者，相率從之，及此等不肖之人生出事來，其罪皆歸于首者。東漢而後，君子取禍皆是也。這様涉世機關，惟老莊的然勘得破。

凡人脾胃好者，不論飲食麤細，食之皆甘；脾胃薄者，遇好物則甘，麤物則厭。至害病人，則凡味皆揀擇矣。今人見一切人無過者，是自己脾胃好。檢點一切人者，是自己脾胃有病，與人無干。試觀凶暴人，未有不作惡者。故好字從好，惡字從惡，此意羅盱江發得極透。

孫權遣襲劉璋者孫瑜，非周公瑾也。

沈休文謂王筠曰：自謝朓諸賢零落平生，意氣殆盡，不謂疲春複逢于君。休文憐才如此。史謂其聞人一善，如萬箭攢心，何也?

濯纓亭筆記言，紹興方氏，藏蘇公《醉翁亭記》草書真迹，爲士人白麟摹寫甚衆，往往得厚直金。劉元質有墨本，無趙祿跋，恐是白家贋本。

儒者曰：親君子，遠小人。斯言是而非也，人誰肯自居小人，甘心爲人所遠邪？夫君子不屑爲人使，凡任役使者，畢小人也。小人貪名逐利，故甘心爲人用，非小人將誰與奔走哉！故古來英主，皆是尊君子而役小人。

漢高帝見蕭何治田宅則喜，及見其作好事則下獄，恐其收人心也。宋真宗見人心歸其子，則嘆曰：人心遽屬太子，奈何！夫漢高、宋真皆英主也，一則以利之故忌其臣，一則以利之故忌其子，此一念可輕易責恒人乎？

京師人至七八月，家家皆養促織。餘每至郊野，見健夫小兒，群聚草間，側耳往來，面貌兀兀若有所失者。至于混厠汙垣之中，一聞其聲，踴身疾趨如饞猫見鼠，瓦盆泥罐，遍市井皆是，不論老幼男女，皆引鬥以爲樂。又有一種似蚱蜢而身肥大，京師人謂之聒聒，亦捕養之，南人謂之紡織娘，食絲瓜花及瓜穰，音聲與促織相似，而清越過之。餘嘗畜二籠，挂之簾間露下，凄聲徹夜，酸楚异常，俗耳爲之一清。少時讀書杜莊，晞發松林景象如在目前，自以蛙吹鶴唳不能及也。又一種亦微類促織，而韵致悠颺如金玉中出，溫和亮徹，聽之令人氣平，京師人謂之金鐘兒。見暗則鳴，遇明則止，兩種皆不能鬥，故未若促織之盛。嘗觀賈秋壑促織經，其略謂：蟲生于草土者其身軟，生于礴石者其體剛，生于淺草瘠土、礴石深坑向陽之地者，其性劣。其色白不如黑，黑不如赤，赤不如黃，黃不如青，白麻頭、青項金翅、金銀絲額，上也，黃麻頭次也，紫金黑色又其次也。其形以頭項肥、脚腿長、身背闊者爲上，頭尖、項緊、脚瘦、腿薄者爲下。蟲病有四：一仰頭，二卷鬚，三練牙，四踢腿。若犯其一皆不可用。其名色有：白牙、青拖、肚黃、紅頭、紫狗、蠅黃、錦穰衣、肉鋤頭、金束帶、齊膂翅、梅花翅、琵琶翅、青金翅、紫金翅、烏頭金翅、油紙燈、三段錦、紅鈴、月額頭、香色肩鈴之類甚多，不可盡載。養法：用鱖魚、茭肉、蘆根蟲、斷節蟲、扁擔蟲、煮熟栗子黃米飯。醫治之法：嚙牙飼帶血蚊蟲，內熱用豆芽尖葉落胎，糞結用蝦婆頭昏川芎茶浴，咬傷用童便蚯蚓糞調和，點其瘡口，凡促織之態貌情性，纖悉必具。嗟乎！一蟲之微妙曲折如此，由此推之，雖蟣虱、蠛蠓，吾知其情狀與人不殊矣！

嘗過西山，見兒童取松間大蟻，剪去頭上雙須，彼此鬥咬至死不休。問之則曰：蟻以須爲眼，凡行動之時，先以須左右審視，然後疾趨。一抉其須，即不能行，既憤不見，因以死鬥。試之，良然。餘謂蟻以須視，古未前聞，且蟻未嘗無目，必待須而行，亦异事也。識之，以俟博物者。

鬥蛛之法，古未聞有，余友龔散木創爲此戲。散木少與餘同館，每春和時，覓小蛛脚稍長者，人各數枚，養之窗間，較勝負爲樂。蛛多在壁陰及案版下，網止數經，無緯。捕之勿急，急則怯，一怯即終身不能鬥，宜雌不宜雄，雄遇敵則走，足短而腹薄，辨之極易。養之之法：先取別蛛子未出者，粘窗間紙上，雌蛛見之，認爲己子，愛護甚至。見他蛛來，以爲奪己，極力禦之。惟腹中有子及已出子者，不可用。登場之時，初以足相搏，數交之後，猛氣愈厲，怒爪猙獰，不復見身，勝者以絲縛敵至死方止。亦有怯弱敗走者，有勢均力敵、數交即罷者。散木皆能先機決其勝敗，捕捉之時即云某善鬥，某不善鬥，某與某相當，後皆如其言。其色黧者爲上，灰者爲次，雜色爲下。名目亦多：曰元虎、鷹爪、玳瑁、肚黑、張經、夜叉、頭喜娘、小鐵嘴，各因其形似以爲字。飼之以蠅及大蟻，凡饑飽喜嗔，皆洞悉其情狀，其事瑣屑不能悉載。散木甚聰慧，能詩，人間技巧事，一見即知之，然學業亦因之廢。

古今好尚不同，薄技小器皆得著名。鑄銅如王吉、姜娘子，琢琴如雷文、張越，窑器如哥窑、董窑，漆器如張成、楊茂、彭君寶。經歷幾世，士大夫寶玩欣賞，與詩畫并重。當時文人墨士、名公巨卿、炫赫一時者，不知湮沒多少。而諸匠之名，顧得不朽，所謂五穀不熟不如稊稗者也。近日小技著名者尤多，然皆吴人。瓦瓶如龔春、時大彬，價至二三千錢。龔春尤稱難得，黄質而膩，光華若玉。銅爐稱胡四，蘇松人，有效鑄者皆不能及。扇面稱何得之。錫器稱趙良璧，一瓶可直千錢，敲之作金石聲，一時好事家争購之，如恐不及。其事皆始于吴中猾子，轉相售受以欺，富人公子動得重資，浸淫至士大夫間，遂以成風。然其器實精良，他工不及，其得名不虚也。千百年後，安知不與王吉諸人併傳哉！

珊瑚林原文[1]

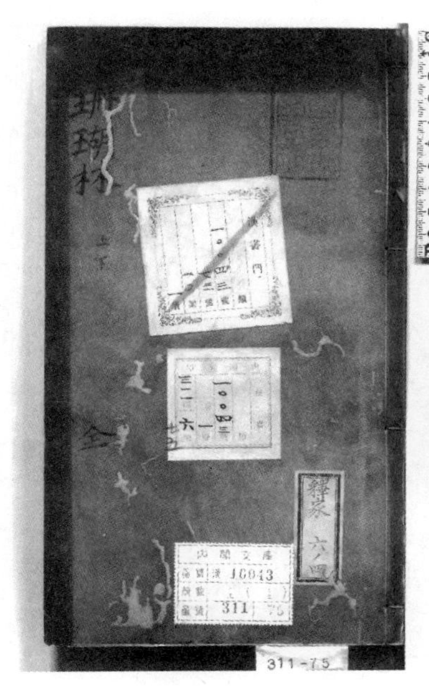

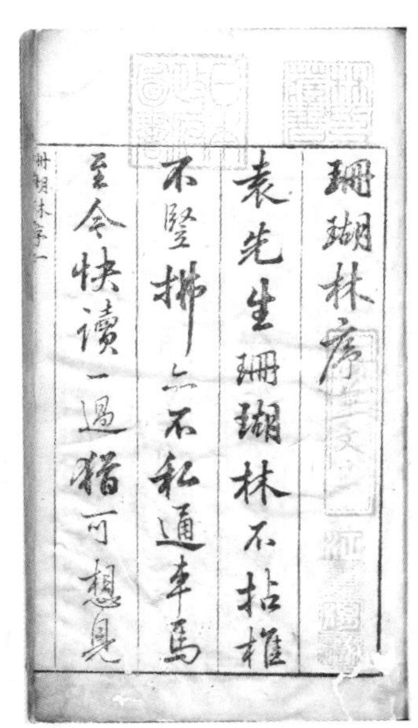

珊瑚林序

袁先生珊瑚林不拈椎

不豎拂無不私通車馬

至今快讀一過猶可想見

珊瑚林序一

① 圖片來源于日本國立公文書館掃描件。

珊瑚林序一

其婆娑古槐下鳥聲竹
韻無非祖意頂棒德山
罵譯政從此揀出而著剎
著不盡剎何也蓋予不恨

當日不見其全為恨今日始見
其全當日機緣來襲或
甘饒噎魚之腹今日魚饜滿
市誰識明珠焉知不作管

珊瑚林序二

珊瑚林序二

幼安園中金一例抛擲耶
此予所以憤然恨行之不早也
先生家有元方而不能季
方先生家有季方而不能

元方先生大地山河之誰與鼎
足今文長脉望之塵埃洗
卓老性命之旨已明定而與
先生鼎足而兩先生執林

珊瑚林序三

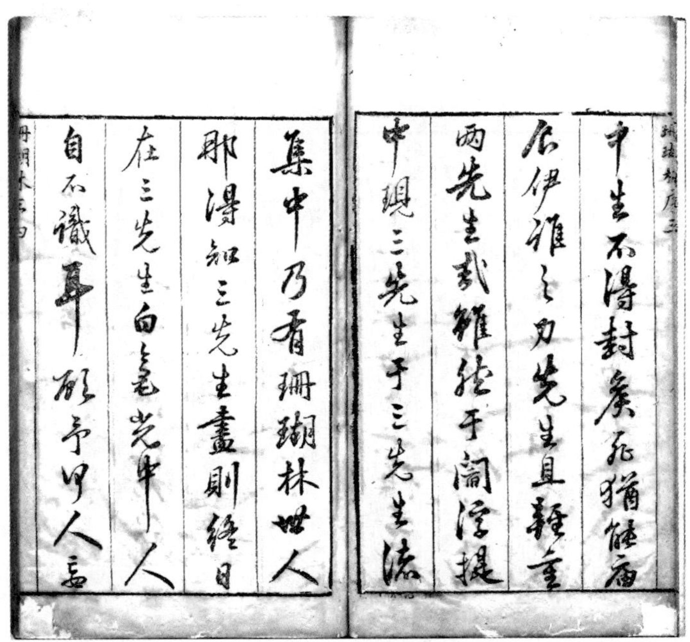

中生不得封侯死猶餓廟
公伊誰之力先生且輕金
兩先生或雖絕于閻浮提
中現三先生于三先生流

珊瑚林序三

集中乃看珊瑚林世人
那得知三先生晝則經日
在三先生白毫光中人
自不識耳頗予四人忌

珊瑚林序四

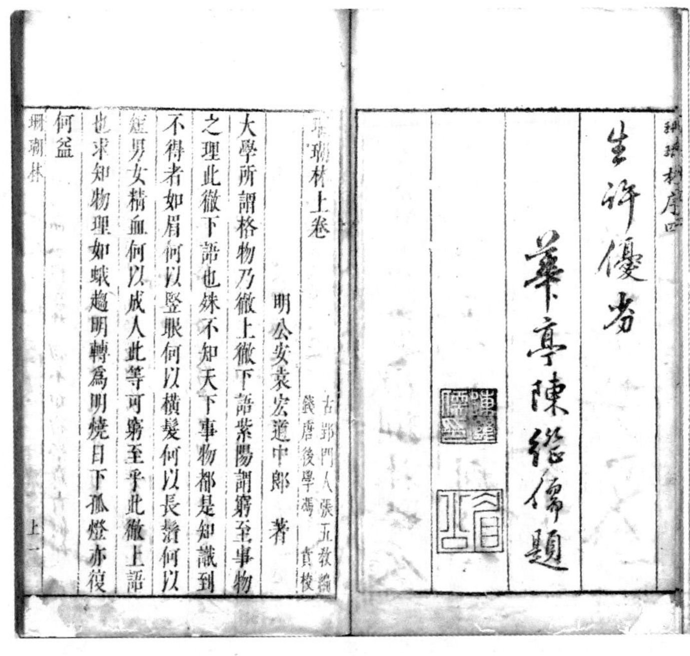

生許優劣

華亭陳繼儒題

珊瑚林序四

珊瑚林上卷

古郢門人張五教編
錢唐後學馮賁校

明公安袁宏道中郎 著

大學所謂格物乃徹上徹下語紫陽謂窮至事物之理此徹下語也殊不知天下事物都是知識到不得者如眉何以豎眼何以橫髮何以長鬚何以短男女精血何以成人此等可窮至乎此徹上語也求知物理如蛾趨明轉爲明燒日下孤燈亦復何益

珊瑚林 上一

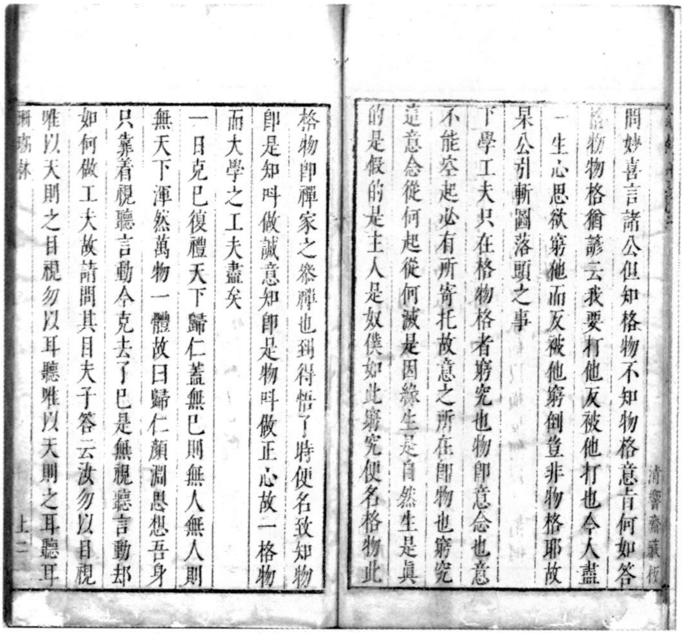

問妙喜言諸公但知格物不知物格意旨何如答
格物物格猶諺云我要打他反被他打也今人盡
一生心思欲窮他而反被他窮倒豈非物格耶故
杲公引斬圖落頭之事
下學工夫只在格物格者窮究也物即意念也意
不能空起必有所寄托故意之所在即物也窮究
這意念從何起從何滅是因緣生是自然生是眞
的是假的是主人是奴僕如此窮究便名格物此
格物即禪家之參禪也到得悟了時便名致知物
即是知叫做誠意知即是物叫做正心故一格物
而大學之工夫盡矣
一日克己復禮天下歸仁蓋無己則無人無人則
無天下渾然萬物一體故曰歸仁顏淵愚想吾身
只靠着視聽言動今克去了己是無視聽言動却
如何做工夫故請問其目夫子答云汝勿以目視
唯以天則之目視勿以耳聽唯以天則之耳聽耳

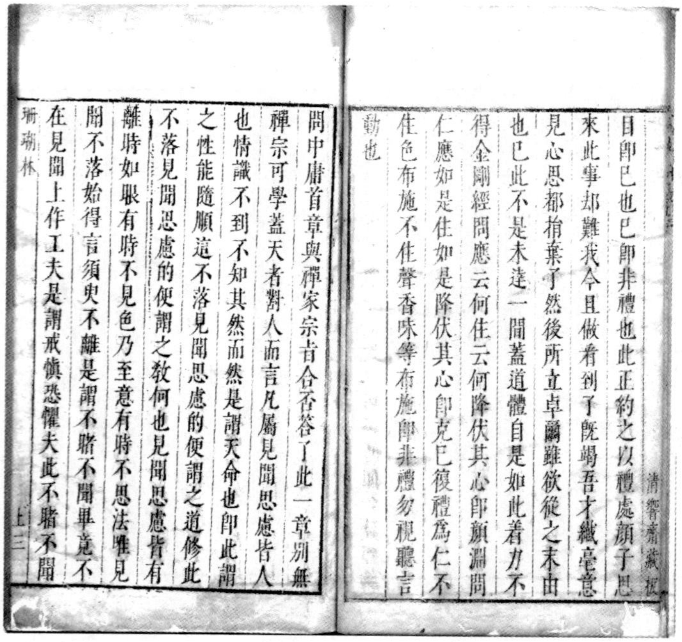

目即己也己即非禮也此正約之以禮處顏子思
來此事却難我今且做看到了旣竭吾才纖毫意
見心思都捐棄了然後所立卓爾雖欲從之末由
也已此不是未達一間蓋道體自是如此着力不
得金剛經問應云何住云何降伏其心即顏淵問
仁應如是住如是降伏其心即克己復禮爲仁不
住色布施不住聲香味等布施即非禮勿視聽言
動也
問中庸首章與禪家宗旨合否答了此一章別無
禪宗可學蓋天者對人而言凡屬見聞思慮皆人
也情識不到不知其然而然是謂天命也即此謂
之性能隨順這不落見聞思慮的便謂之道修此
不落見聞思慮的便謂之教何也見聞思慮皆有
離時如眼有時不見色乃至意有時不思法唯見
聞不落始得言須臾不離是謂不睹不聞畢竟不
在見聞上作工夫是謂戒慎恐懼夫此不睹不聞

清響齋藏板

乃獨立無對待者人以爲極隱極微不知是最見最顯的蓋人只知見聞之爲見聞而不知見本非見聞本非聞此獨也試觀喜怒哀樂未發時豈是見聞攙入得的是即天命之性謂之中也發而皆中節斯即見無見即聞無聞是則率性之道謂之和也盡先天後天機栝未有出這中和外者故曰大本曰達道致即到也人能到中和時則天地自位萬物自育此則修道之極功是之謂教蓋聖人以裁成天地輔相萬物爲教也

問尼父乃致中和者何春秋之天地萬物不位育答今人愁苦則晴日和風皆成隱憂今人快樂則疾風暴雨皆成暢適何關他天地萬物事問禪宗謂一人發真歸元十方消殞果若斯言自迦文成佛後無天地久矣答在孔子分上實位在迦文分上實隕但非麤浮者所能知見耳夫不位則不殞不殞即不位前所謂無見聞思慮即殞之謂也

清響齋藏板

問子思說天命之謂性則性超于見聞思慮之外非形色可倫孟子乃說形色天性也此如何會答子思所說與孟子所說無二孟子自說形色天性却不許可食色性也之說思之自見

問思孟之造詣同否答子思之學即孔子親傳孟子知言養氣與無聲無臭猶有絲毫許隔他如曾子之學亦與子思異子思說天命之性究竟至位育曾子說格物致知其功止齊治均平矣故今人學術正曾子流派也

問堯兢兢舜業業何義答堯舜兢業乃身爲天子恐一念有差貽萬姓之憂也若論本體工夫則戒慎不睹恐懼不聞是真兢業大抵世人只在睹聞上戒懼如要做好事做門面皆是也試細思之吾人那一事不在要人睹聞求其用功于不睹不聞者鮮矣

問聖人率性凡夫亦率性何爲有聖凡之分答凡

清響齋藏板
夫率情非率性也曰凡夫亦是不學不慮之良何
謂率情曰能見性雖千思萬動皆不學不慮未見
性雖百不思不慮亦是學慮
問中庸如何不可能答此正是雖聖人亦有不能
處蓋中庸原不可能非云不易能也君子之中庸
只一時字非要去能中庸也孔子可以仕則仕可
以處則處可以久則久可以速則速正是他時中
小人而無忌憚只爲他不能時中聖凡之分正在

於此
孔子是實証孟氏便有過頭語如孔子說子臣弟
友未能自是實話
學道人須智仁勇兼備有仁勇無智此是愚人有
智勇無仁此是惡人有智仁無勇此是懦人
先生問如何是道心唯微答無思無爲無聲無臭
曰汝日用間有種種念慮言語行事不爭等安得
無思無爲無聲無臭曰不可離了思爲別有一个
珊瑚林 上六

清響齋藏板
無思爲者如水中鹽味分明有鹽但析不開耳曰
若是則世間水與鹽是一件矣謂水離不得鹽則
可謂鹽離不得水則不可
小人行險以徼倖非趨利也只是所行不平易好
奇過高故謂之險謂之倖
孟子說性善亦只說得情一邊性安得有善之可
名且如以惻隱爲仁之端而舉乍見孺子入井以
驗之然今人乍見美色而心蕩乍見金銀而心動

此亦非出于矯强可俱謂之真心耶
問行不著習不察如何方得著察答說个如何便
不著察
陽明龍溪謂儒釋有毫釐之辨亦指其施設處異
耳非根源有殊也
問儒與老莊同異答儒家之學順人情老莊之學
逆人情然逆人情正是順處故老莊常曰因曰自
然如不尚賢使民不爭此語似逆而實因思之可
珊瑚林 上七

見儒者順人情然有是非有進退却似革革者革其不同以歸大同也是亦因也但俗儒不知以因為革故所之必務張皇即如耕田鑿井渴飲飢食豈不甚好設有講學者便要聚衆講鄉約或逞精明者便行訪行革生出種種事端惡人未必治而良民已不勝其擾此等似順而實革不可不知曰儒者亦尚自然乎曰然孔子所言絜矩正是因正是自然後儒將矩字看作理字便不因不自然矣

夫民之所好好之民之所惡惡之是以民之情為矩安得不平今人只從理上絜去或以己之所有者責人上以必無或以己之所無者責百姓以必有內欺己心外拂人情如何得平夫非理之為害也不知理在情內而欲拂情以為理故去治彌遠耳

問二氏之學清淨無為出世可矣似不可治世答世出世法豈是兩事如今做官的奚必不打人不

罰人撓叫無為謂百姓有犯者來則治之不犯者聽其自然勿生事擾民此即是清淨無為豈不能致太平

問道家有言人有三魂七魄有守家者有守塚者是否答有之昔黃魯直嘗患腰痛夜夢一女子云我是公前身葬某寺後今腰間被傷公宜為別遷可已公疾魯直如言起之果見一女子面色如生而腰間為水所浸因改瘞他所自是腰患頓除又如倩女離魂事亦類此曰此事非人所習見頗難生信曰人之不見者亦多如汝之心汝不見其為方為圓亦將不信有心乎

問如何是不見可欲使心不亂答人心不能強制之使不亂唯盡世間可欲者我皆不見其可欲則心自不亂矣不見有賢之可欲自不為賢所亂不見有貨之可欲自不為貨所亂斯老氏無為自然之道也

客有好玄學者先生示之曰一切常人三教俱備
過飢喫飯過倦打眠過熱舉扇過冷加衣此玄也
逢人作揖打躬分賓主序長幼此儒也叫着即應
打着即痛此禪也何必遠有所求哉
自然而然此老莊所證的乃第七識事若夫竪窮
三際横亘十方空空洞洞連自然也沒有此則第
八識事今參學人所執自然的所執空洞徧十方
的又非七八二識乃第六識緣想箇自然空洞的

清響齋藏板

光景耳
華嚴一經總是一箇毘盧遮那佛之全體文殊爲
眼普賢爲足彌勒爲身合成一箇毘盧遮那佛善
財五十三參至彌勒而止獨不參釋迦佛何耶以
釋迦即毘盧遮那故
華嚴經熱鬧到底他經便都有冷淡寂寞處
問華嚴云一身入定多身起男身入定女身起何
謂也答有分段識則一多不能互融男女不能互

珊瑚林　上十

用唯分段識盡者有之
問何謂入定答即今我與諸人原同在定中不必
閉目静坐方爲定也問菩薩跏趺入定多年又何
義曰此以定爲定者也華嚴所論入定則以慧爲
定者也蓋所謂定者以中心明了不生二念曰定
若不明了心生疑怖則名不定矣譬如我今認得
某村路隨步行去此即是定若路頭不明出門便
疑是謂不定又如我在此坐聞墻外金鼓聲我已

清響齋藏板

習知便定若從來不曾聞未免有疑是謂不定
華嚴言劫由心生過去現在未來之心不可得則
過現未三時劫不可得時劫不可得則授記不可
得表毘盧遮那之無生也主晝神主夜神主空神
主海神表毘盧遮那之無所不在也外道不學佛
然善財五十三參中有外道登菩薩地者表毘盧
遮那之不擇人也但華嚴境界雖大總只說得格
內事至格外事不存焉蓋爲不離言語闘湊成箇

珊瑚林　上十一

清響齋藏板

大道理耳格外事言思路絕矣

經云心不妄取過去法亦不貪着未來事不於現在有所住然吾人日用間于過去事有即今要接續做者難道不去做明日要為某事今日當預備者難道不預備過去事續之未來事預備之即是現在矣要知此中有活機不是執定死本的

問何謂如是我聞答心境合一曰如超於是非兩端曰是不落眼耳鼻舌身意為我不從語言文字入曰聞

問法華經大旨答一光東照已盡了法華經矣其後種種方便譬喻因緣皆不過法華經之註解耳光中見諸天地獄衆生諸佛涅槃修行過去未來億千萬載事建立如彼其廣時世如此其久凡聖如彼其多此正李長者所謂無邊刹海自他不隔於毫端十世古今始終不離於當念此四句不唯盡襍華之旨即法華全部亦越此宗旨不得

清響齋藏板

經云一稱南無佛皆已成佛道又云大通智勝佛十劫坐道場佛法不見前不得成佛道何相矛盾也蓋時劫本無定故一稱與十劫同是一樣非分久暫也如二人同在此睡睡着之時同醒時亦同而一人夢經歷數日一人夢止似俄頃此二人可分久暫耶

問諸佛兩足尊六句當如何解答知法常無性即慧足佛種從緣起即福足知法無性所以不斷一切法是謂從緣起也二乘遺緣故析色明空一乘却不然蓋一切法各住在空位世間相即是常住無緣非法安用遺緣此大慈所以訶焦種也

問經云若人誦法華經者其父母所生肉眼能見三千大千世界下至地獄上至有頂今人誦法華者多矣何以都不能見耶答今之誦讀者果多實如來所聽之經乎釋迦佛言生生世世在在處處演說法華則今日亦現在說汝能聞否既未能聞

清響齋藏板

則汝所讀定非多寶如來所聽之經則肉眼不見宜矣必欲遠見世界天地當離眼根與色塵及日月燈光方能遠見汝今黑夜連自巳手足亦不見何以見三千界耶則知汝之肉眼原不能見皆藉光藉色乃有見耳

問梵語首楞嚴此云一切事究竟堅固夫論理可説堅固若事相皆有毀壞安得堅固答理之堅固巳不待言唯言一切事究竟堅固辟如汝之肉身即今現在時念念密移不得謂之堅固則究竟成後不得謂之不堅固無情器用時時賠壞亦復如是蓋必現在時堅固然後毀壞時方可說不堅固也古云一切法無性名爲堅固肇公物不遷論即一切事究竟堅固之義

楞嚴原是兩會說自呪文巳前皆頓教觀不歷僧祇獲法身可知矣此波斯匿王父諱日營齋所說呪文以後皆漸教觀信在行回向可知矣此琉璃

珊瑚林 上十四

清響齋藏板

王難後所說乃結集者合爲一經耳

楞嚴經註吳典解不可看彼處處配三觀四教如何依得

今人多以無着爲心然即今肚飢便思食食時便知滋味食後便飽安能無着經云有不着者不可名無

楞嚴只破禪病非實語辟如告人云妄語是謊此却是剩語然世間人以謊爲巢穴不得不細細破之

問楞嚴經但除器方空體無方先生云辟如你夢見一池水與一河水爲俱是汝不是答都是先生笑曰河池本無豈有是非耶

問如何爲物所轉故觀大觀小答試觀世人分别心輕者人我心亦輕分别心重者人我心亦重辟如有人争尺寸土田見識大者便讓些與之識量小者必至爭訟推此則知轉物物轉之義矣

珊瑚林 上十五

無明卽是明世界山河所由起皆始於求明一念
故明卽無明試觀世間人無一念不趨明者此卽
輪廻之本也

問楞嚴中說陰入處界其青何如答阿難問云何
五陰本如來藏妙眞如性若今義學家必答曰五
陰皆眞心影子無眞心何有五陰如離波無水相
似佛却不如此答只說色不從自生不從他生不
共生不無因生只如此便了蓋四處求生不可得
正是無生無生正是如來藏

自他共生卽因緣無因卽自然世人不說天地間
事物從因緣生便說是自然而生佛俱破却曰本
非因緣非自然性可見本來無生不過循業發現
妄見似有耳

楞嚴文奥而義淺法華華嚴文淺而義深故楞嚴
可講法華華嚴不可講楞嚴說工夫說次第非了
義之教若法華華嚴則處處皆眞方爲了義

問如何是知見立知答山是山水是水此知見立
知如何是知見無見答山不是山水不是水此知
見無見數日又問如何是知見立知答山不是山
水不是水此知見立知如何是知見無見答山是
山水是水此知見無見

不自觀音以觀觀者此自字最要緊瞿洞觀謂五
十種陰魔皆起於自自卽我相也故經中只教人
除我相

楞嚴五十種陰魔皆定中事定中之魔卽睡中之
夢特麁細不同耳定中求慧故有魔若參禪者乃
慧中生定故無魔如人不睡則無夢也問念佛者
何以無魔答念佛心麁魔王在六欲天之上麁細
不合唯定境細與魔氣味相入耳問習定者自身
有魔乃理之當然何得另有天魔依附曰如病者
見鬼雖因自巳病然實有鬼在特無病人不見以
氣味有相接不相接耳

清響齋藏板

楞嚴云若以生滅心爲因而求佛乘不生不滅無
有是處今人在色身之內用功皆生滅心也初發
心者愼之
經云能平心地則一切皆平顧心地豈易平哉曾
子之絜矩孔子之忠恕是平心的樣子故學問到
透徹處其言語都近情不執定道理以律人
問何謂精明湛不搖爲八識區宇答爲第六識分
別不行獨八識本體在故有精明不搖境界此乃

用工夫做到者然終是根塵邊事
問圓明了知不因心念此意云何先生曰人呼汝
名汝即應可因心念否曰不因心念又曰汝遇飯
就喫遇茶就飲可因心念否曰亦不因心念但應
名與飲食不因心念易如遇難處之事要做仔細
籌度這箇顯然是心念如何說得不因心念先生
曰此亦現量當籌度者即再四思惟也叫做不因
心念當知籌度難處之事與喫飯應聲總是一樣

珊瑚林 上十八

清響齋藏板

但在人有生有熟耳
圓覺經喫緊處在皆依圓照清淨覺相永斷無明
方成佛道且道清淨覺相怎麼樣依若依則宛然
能所不依則與佛旨相違此處好疑
知幻即離人人曉得而略當些小境緣即昧而不
知若眞知現前豈逐境去故須知得徹骨徹髓任
他千境萬境展轉不昧始謂之知可見此知不在
分別而在不昧問何謂眞知不昧答如遇物來[illegible]

眼眼即自閉何曾分別來的是甚物又何曾思惟
我要閉眼然却不覺不知自然眼閉了如此方名
眞知方能通乎晝夜
先生嘗問人知是空華即無輪轉此知字是有心
知耶是無心知耶有心則同情識安免輪迴無心
則圖土本何以能知學人透得此知字一關思過
半矣
先生云往有問伯修居士切時不起妄念四句作

珊瑚林 上十九

何解者伯修曰當一切時不起妄念是止病於諸妄心亦不息滅是作病住妄想境不加了知是任病於無了知不辨眞實是滅病要知此四句是藥語亦是病語

問圓覺經四相先生揮扇語曰如此一柄扇說是我的乃我相說非我的是人相說非我非人乃衆人公共的是衆生相又此扇也不是我的也不是人的也不是衆人的而還有此扇子在乃壽者相離了我便叫做人離了我人便叫做衆生展轉要離却離不得便是壽者故曰如衣敗絮行荆棘中

問金剛經云若人書寫一偈乃至爲人演說一句皆得阿耨多羅三藐三菩提是實語否答曰經云若爲人演說四句偈等其福勝彼何以爲人演說不取於相如如不動今人所聽所讀所寫皆文字紙墨之相非眞經也又云若以色見我以音聲求我是人行邪道不能見如來即是觀之則今學人

刺血書經以至枯坐苦行等皆屬行邪道矣慧眼未明者多爲此邪道所累空糜日月徒費精神惜哉

問經云是法平等無有高下如今尊卑疎戚宛然高下如何得平等答汝若等親于疎等尊于卑即親者尊者之心先自不平當知平等便是無高下

問應無所住而生其心答辟之水也停於一泓則名死水流于江河則名活水今人之心住於六塵皆是死心菩薩不住色聲等是爲生心

又有一友問應無所住而生其心先生曰我且問你此句是說工夫是說本體曰似指本體先生曰此是說工夫觀應字便見應者當也須菩提問應云何住佛答不應住色生心不應住聲香味觸法生心應無所住而生其心謂人用功不當如彼而當如此也

問人心但起一念便即是住云何得無住既無住

矣又云何言而生其心答如教人閉了眼却要見
面前許多色象也今人修行皆是有所住而生其
心直饒一切無着亦是住於無着此句經稍認差
了便同于無爲外道墮任病㝯曰矣經中分明叫
你生心只要你無住而生心即叅禪者分明教你
去叅只要離心意識叅
問般若無所不該何爲與五度並列答般若非離
前五度即五度之不住於相者便名爲般若故金
剛經云不住色布施不住聲香味觸法布施
楞伽經有唐宋魏三譯今時所行唯宋譯但宋譯
文艱澁而多脫畧不如唐譯七卷明暢不用註疏
便可看如以唐譯謂不如宋譯則譯華嚴者即此
人新華嚴不勝舊本百倍耶今講師家獨行宋譯
者師家有講宋譯套本遂沿而不改耳
達磨西來時楞嚴尚未入中國彼時人唯知漸修
達磨獨傳頓教恐人不信故指楞伽四卷可以印

心以彼經所言俱無階級故耳問楞嚴言信住行
向等非漸修乎答此雖屬漸實非欲人人依此階
級修也乃言人之進道淺深不同到此地位謂之
信到此地位謂之住到此地位謂之暖頂耳
問楞伽百八句中佛詰大慧所未問者皆極微細
事此有何義答辟之有人問言云何地動達者應
曰此何足問汝眼睛如何動手足如何動何故不
問蓋佛見得天地間事物總不可窮詰勿以尋常
奇特大小遠近作兩般看也佛意原如此若眞正
要大慧問眉毛有幾微塵有幾此有何要緊耶
凡看經於沒要緊處不必理會只理會要緊處若
逐字逐句解則擔閣了精神且經中十分難明處
姑置之到後來再看當自有徹時若目前强通其
所不通亦是沒用的
維摩經以直心淡心爲首談蓋直心淡心是修行
基址若無這箇即如虛空無宅地矣

維摩經中螺髻梵王謂釋迦佛土如自在天宮亦直螺髻所見然耳未盡釋迦佛土之莊嚴也視下文佛足按地所現莊嚴豈但自在天宮已乎

夫人眼前之存心即是將來之國土故維摩經曰欲得淨土當淨其心隨其心淨則佛土淨菩薩有直心深心故成佛時自有不諂衆生具足功德衆生來生其國凡夫心有高下故見國土有坑坎穢惡螺髻梵王則見佛土如天宮世尊按足則盡世界如珍寶若此等者辟之共寶器食飯色有異矣

問維摩以火喻無我以水喻無人何也答火必藉薪無有自體故喻身之無我水有自體不藉他物故喻身之無人

問維摩經云說法者當如法說又曰法同法性何謂也答法既無我人無衆生無壽命等又豈可說乎故曰說法者當如法說也法同法性者謂是法同於一切法以是法即入於諸法故

維摩多是反說所謂入得魔者凡夫與道法相反乃曰不捨道法而現凡夫煩惱與涅槃相反乃曰不斷煩惱而入涅槃餘俱倣此

棗栢說文殊表智普賢表行原無此等人都是取象釋迦佛亦據衆人見聞說有釋迦耳其實釋迦未曾生未曾說法即如仲尼表高義顔淵表深義亦無是人棗栢此等議論非是破相之談實在是如此

問何名表法答本事難明而借事以表揚之如易經畫卦正是表法畫無文義故隨他千事萬事皆可以卦象表顯至於爻辭彖辭及繫辭皆明義理則所表有限矣

問肇論謂物不遷即如今人搬家分明是彼宅中物遷於此宅何謂不遷答遷與不遷非動與不動之謂也若論遷則凡物皆有遷如這棹子置此房中不動至百年必壞則知此棹當新置時便時時

遷了如現在不遷將來何以頓壞即如人身髮時
時白面時時皺特人不覺如現前不白不皺將來
何以頓白頓皺故曰凡物皆有遷非關動也若論
不遷則凡物皆不遷蓋物物皆有現在在彼處爲
彼處現在正搬移時爲搬移現在移到此爲此處
現在是物物皆有現在故曰不遷問以理言覺不
遷易會以物言覺不遷難會答事理無二說物不
遷正是說理不遷物也性也非兩也說箇物即性
猶是多了一層唯說物不遷便是

一部宗鏡錄只說得一箇安心

問看宗鏡便覺快活至參話頭便冷淡又覺費力
奈何答宗鏡乃順事如放下水舟順快無量然未
免有障悟門若參話頭乃逆事如百丈灘泝流而
上其間篙櫓篷笮又禁不用故參禪者纔隔絲毫
猶屬費力決無快活省力之理試觀逆流船只半
里未到家須半里費力三五步未到家須三五步

費力又曰宗鏡錄乃參禪之忌祖師公案及語錄
乃參禪之藥

西方合論一書乃借淨土以發明宗乘因談宗者
不屑淨土修淨者不務禪宗故合而論之

自圭峯將宗教混作一樣看故後世單傳直指之
脉不明多有以教中事側宗門者

小修云李龍湖般若甚深但道不勝習然自是寂
音以上人

問李氏藏書大旨小修答寧取眞正的奸雄不取
掩覆的道學曰學道人當看此書否曰學道人不
看也罷蓋此書無筋骨人讀之反長其不肖之心
徒令小人藉口凡看此書者欲人不可不具此眼
耳若以爲訓則大錯故曰國之利器不可以示人

問如何是溪聲盡是廣長舌山色豈非清淨身答
諸佛說法有響而無文響之所說者長文之所宣
者短學人看經教能聽其響而不尋其文則百劫

千生用得着溪聲無文與山色無形其理一也今
人遠看山似有青色近看之色何有耶

問有禪師揀坡公偈云聲色之中欲透身無山無
水好愁人此何義答雲門欲打殺釋迦此何義自
古宗師都是後面人撿點前面人何得將一二語
遂定蘊公長短

東坡諸作圓活精妙千古無匹唯說道理評人物
脫不出宋人氣味

問龍樹自生他生無因生答卽以眼一法言之若
眼自生色便不消面前種種形質眼根中自有此
等形像矣若色是他生則盲聾人亦應見之旣無
自無他兩邊都是沒有的如何能共生辟如人說
的兩箇謊合來做不得一句實話蓋惟兩邊有方
能共兩邊俱無以何體爲共無因生卽不藉自他
共而生也

凡經中垂訓俱無合頭語辟如高墻外有種種名

山勝水佛不說墻外有若千姝勝但敎你築臺造
閣彼人依此營辦土木及樓臺成後高登一望自
然見得墻外境界矣

經教皆有權有實人不達其爲權往往牽纒固執
看不痛快唯祖師不認權教故單提實相接人問
權敎豈佛之誑語耶曰非也辟之小兒不肯剃髮
父母誑之曰剃了頭極好看人都把菓品與你此
語非實事然父母無誑子之罪以不如是語則彼
不肯剃髮故曰權以濟事則非誑語

王龍溪書多說血脉羅近溪書多說光景如有人
于此或按其十二經絡或指其面目手足總只一
人但初學人不可認光景當尋血脉

羅近溪鄧豁渠與夫宗鏡錄都只引人進步耳過
關以後事俱未談及也試思豁渠云第一機不是
第一機然第一機畢竟是如何近溪云汝等卽是
聖人言語動靜無非是者然又不許有卯有證郄

清響齋藏板

如何下手宗鏡錄中說執一切皆是的也未是執
一切皆不是的也未是又有說一切未嘗不是但
不可有所執也未是學人當如何始由得這窠臼
問三界唯心萬法唯識於八種識內何屬答心是
八識意是七識識是六識三界唯心者以前七識
不能造世界惟第八能造前七不任執持故萬法
唯識者法屬意家之塵故意識起分别則種種法
起如飯內有不淨物他人私取去我初不知便不
作惡以意識未起故若自己從盞內見決然與飯
俱唾可見唾者是唾自己之見非唾物也又如鄉
人以彼處鄉談罵此土人此土人不知怡然順受
若以罵彼土人其怒必甚矣可見怒者亦怒自己
之知非怒物也以此知萬法唯識定是六識非屬
前五與七八也以五八無分别故第七但思量故
但執我故
第六識審而不恒如平時能分别至熟睡時則忘

珊瑚林　上三十

清響齋藏板

中毒中風時則忘第八識恒而不審雖持種子而
自體昧惟第七識亦恒亦審是爲自然老氏之
學極玄妙處惟止於七識儒家所云格致誠正皆
是第六識也所云道生天地亦是以第八識爲道
也
問八識之見相二分何如答前六識即第八見分
前五根塵即第八相分器界疎相分根身親相分
七識謂之傳送者以七識無體外依前五內依第
八其實只執我一念耳
問八種識一時具否答皆具辟如人有名趙甲者
趙甲之身及諸受用則第八識所變呼之即聞此
前五中之耳識分别所呼之字爲趙甲則第六識
餘人不應獨趙甲應則第七識之執我也就中七
識寂難别由今畧指其凡耳
凡人日間所見之物乃第八識所變故物物皆實
夢中所見之物乃第六識所變故物物皆虛是知

珊瑚林　上卅一

清響齋藏板

凡屬第六識變者皆無力不可受用今人所謂悟
解者皆六識邊事是以力弱耳
問前五識屬性境屬現量何以有貪嗔癡答貪嗔
癡乃俱生惑不待意識而起者如小孩子眼識不
曾分別花木然見好花則愛此眼識之貪也小孩
子舌識亦無分別然去却乳則哭此舌識之嗔也
至於癡則不待言矣
問第八識別有體性耶答前六識即第八見分前
五根塵即第八相分色聲等疏相分也眼耳等親
相分也問云何又有七識答七識無體即前六中
之執我一念如大海水波濤萬狀濕體則一
儒家說萬物皆備於我不如釋家說見相二分親
切故見分相分該括無盡妙義也
世界所賴以撑持者俱由根塵識假合也無塵則
根無用無根則塵不顯無識則根塵不合也根猶
母也塵猶父也根塵相偶而生識猶父母相合而

珊瑚林　上卅二

清響齋藏板

生子也故曰由塵發知因根有相相見無性同於
交蘆
鄧堯夫云一念未起鬼神莫知不由乎我更由乎
誰此即唯識之旨
儒者但知我爲我不知事事物物皆我者我若事
物物則我安在哉如因色方有眼見若無日月
河大地等則無眼見矣因聽方有耳聞若無
則無耳聞矣以至因記憶一切方有心知若
將從前所記憶者都拋棄則無心知矣
今人皆謂人有礙于我物有礙于我不知若論相
礙即我自身亦礙如眼不能聽耳不能見足不能
持是也如說不相礙則空能容我舍空無容身處
是空與我爲一合相地能載我舍地無置足處是
地與我爲一合相夏飲水則不渴水與我爲一合
相冬煖火則不寒火與我爲一合相故地水火風
空見識教中謂之七大總是一箇身耳

珊瑚林　上卅三

問根與塵分明是兩物如何經言各各不相知各
各不相到答有兩箇則彼此相到今只有一箇寧
有心知心心到心者乎如耳不到眼以眼耳雖兩
形同是一頭指不到掌以指掌雖兩形同是一手
故

人生過去歷刼事未來歷刼事在如來藏中皆照
得極分明在如定水中於樹影畢照特人爲識浪
境風所動故不能見耳所以入定者能通宿命知
未來羅漢能前觀八萬刼後觀八萬刼皆是道也

問眼前鳥之飛魚之躍柳之綠蓮之紅種種形色
當前我之眼識原未嘗動眼識與色相可分別乎
答只今眼覩翠竹時欲分何處是眼之界何處是
竹之界如擧扇風中智者難辨故曰一卽一切此
如來藏也

問凡有思量卽有間斷七識何以獨恒答六識思
量附物而起故有起有滅七識唯我愛一念依我

而起生與俱來寧有起滅雖癡如孩提昏如睡眠
此念隱然未間斷也何故我卽我愛故自然而有
不覺知故

問貪嗔癡相因而起七識何以有貪癡而無嗔答
七識以我爲貪旣云我矣豈有我嗔我之理耶然
我愛一念甚細二乘雖極力破除居然是我在

問妙喜語錄云將八識一刀兩叚八識如何斷得
答杲公以種種文字記憶爲第八識也記憶是第
六識八識乃持種非記憶也八識如斷則目前山
河大地一時俱毀矣

參禪不可在光景上求不可在知見上取有時得
些好光景勿喜有時失却些光景勿憂有時自見
得些道理勿將他認作學問總只話頭上挨將去
餘俱莫管

問歇下念佛便去妄想如何處他答念佛亦是妄
想李長者云上乘總是昏沉菩薩不出妄想問參

禪亦屬妄想否答若無妄想何以叅禪
凡夫以有想爲心修禪天者以無想爲心又進之
至非非想以無想亦無爲心種種皆非心體故楞
嚴逐處破之
根身器界影也世人有疑離眼耳鼻舌身意則冥
然無知殊不知六根影子尚然靈覺何況眞性
日間妄想夜間夢想總是一箇蓋昏沉是妄想之
子試觀人日間塵勞重則夜間昏沉重可知也

問妄念紛飛甚爲可厭奈何先生曰汝厭妄念之
念是妄否答亦是妄曰汝但除厭妄之念纔是學
問進步處
問念起即覺覺之即無此義何如答念是賊子覺
是賊魁除却賊魁賊子何依此覺乃是妄覺蓋前
念起因是念而後念覺亦是念終是以賊逐賊
問不怕念起只恐覺遲又如何答此所謂覺非時
時覺照之覺此覺即悟耳

問塞情止念固非工夫若縱情恐亦未是答止念
縱念總沒相干汝若源頭清切自無此等問
佛喻五陰之中都無有我譬如洗炭狗相似洗得
止剩一絲毫亦是臭的決無有不臭者在其中此
喻絕妙今學道者乃在五陰中作工夫指五陰光
景爲所得謬矣
問學人管帶有礙否答亦何礙若管帶有礙則穿
衣喫飯亦有礙矣

小修云凡作道理照管會則不可若尋常散去收
來自合如此雖然只可放下不專在收來
問大慧云不許起心管帶不得將心忘懷似非初
學可到答譬之諸公連日在敝舍聚首並不見一
人走入我闔內去此心何曾照管亦何曾非照管
也又今在座者謝生多髯然其齒頰間談笑飲食
自與鬚不相礙非必忘其爲鬚始得自在即此可
見是天然忘懷不須作爲

問古人有牧牛歌謂須索頭時在手又云一回入草去驀鼻拽將回又云東邊去不免食國王水草西邊去不免食國王水草不如隨分納些些此等語或是念起卽覺覺之卽無耶答此等垂訓皆與南泉斬猫青州布衫竹篦子話一樣若如你恁麽會乃二乘小法非上乘宗旨也要知有心照管固是犯人苗稼有心不照管亦是犯人苗稼于今盡大地是箇露地白牛盡大地是箇索頭却將他放在那裏去收在那裏來

問王龍溪貴默識大慧戒默照此是何別答識者記也常人之記必在言語文字上今云默識則言語道斷正是參禪之學也默照乃以意識照管本體者今人畏落空不能默識多走了默照一路蓋默照其收功易見効但究竟極處不過到無想天止矣此正與參學相反者故大慧痛以爲戒

問想念澄清覺得放曠自在此是入路否答屬無

記曰此境靈瑩豈是無記曰正是意識邊事斷不可坐在此曰到此田地無可用力有何方便曰古人語錄只說於無可用力處要你着力並無方便與人辟如平空要登天豈有梯子接你但凡坐在一光景古宿早已與你破除工夫到此方知語錄之妙

問何謂昭昭靈靈的禪答凡認意見認光影者皆是鄧豁渠說邵堯夫弄精魂亦爲他認受用快樂之光影非率性之眞樂耳

問吾今如在日月光影中行何如答凡在光影上會者皆非也光影不可常久之自滅如小兒戀木刻果子相似

小修病目閒步於庭嘆曰書又看不得飯又不消化心中又東想西想只得散行幾步去一友問似此閒思亂想將若之何答妄念起時不隨之不止之故曰夢幻空花何勞把捉初學道者往往瞋嫌

妄念但見此心十分不好因圖謀計較强欲念頭停息不知念本至圓如何肯依你停息徒自勞耳先生曰止動歸止止更彌動譬之夜間睡不着强欲安排睡着益發睡不着了不如放開一步便自睡着矣

吾輩有時或意思清泰或身子輕安何故答此皆苦參念頭逼得身心無力運轉以故塵勞暫息非究竟法我昔爲臬令時或有日早間僉押問事作揖各項雜事冗極疲勞至退堂時便覺身心無量暢快百念不行蓋是意根疲勞之極暫得休息是斯光景耳

僧問偷心處處有何以盡之答汝想今年生兒子否曰豈有此理曰這便是偷心盡處

小修云予見某執情念初起名第一念某執好念頭爲本體夫好念惡念總不離念念頭初起獨非念乎總之與本體不相干

問情念時來打攪奈何答汝怎麽只在意識上建立曰某已知意識是妄斷不依之建立矣只無奈他往來何曰只此無奈他往來便是建立又問不許他往來如何曰亦是建立

人心未有無念時此妄念决無有方法可治他惟有悟了源頭方可破之悟無方便參禪其方便也參禪無方便提話頭其方便也提話頭不要註解不要明白不要忘了絕與有事勿正勿忘勿助長相類今人只於妄念起時方舉話頭以對治妄念便是忘之時多矣

或云學人不必參禪只隨處正念現前久之自當悟入答汝將以何者爲正念耶將以眼見耳聞爲正念耶以鼻齅舌嘗身觸爲正念耶以意想爲正念耶夫不參禪而求正念現前者修至精明湛不摇處止矣然總是根塵邊事惟透悟根源則那伽常在定正念時時現前矣

出得依傍便好如今都是依傍成事如何得休歇最要緊是不落有無不落根境如此方教做眞工夫

問意識不可用矣如今叅話頭豈非意識耶小修云不然所謂意識者乃是情念行得去想成箇道理分别也今話頭無道理可解無情想可行豈得名爲意識

問貪嗔癡習可斷除否答世間凡有根者可拔若水上浮萍如何斷除予每見學道之流自謂習氣已除或過一年半載遇境來依舊一樣可見習氣非易斷除者

今人不求最上乘單欲除習氣不知喫飯亦習氣也睡眠亦習氣也僧家有打七者喫水齋者至期完之日依然喫飯睡眠則習氣可除耶

喜怒哀樂不能爲害爲害者在喜怒哀樂之所以然所以然者只在一明字因有明白一念故有喜

怒哀樂試觀市上人衣服稍整便恥擔糞此是明之爲害凡人體面過不得處日用少不得處皆是一箇明字使得不自在故楞嚴以明爲無明之本叅禪人不要走明白一路正爲此

世人營生路有廣狹而心之勞逸頓分家有百石之儲者營生路寬朝夕經營卒無停息乞丐無來日之需營生路狹終夜鼾睡自如也卽是而知學道人眼前百事不如人正是快活處體面愈好牽絆愈多

問學人有刺血書經事當爲否答此乃求福德事眞正學道不必爲此也

問却睡魔是工夫否答瞌睡時便睡一覺則醒來有精神好叅禪安用不睡與其坐而妄想不若睡而無想今不治妄想而治昏沉庸知昏沉卽妄想之子耶

問牛山打七何意答初意爲欲求諸三昧如智者

法華懺之類今人徒以身受箠楚疲勞之極六根雖乍得輕安然過此與常人一樣竟無絲毫得力其失本意甚矣問設若證得神通三昧何如答縱使證得亦只耳聞得極遠眼見得極高其於人譬則遠視近視而已於本分事何交涉

問古來諸師何爲多有神通答蠅能倒棲此蠅之神通也鳥能騰空此鳥之神通也脚夫一日能走百餘里我却不能此脚夫之神通也凡人以已所能者爲本等已所不能者爲神通其實不甚相遠

修行之事凡涉濃艷者久之必厭如念經苦行之類是也惟參禪一路其味甚淡而駸駸有進步處難於丟手故曰淡而不厭

有一諸生祝髮後身懸百結足着草屨跋涉山川先生曰人看你太寂寞我看你太熱鬧好穿朽敝與好穿齊整其心是一樣總是箇要熱鬧的意如此行去必不能久不如平淡爲妙

常見初學道人每行人難行之事謂修行當如此及其後連自已亦行不去鮮克有終可見順人情可久逆人情難久故孔子說道不遠人遠人不可爲道索隱行怪吾弗爲之夫難堪處能堪此賢智之過也賢智之人以難事自律又以難事責人故修齊治平處處有礙其爲天下國家之禍不小矣

若苦行可成道則地獄受無間之苦何不成道若不食可成道則餓鬼不聞漿水之名何不成道

問釋迦佛何用六年苦行答爲外道之若行者假此以攝服之今日參禪之輩皆謂此事不可求名不可求利冷淡之極不如禪定苦行講讀書寫之熱鬧可以動人俱外道之見

學佛法者止可學其本宗不可襲其行事以其事迹止可行於西域而不可行于震旦也設釋迦當時托生震旦亦必依震旦行事佛豈固執不通方之人乎

從法師門中來者見參禪之無巴臭無滋味必信
不及從戒律門中來者見悟明之人脫脫落落收
放自由亦信不及二者均難入道
達磨西來只剗除兩種人其曰齋僧造像實無功
德乃剗除修福者其曰廓然無聖乃剗除修禪定
及說道理者
問看經論多有不明何以明之答卽使你句句講
明了亦有何用能抵得生死麼楞伽經說文字語
言乃咽喉中轉出偶爾成文畢竟無益於人如我
震旦國語至朝鮮琉球便通不去可見文字力弱
卽異域不能行況生死分上
問心眼未明者似當潛心講席辟如無病人固不
必服藥至有病人亦須服藥乃是答一切義解非
參禪之藥乃忌也故參禪當去忌藥忌同服藥便
不靈
問道理未能盡透宜如何體會答你說世間那一

件是有道理的試舉其近者來說如毎日飲食喫
下卽消爲大小便利是何道理又如男女婬欲想
來是何道理女人懷胎胎中子女六根臟腑一一
各具是何道理初生下子女來其母胸前便有白
乳是何道理一身之脉總見於寸關尺而寸關尺
所管臟腑各異是何道理只是人情習聞習見自
以爲有道理其實那有道理與你思議閙孔孟之
書諸佛敎典亦無道理乎曰孔孟敎人亦依人所
常行畧加節文便叫做理若時移俗異節文亦嘗
不同如中國以守身爲孝之理外國有親死者其
子以刀割自己面爲孝父死也割一條痕母死也
割一條痕面上無刀痕者便非孝便有許多不孝
報應出來則是彼國之天且不能違人情爲理而
聖人可知矣諸佛經典乃應病與藥無病卽不設
藥三乘不過藥語那有定理耶故我謂無道理謂
無箇一定之理容你思議者人唯執着道理所以

東也有礙西也有礙便不能出脫耳再廣言之汝今觀虛空中靑靑的是氣耶是形耶氣則必散形則必墜莊子說上之視下亦蒼蒼夫下之蒼蒼乃有質的上之蒼蒼何質耶天之上有天天果有盡否地之下有地地果有窮否天可呼爲地地可呼爲天男可呼爲女女可呼爲男若初安名時以地作天以天作地今人亦依此爲理了只因天地君臣等名字從古來如此稱呼今若顛倒呼之人郎以爲沒理矣

問理無一定不可思議如今人作詩作文分明是有思議有道理此又何如答今人所習用之字不過數千而古今來詩文竟無一人相同此是何理倜天地間事皆蔹之不可思議耶答悟人知其所以然是不消思議迷人不知其所以然是不能思議

自家以知見入及以知見接人者此荷澤圭峰一

路的學問

在經論上求通者乃聲音邊事也自謂有箇見處只口中說不出者乃意識邊事也

珊瑚林上卷 終

珊瑚林下卷

古郢門人張五教

錢唐後學馮懷校

明公安袁宏道中郎 著

聰明的人參禪須將從前所記所解一一拋在東洋大海看他糞帚也不值即諸佛知見將來向宗門中也不在眼裏始得

百花至春時便開紅者紅白者白黃者黃孰爲救點人特以其常見便謂理合如此此理果可窮耶若梅花向夏秋開便目爲異矣問此與老莊自然

何則答這裏如何容得自然

問堪輿家談風水其朽肉枯骨何能蔭子孫耶答天地間有作必有報只是沒道理與你思議

今學道者往往在文字道理上求明白這箇求明白的心卽是千生萬刼生死根本

問學道人不用學問知見余平生未讀書沒有學問如何學道這等難答難說沒學問卽今僕隸下人亦有滿肚子學問蓋學問非必在看經論中來凡眼見耳聞言思測度都是學問須把巴豆大黄下盡方可入道

先生問學人云楞嚴說見猶離見見不能及如何參禪人又要明心見性學人云離了能見所見名爲見性先生曰離了這見那裏再討箇見來學人云若見性時卽是眼前這見則用功時又何必離心意識先生曰你自從參禪已來那一時離了心意識學人云正提話頭時意識不行卽此時亦名

離心意識先生曰能提話頭者爲誰豈非心意識乎這箇事猶之習字者初時要一點一横如何此全是分別謂之心意識至於習學既成手忘筆筆忘書此不分別之智便是離了心意識矣又如小兒學語初時賴人教之稍長則舌與言相忘何嘗起心動念然後說話耶

先生問學人云汝今工夫比初出家時有進益否答云有之先生云汝須依然如初出家時便好學人未解先生云汝初出家赤手空拳無些子佛法如今學了許多佛法譬如不識銀子的人積了許多錫錠子封在匣中算計拏去買田置地到成交開封時方知是錫沒用汝至臨命終時正是用銀子時候那時方知纔悔所學佛法是假的不能濟事故初學道人不得些錫錠子不肯歡喜去求及用工久了却須把從前所積聚的一一拋棄始得

小修云參禪人自家一箇心不知是箇甚麼的樣

子何等要緊乃捨此心而在經論道理上求失策
甚矣
心未透悟只當在心體上理會勿在道理知見上
理會辟之手有病只用單方醫手勿去徧尋醫方
問一切公案俱是明本色事否先生曰若是本色
事何須要明學人曰從上來皆說明心見性如何
不用明先生曰楞嚴云吾不見時何不見吾不見
之處又云見見之時見非是見見猶離見見不能
及汝道是有見是無見
小修云人知得道理不可用證之經論無不脗合
遂自以為是不知見得道理不可用底止是落在
大道理中以不可用之理亦理也終有疑惑日子
在
問某學道自謂有入路如何病篤將危時却疑慮
不定答悟明心地者臨終雖十分不好看其悟自
在也不明心地者雖坐脫立亡其不悟自在也

問病中如何作主宰答汝勿以病為病即今好人
都在害病問何謂好人亦害病曰夫人眼要看色
耳要聞聲以至欲食欲衣無非是病此中甚難作
主宰何況寒熱等證一時纏身能作主宰耶問眞
歇了禪師云老僧自有安閒法八苦交煎總不妨
不知如何是安閒法曰不必到病中汝即今推求
渾身所作所思皆是苦事何者是安閒法
問每見學人於疾病臨身便昏憒慌忙其平昔工
夫到此使不上何故答觀人當觀其平昔用功得
力不得力莊生所謂善吾生者所以善吾死也至
於疾病生死現前雖悟明人有病亦知痛若其臨
終亦或有昏憒者皆不足優劣蓋昏憒與不昏憒
猶人打瞌睡與不打瞌睡耳寧有高下耶且疾病
已是苦矣又加箇作主宰之念則其苦益甚復有
臨病時且不愁病先愁人看我破綻說學道人如
何亦恁的受苦遂裝扮一箇不苦的人此便是行

[illegible]徼倖入三塗的種子噫自爲已知幾之學不講世間好人以生死爲門面者多矣不如邦昏憒的邦得自在

問三界受生何由差別答總不出善念惡念無記念三種善念熟則生天惡念熟則生三塗善惡念相間則生人道善惡念頭總無則生諸禪天善惡念頭倏起倏滅故所得之壽亦促無記者念頭無間故禪天之壽最長此等俱是有爲法不能超三界

問我今覺目前無有生死答覺得沒有生死這也是多了的說有生死固是生事說無生死亦是虛頭形本幻也而言貪生者非身現存也而言不貪生者亦非本無死也而言畏死者非死至苦也而言不畏死者亦非大都只要休心然心豈是容易休得的

問舉話時妄念乘間竊發當若之何答舉話頭時

外又生出念來此人心之常不甚害事亦不必除他只是你纔舉話頭時情識已先起了此正生死根本

問舉話頭之念與乘間竊發之念同歸於念何故一不必除一爲生死根本答妄念乘間竊發汝既知是賊賊已無力矣至於話頭纔舉未舉時正是情識此汝所不見者故爲生死根本能於此除去方爲搗巢故曰護生須用殺殺盡始安居

問話頭未舉情識先起此情識既看不見如何可殺得他辟如有賊於此必見此賊方可殺之不爾刀劒何施答汝今渾身是賊沒有能殺賊者參禪人須知念生念滅人皆有之如浮雲水泡倏去倏來不必嗔嫌只以悟爲則今人所患者迷耳不關妄念生滅事即能趨捺妄念而不能透悟亦與生死不相干

問參話頭時覺心不安穩此是何義小修答理合

如此用功之時東也不得西也不得上也不得下也不得直到悟明了方始自在若正叅究時欲求箇妥帖窠臼坐定此必是走了錯路非叅究一路也

學人有欲叅話頭者問之龍湖龍湖曰你於此路尚早恐叅不得

問我叅禪覺得有滋味答覺得有滋味是心散覺得沒滋味是心綿密

問余久叅公案不起疑奈何答汝今進不得退不得于心性未知何等樣于生死未知何日了即是疑情豈別有道理疑耶

諸公勿談心談性勿講公案透得透不得只心下自思此時死到面前如何抵敵他此處豈容自瞞

問如何說看公案不要求明答有箇喻子極妙往在沙市舟中有僧艙中自剃頭一僧然燈見之驚云你自家剃頭又不用燈舟人皆笑

凡叅話頭只依他本分言句驀直叅去不必從旁生枝葉替他註解或疑我今能叅的亦是意識所叅的亦是道理亦是知見又或謂此是箇沒情識沒道理知見的如此皆是做生枝生葉非驀直叅去者蓋叅話頭乃是於一切不是中來箇眞是非可以書冊印證者亦非可置在無事甲裏

問往往用功時不見有許多妄念至於用功看心時反覺妄念新新不住因自思心如猿猴愈捉愈跧蹺先生嘆曰捉猿猴還有箇捉的人在若看心之人乃是以猿猴捉猿猴汝當返看自心之時早已念起了安得念頭不新新乎

問某子甲平生未曾做工夫忽叅一公案一日自謂透悟于一切公案都評品得來後復寡廉鮮恥依然如常人何也答此如不會作文人因苦思之極忽爾文機通然所通者止於文義拏來自己身上受用不得故依舊如常無所不爲去也其所評

公案非眞能合祖意不過謂公案乃無義味話遂以無義味言語餖飣來許之耳

問叅話頭起疑不來當如之何答疑情豈易起的到疑情起時去悟不遠矣必過信關然後眞正起得疑若未過關而有意起疑者非眞疑也惟過了關自有放不下處羅近溪云未過關人大信則大進小信則小進已過關人大疑則大悟小疑則小悟若過了關而不疑自以爲足者便不長進

小修云學人叅話頭且不要遠求悟明當先求迷悶胸中七上八下便是悟之機也又云叅話頭時不可作有道理會亦不可作無道理會不可太着意不可不着意有無兩邊俱遣作止任滅皆除如此方得少分今人知話頭不可作道理解又謂此不過古人應機之語乃無心妙用此則墮在無道理甲中似此輩甚多

問已前提話頭覺可用力近日併提話頭亦覺無

力矣答此是你未明心未忘還要走明的一路故覺話頭無力辟之飛蛾惟欲向燈燭處飛不知明處是他喪身失命之所緣人從最初一念之動只爲求明此病已深最難除拔遇着即發斷得此根方爲搗巢

問正用功時偶有應酬未免間斷答如好秀才落第歸來即飲酒下棋而眞悶何曾解

問一面應事一面於工夫上有嘿嘿放不下處恐多了心分了功答如人打你頭曉得痛并打你足亦曉得痛遍身打曉得遍身痛如何不見多了心分了痛去

問正婬欲時佛性在何處答不婬欲時佛性在何處

凡事不經意識分別則未有業故世間聰明的人造業極大以意識分別太多也唯識云三塗及此間愚人不造業以無分別故

清響齋藏板

問學人遇有事時如何用功遇無事時又如何用
功答人心那有無事之時外面事多則心中事覺
少外面事少則心中事覺多其實總是一樣以人
惟一心心無內外故

叅禪人或認無着爲心或認寂而常照爲心或認
一切皆是爲心或認一切皆不是爲心或認一切
法無自性爲心或認一切現成爲心或認一切法
不可思議爲心或認言語道斷心行處滅爲心或
認不識不知順帝之則爲心總未離見俱非心體
透悟心體自無此等窠臼鄧豁渠論之極詳皆學
人所必墮之病

有所知則有所不知無所知則無不知是爲知之
極也有所見則有所不見無所見則無不見是爲
見之極也

問羅近溪說人人都是聖人此義何如答此未是
究竟話嘗有一友問近溪如何是聖近溪曰公適

珊瑚林 下十二

清響齋藏板

騎馬來過橋如何不樸落橋底曰我乘馬上橋時
將身前俯下橋時將身後仰如何得墜近溪大呼
曰怎得這等自在你卽是聖人其人茫然歸思數
日復來云某體認先生語眞箇吾人處處現成在
在天性人皆堯舜信不誣我近溪大叱曰這等便
是無忌憚的小人

問某於無事時覺得停妥但恐有妄念起境緣來
不免失之答妄念境緣之來斷不害事只湏預先
防閑之念其害實淺耳辟如人恐賊至先畜一虎
于庭以禦之賊未必來而舉家先被虎噬矣汝不
知無事時覺得停妥者未必眞停妥也乃意見之
安排也念慮境緣之來而安排不能及者非眞不
停妥也乃天則之發見也學人凡有此等疑皆屬
執滯有滯則機心未忘斯卽妄想之根本以妄想
皆從滯流出如人心滯於爲善便有許多爲善之
妄想出生滯於爲惡便有許多爲惡之妄想出生

珊瑚林 下十三

故不滯則爲生生之機滯則爲生死之機矣問滯心如何去得曰汝試觀滯心從何處起

昔人問羅近溪云如何是不慮而知近溪云你此疑是我說來方疑耶是平時有此疑答是平時有此疑近溪云既平時有此疑乃不得不疑者此謂不慮而知

問王龍溪一念入微乃見天則何謂也答微與顯對行事顯念慮微有思慮顯無思慮微

問龍溪云從一點靈竅實落致將去隨事隨物不要蔽昧久久純熟自有覿面相承時在不求悟而自悟也乎謂應事接物靈竅自然不昧若更起心不要蔽昧是二知矣豈非多了事答龍溪云直須自信本心從無些子倚靠處確然立定腳跟始爲有用力處此幾語正不要蔽昧之註腳也達磨云外息諸緣內心無喘心如墻壁可以入道即從無些子倚靠處用力之義

所謂天則者須將從前所知所解盡情拋捨凡書冊得來者還之書冊從人言語解會者還之人言從意識中揣摩者還之意識方是天則即如此冠誰是冠之天則答無論取下及藏上皆冠之天則也先生曰須是以樣子還盔頭以鬉還牛尾方爲巾之天則

問何謂不識不知順帝之則答大知無所不知不可以知名之大識無所不識不可以識名之如日光之普照從何處覓其爲照又從何處覓其非照若燈光之照有限便有能所矣凡以知識求者亦如是

禪者禪代不息之義正是時中問有以禪定解者是否答以定爲定此小定也乃六度之一也若禪代不息是謂那伽常在定無有不定時斯則爲大定兼六度俱在其中矣須知人生動作云爲原定在此者不消你去安頓他若欲安頓便不定矣

問禪學乃細中之細世閒麄人恐學不得細事答事豈有麄細洒掃應對便是形而上者隷卒人與習靜人看來是一樣的市井貿易人與深山隱居人看來是一樣的故華嚴中外道婬女宰官比丘等皆以佛稱之故唯此參禪之學不必改舊業不必擇何人箇箇可入那分事之麄細

問何謂時中答時即春夏秋亥子丑之時也頃刻不停之謂時前後不相到之謂中金剛經應無所住而生其心亦此義不停故無住不相到故心生

問何謂不相到答如駛水流前水非後水故曰不相到問何謂心生答如長江大河水無腐敗故曰心生

問何謂無忌憚答不知中庸之不可能而欲標奇尚異以能之此人形迹雖好看然執着太甚心則死矣世間惟此一種人最動人故爲孔子所痛恨

問其資鈍只宜斷緣簡事朝夕參究方得話頭綿

密若攙和世俗事則功有間斷矣答古人云不怕妨功惟患奪志志在參究即應酬世務其功自在

今學道人遇境緣順則自謂學問得力不知由境緣之順故心寧寂非關得力也遇境緣逆則自謂學問不得力不知由境緣之逆故心上懊惱亦非關不得力也

參禪人大率有三關第一關悟得一切處無生第二關悟得一切處皆是第三關悟得言語道斷心行處滅然却總不是過此關方呼作參禪

學道人若不遇作家莫說此生不悟即多生亦不得悟蓋不遇作家必走錯路與悟門相反

小孩子見鏡中影以爲實有此人往往翻背覓之覓之既久年亦漸長始知鏡中元無此人從前求覓之心一時頓歇

先生嘗問盃中天與瓶中天孰大有謂瓶中大盃中小者有謂瓶中盃中雖不同其所照之天是一

般者先生笑曰瓶中盃中何曾有天來
問卽今舉心動念無不是心何以曰無心答人有
生以後將耳聞目見串習一切世間事飣餖湊合
强名做心若除却此等那有心在
擔土人每日擔幾回土亦獲升斗豈謂無功若善
書寫人爲人傭書則力逸而所獲倍矣至於秀才
教書則所獲又倍矣再進而歲貢舉人做官則所
獲什百倍矣又上而甲第遊宦則相去不啻萬倍
矣今人修苦行者擔土也寫經者傭書也講經者
教書也習定與念佛者歲薦與鄉舉也至參禪則
甲第也擔土人不能爲科名事作官人不能爲擔
土事比例發明功效逈别
若論此事盡世間辯才的說不到盡世間聰明的
想不到盡世間苦行的踏不到
學道不肯休心者醒時受用的睡着時不受用睡
着時受用的醒時不受用問如何得晝夜一如答

汝知睡着時受用則日間看經看教辨有生無生
者都是多了一番事
不悟明而求受用者只零碎受用而已如喜樂時
受用哀怒時不受用富貴時受用貧賤時不受用
悟明人則有整段受用喜怒哀樂富貴貧賤皆受
用也嘗見學道者自恨云我無事時頗有光景只
到應事時便爲境所奪此等人不如日用不知的
百姓却自在
世人爲有生忙學道人爲無生忙其忙等耳近有
尊宿語予曰我一向只說有箇法可以安心得受
用不知無此等事予甚然之蓋人若肯安心則目
前有甚不受用處試觀病人嘗言我平日無病時
不知受用今病時方知平日受用故有心求受用
則如淸閒者想飲酒爲受用飲酒者想看戲爲受
用看戲者想携妓遊山水爲受用前途受用之境
愈求愈不足若知眼前卽受用雖病中亦未嘗不

自在以心安故

小修云王陽明說滿街都是聖人要知非特本體是聖人即受用處亦是聖人然既同是聖人如何彼出生死而吾輩在生死中是迷悟之分耳畢竟如何爲悟若執定實有迷悟則又遠矣

問王南塘言有無之間爲幾工夫只在研幾敢問研幾工夫如何用答若用功便落於有若不用功便落於無

一切人皆具三教饑則餐倦則眠炎則風寒則衣此仙之攝生也小民往復亦有揖讓尊尊親親截然不紊此儒之禮教也喚着即應引着即行此禪之無住也觸類而通三教之學盡在我矣奚必遠有所慕哉

今之慕禪者其方寸潔凈戒行精嚴義學通解自不乏人我皆不取我只要得箇英靈漢擔當此事耳夫心行根本豈不要凈但單只有此總沒幹耳

此孔子所以不取鄉愿而取狂狷也

參禪人須將從前所知所能的道理及所偏重習氣所偏執工夫一一拋棄畧上心來即與斬絕如遇仇人相似

頓漸原是兩門頓中有生熟漸中亦有生熟從頓入者雖歷阿僧祇劫然其所走畢竟是頓的一路從漸入者雖一生即能取證然其所走畢竟是漸的一路

先生問僧云佛與衆生受用同否僧云迷人認爲實有雖現在受用而不知悟者謂其有而不有故得自在受用先生曰假如衆生認爲實有佛亦認爲實有其體同其用同其不同處又安在僧云佛之實有即法華所談實相是法住法位世間相常住也豈同衆生妄想爲實有耶如吾輩今現在喫茶又想着一別事豈與佛同先生曰假使佛喫茶亦想着別事其不同又安在僧不能對先生曰從

此過去還有許多辯駁處

來日是僧復問云佛雖千思萬慮皆現量當思慮者達知是現量豈得以妄想名佛而謂其與衆生同一妄想耶先生曰有箇達知即妄也昔梵志來見世尊曰瞿曇我一切法不受世尊曰是見受否梵志曰是見亦不受世尊曰是見不受則同無見與衆生之無見何別梵志不能對即是觀之有見則同外道無見則同凡夫此處與佛差别者安在此正金剛圈栗棘蓬子此能疑能悟便是大聰明人汝再不消理會佛與衆生同處同處不必說自然是一樣了只要於同之中所以不同者在甚麽處

人問孩子云汝心在何處孩子即以手指胸前學道人遇人問他如何是你本心則答云空空洞洞無處不是此兩人病則一般

問如何是人鬼關答鬼屬陰人屬陽古云思而知

慮而解是鬼家活計故凡在情念上過捺者是鬼關在意識上卜度者是鬼關在道理上湊合者是鬼關在行事上粧點者是鬼關在言語文字上振討者是鬼關如此類不可勝數反是則不落陰界而爲人關矣

人至於眞到不得處則心絶矣辟如即今聞自家門響則回頭看聞鄰家門響即不回看何也知到不得故也

世人終身受病惟是一明非貪嗔痴也因明故有貪有嗔及諸習氣試觀市上人衣服稍整便恥擔糞豈非明之爲害凡人體面過不得處日用少不得處皆是一箇明字使得不自在小孩子明處不多故習氣亦少今使赤子與壯者較明萬不及一若較自在則赤子天淵矣

凡用工者在道理上着力决不能出頭凡救人若在道理上提撥决不能度脱即如羅近溪有一門

人與諸友言我有好色之病請諸公一言之下除
我此病時諸友有講好色從心不從境者有講作
不淨觀者如此種種俱不能破除最後問近溪近
溪厲聲曰窮秀才家只有箇醜婆娘有甚麼色可
好其友羞慚無地自云色病除矣

問叅學人遇事來時還用思量否答汝今是有事
時思量多耶無事時思量多耶若有事時思量止
是一事如今人下棋子時一心只在棋上就不去
管閒事了唯無事時閒思雜慮最多都也照管不
得

達磨外息諸緣四句原是教人用功的公案言循
此可以入道非即是道也後人把這兩句作靜定
光景會認此是道故祖師將麻三斤乾屎橛等話
易之

問五家綱宗答此事不說則無以教人說之又不
容言語若不設箇方便何以接引後學

問首山云喚作竹篦則觸不喚作竹篦則背如何
答這公案大慧喻得極明喻如剝荔枝者將殼與
核盡剝去只要解吞耳寶鏡三昧云背觸俱非如
大火聚

問徧法界總是一箇那得有觸有背答若總是一
箇則刀劍劒戟亦總是一箇如何你怕觸着他奸
婬殺盜亦總是一箇如何你要背了他

莊上喫油糍公案與琅邪問舉和尚公案一樣古
人多於此發明如此等者均謂之諸訛公案

先生舉僧問趙州萬法歸一一歸何處州云我在
青州做一領布衫重七斤諸君平日作何道理會
答作順應會曰若問和尚你有衣否答云我在青
州做一領布衫重七斤此方可作順應今問一歸
何處豈是順應此義覺範已曾笑破

問古人多舉眼前小事要人下語如此時聞爆竹
聲試請道一句先生曰聾人掩耳問此句如何與

悟相干曰相干便非
先生曰汝輩公案不能透莫只在本文上搜索須
舉問明眼人若人反詰汝汝當據自己所見處對
第一莫怕羞既對來仍求明眼者再答汝汝聽他
答處自然會去如劉居士問僧古鏡未磨時如何
曰黑似漆磨後如何曰照天照地此據自己所見
處答也後因居士不許乃問洞山山云你問我曰
古鏡未磨時如何曰此去漢陽不遠曰磨後如何
曰黃鶴樓前鸚鵡洲此僧遂徹此因人答而悟者
也辟之不會作文的只在刻文本子上看其竅難
通須是自家動手做幾篇求明師塗改方有進步
處
問機鋒相叩貴在迅速少落思量便名鬼家活計
如某甲機思素遲未免落思量奈何答若是犯思
量的即隨問隨答也是思量若是不犯思量的即
來得遲些些也不是思量即如僧被古德問一連答

數十轉皆不契到末後一轉方契難道他全不思
量的
問五宗血脉同否答血脉本同門庭各異然非有
心立異實出于不得已因前人之法行久有弊故
繼起者鑒而更張之臨濟棒喝未免麁踈故曹洞
易爲綿密耳然此直論其大槩而中亦有相同者
如問如何是奪人不奪境臨濟曰煦日發生鋪地
錦嬰兒垂髮白如絲此臨濟同曹洞處如何是佛
雲門曰麻三斤此雲門同臨濟處此中無實法使
當今之世有臨濟曹洞者出又別是一番建立矣
問直指參禪之要答參禪的無別法只是一些道
理不上心來一毫意見學問不生此即有六七分
了蓋意見學問不來這裏情識不行卻有箇入處
參禪人得三三昧謂空三昧無相三昧無作三昧
此三昧皆無形迹若在六根上求三昧則或有眼
通耳通皆有形可指者是謂根塵小學故惟三三

昧為諸三昧之王得此三昧則一切三昧俱具矣人未悟時觸處皆妄如與人爭競因人我相卽退讓人亦人我相也以我與人爭我能讓人總之人我也既悟時則觸處皆真如待人平易因無人我相卽與人爭競亦非人我也永嘉云不是山僧逞人我修行恐落斷常坑是也

問悟明人亦用心意識否答心意識何病但認他作主宰便不可如以僮僕作家主豈不害事

叅禪將徹時惟守定一箇話頭便是真工夫若捨話頭而別求路必難透脫矣常見久叅者多謂我叅禪到此分際如何尚不得力尚不得受用我謂此人必未曾學道者試觀日用間安往有不得力時安往有不受用處華嚴云若起精進心是妄非精進若能心不妄精進無有涯

問某已曉得知解道理不可用矣但放不下答汝每日所作如飢知食寒知衣那件不是知解見尊

長便拜逢故人便問那件不是道理須知知解道理用不着此極則語不是與汝作學問的

問何名證入答證入亦方便語如有一房舍在此若是我自家的常于此中出若是他家的方從外面入

問古人云一切現成只要人承當如何是承當的事答今呼汝名汝卽知應叫汝飲食汝便飲食此卽是承當

問悟明人須加修治方可除貪嗔痴答譬如小孩子手執瓦礫人奪之則哭及長至六七歲時奪之則不哭此果由修治否

悟明人雖自眼已開猶有無始業習未能盡除故世世出來化人以消除自己業習辟之重載船搭人非但濟人實欲藉力牽挽便船易行也故曰佛前普賢總是自利之行

識趣膽三者入道之人不可闕一

清響齋藏板

有聰明而無膽氣則承當不得有膽氣而無聰明則透悟不得膽勝者只五分識可當十分用膽弱者總有十分識只當得五分用

先生云汝近日看大慧語錄何如答覺得快活曰此是汝看書不濟處大慧一書將人所走的門路一一塞盡觀者唯增迷悶而已那得有快活處

人知見有大小其事業因之而異佛不過是有大知見的人其教人唯開示佛之知見而已試觀貿易之人有貿本相等而所獲利或倍蓰千萬之不同由其知見有大小耳出離生死全靠真知見

僧問古德云修證則不無汙染則不得如何先生曰汝曾往南北二京否答曾往曰這箇是修證不是修證又問汝往京城中曾聽經否答曾聽曰這箇是汙染不是汙染僧復擬答先生搖手曰不是不是

參禪須是利根人鈍根入不得蓋聰明過人者少

珊瑚林　下三十

清響齋藏板

有所得不能滿他聰明的分量則愈前進若智量小的稍稍有悟便自足了如大慧衆同參諸人皆同時頓悟大慧自以爲未得又參三十餘年方大徹始知諸人皆得少爲足者正爲大慧聰明過人前所得底不能滿其分量故

問道理知見用不着然仔細點檢日用間那一件不是道理知見答用不上便叫做道理知見若人喫飯穿衣豈得名道理知見乎

凡學道人走別樣路則要易其職業易其念慮唯參求宗門一着則不唯不必轉業亦不必轉念觀華嚴經可見矣然業念俱猶常人矣畢竟不同者何在

問某甲二六時中無取無捨不依倚一物是保任否答汝自謂不取不捨不依倚一物然却是取了箇不倚依一物捨了箇依倚一物也安得謂之保任夫保任者譬之此園中有名花欲保任他則設

珊瑚林　下三一

墻垣以衛之至於保任虛容則如何用力
人能見得性則隨時隨事光明自透露
予初年學道雖見得道本平常而求玄妙之心猶未忘邇年來方知別無奇特唯平常行去便是今海內參禪者或行苦行或習靜定或修福德據外面看人爭慕之然察其中有這段求玄妙做門面的心卽與道相遠
問先生往年修淨土是何見答大凡參禪而尋別路者皆係見未穩故
走明白路者求解也解道名如來禪走漆黑路者求悟也悟透名祖師禪小修云走明白路亦有兩種有于經論上求明白如法師是也乃認賊爲子决不可用者有見得言語道斷心行處滅亦是走明白一路者如鄧豁渠亦其人也觀南詢錄自見
問言語道斷心行處滅如何亦有兩種答有假有真辟如要北人談閩中鄉談此真言語道斷若本

處鄉談但只不說此假言語道斷尋常做官要林下去此假心行處滅若遇考察去了官此真心行處滅
問先生言洪覺範有道理知見然予觀覺範提唱公案其識見議論似與大慧不殊答透關的人亦分兩樣有走明白路者如覺範永明壽是也有走黑路者若大慧等是也其議論識見一樣而却分兩途有人向小修舉似小修云覺範亦是走黑路者但其中微帶有明耳先生曰不然覺範往往將黑路都要解做明白的是死語是實法
久於道者每以參究爲功不以安閒爲功寧知矜持者尚有功不矜持者豈無功特汝等自家不肯算作工夫耳
問大慧示衆云有等人謂法不在言語上不在情識上不在舉動施爲上此錯認業識爲佛性夫旣不在言行情境矣如何又名爲業識答認言行情

清響齋藏板

境者名妄念不認言行情境者名業識業識乃第
八識是渾渾淪淪的故不在言行情境上古云業
識茫茫無本可據正是指此
大慧所說用功總不出四句謂不可以有心求不
可以無心得不可以言語造不可以寂默通這四
句乃聖賢學脉精髓凡有絲毫工夫有絲毫依倚
皆非真學問
小修云今學道人都疑悟明之人其意識必然孤
立在那裏一無所倚傍也不知無有此理先生曰
然眼不觀色則無眼耳不聽聲則無耳以至意不
緣法則無意豈有箇孤立者
過了信關人只當休去歇去便是真工夫第一不
得于逆順境上疑已不相應古人所謂不相應者
非指此也謂偷心未絕不能相應也問十分打不
過去的事當如之何答衆人打得過者我亦打得
過我打不過者衆人未必打得過既是衆人打不

珊瑚林 下二四

清響齋藏板

過我又何必要打過
五家綱宗只一逆字是以盡之不特五宗三教聖
人都是逆
問悟明人作何工夫答做工夫須不落陰界不墮
區宇方爲真工夫且汝既見心體矣則日用常行
無非是心若又去看心治習猶飯既熟而復去淘
米也
過了關的人猶分爲已爲人兩種學問不可不知
叅禪人要通玄解瞥歇心易要事上過得去疑不
上心來却難蓋解通的人雖瞥歇了心久之間不
過必自疑云我學道一場未知臨終時作何狀然
後黑如漆又不知作何狀今日眼前只散散地恁
麼去怎好要尋件事來做方過得若於日用行事
上都打得過心中都安閒得去沒有纖毫疑惑此
非消融之久不易到也
問大悟時即得證否答即證曰此還是因中事耶

珊瑚林 下二五

曰因果一時齊有曰還得三明六通否曰具足但
不在眼耳鼻舌身意上
先生問寒灰曰近况如何答去年夏秋甚快活今
春偶思古人如何到此遂得休歇不覺迷悶先生
曰此是汝求知見求明白的念頭未忘關頭未過
得盡耳
老鼠入牛角此喻最好譬之盜刼人家有十數間
房皆到唯一空室未入雖去猶疑必回頭驗過然
後疑纔息耳予昔年欲娶一妾聞其美旦暮思之
不輟一日覩見此女貌醜此心當時頓息悟道者
亦如是
小修云明道是眼行道是足兩者不可闕一
問何謂行起解絕答解如問路行如走路到得走
路時則前此問路之心絕矣
初入悟人容有偷心未死者再須鍛鍊多年方始
淨盡所以古人謂雲門禪如百鍊精金問偷心乃

不光明之心耶答非也參禪人將謂別有奇特玄
妙心不肯休如盜刼人物要處處搜尋到了纔罷
是謂偷心未死也
問有入頭人只參公案其餘三玄三要四料揀等
俱不必理會何如答且不必理會他
明白的乃順路黑漆漆的乃逆路順路所得雖多
而實無用逆路只一些子却有無窮受用
參禪人須走得撞着牆方肯回頭只徒望見牆猶
是未到必在牆上撅翻撞倒一回方好
學問須闇然日章勿求人知問此是不求名麼答
不求人知又非是不求名求名不妨但學問不必
人知有心求人知即逃名亦是要人知的小修云
求名乃喜怒哀樂內事人惟於此錯認故進退不
得自如
問道貴平常炫奇過高是多了的答平常亦是多
的

過了關的人亦須常會朋友講論講論一番則自已所已到者又操演一番所未到者又精進一番所謂借他人戰場練自己軍馬古之禪伯大率如此

古人所謂悟後修行者乃去其心中不真實處消其心中有疑惑處非以知見功德去補綴他也

毋論學道人凡高人皆不可不會聽其議論超卓觀其行事拓落皆足以發我未發

常讀書亦是操練之法李龍湖曰古人往矣獨有言句在耳不觀古人言句自以爲歇矣了矣儻閱之有透不過處方知自己未到必用心參究所謂攪濁河之長竿撥寒灰之妙手

凡看經論非徒玩索文義也爲自己生死不能了恐於經論上有疑可參處有機緣可省發處若語句没相干者直當揀過不必看以至看祖師語錄亦然

小修云謂悟後人全與人不同非也依然是舊時人謂悟後人全與人一樣亦非也面前自有開田地

隨緣消日月任運着衣裳此臨濟極則語勿作淺會若偷心未歇安能隨緣任運

小修云今人見參禪之士有世網未脱習氣未除者率云彼既參禪何爲猶有此等餘結不知世情與道情非兩也如生禪天者其世緣盡脱習氣已除然祖家却不許之何也

問諸法既如夢泡則一切善惡譬之好夢惡夢一醒都空何以標善而遮惡耶答夢中受樂與夢中被打畢竟不同故東坡云嗔喜皆幻喜則非嗔

問今人或有此事全不干自身而横罹禍者何故答禍之來不可測非是定有相干不相干或有失足於彼而假手於此者有造因于前而受報於今者夫周孔何人也而居東過宋幾不免焉可俱謂

之不知幾乎

問持巳待人之方答以情恕人便是公以理律人便是私以理律巳便是公以情自待便是私孔子說施諸巳而不願亦勿施於人以情恕人者也所求乎子臣弟友反之巳未能以理律巳者也此非孔子謙辭自是實事如今鄉里愚人見父責子子語不遜衆必共非其子至生平誦法孔子者受父詞斥果能纖毫無違心耶少有違心與不遜何別

清響齋藏板

可見責人之事自巳多未能盡也王荆公非是不好的人只爲他有一肚子道理將此道理律人便至敗壞天下耳

耳順隨緣漫無所知者似耳順漫無所知者似隨緣人畧有些聰明則其聽人說話自心即起思惟此人所說如何至漫無所知之人聽得人言句只覺得句句是好話領畧在心故曰似耳順人畧有些智謀必不安分處處思量攀緣將來要如何做

若漫無所知之人其才調施展不開如傭工挑土舂碓之人終日巴巴做至晚更無別想故曰似隨緣又如小孩子及禽獸亦皆似隨緣之類也唯真實悟明人聲入心通乃真耳順順世無礙乃真隨緣故相宗中有眞現量似現量亦是此義

清響齋藏板

問如何方是無爲答所謂無爲者非百事不理也漢文帝稱無爲之主吳王不朝賜以几杖張武受賂金錢愧心此無爲也舜放四凶舉八愷亦無爲也故曰無爲而治其舜也與問有放有舉何名無爲答因人情好惡而好惡之亦是無爲問此與外道自然何別答老莊之因即是自然謂因其自然非强作也外道則以無因而生爲自然如烏黑鷺白棘曲松直皆無因而自爾如此此則不通之論矣

喜與嗔皆幻也寧就喜多事簡事皆幻也寧就簡拘檢放曠皆幻也寧爲曠但不可以我之放曠遂

清響齋藏板

病人之收歛世間人識見才調不同未可一律齊
也
問從上祖師亦有死于刑戮者何故答死于刀杖
與死于床榻一也人殺與鬼殺何殊哉但有好看
與不好看之異耳於學問却不相干
嘗見為官者每曰我待官至某處即休心學道予
竊笑之將來之心即是今日之心目前既不能了
將後又安能了耶故知要了則即今便了今日不

能了即百刼千生不能了何况來年
問權詞對人亦涉妄語否答古人云權以濟事則
不謂之妄語曰如何比丘戒却不許有方便語曰
佛既設律則不得不嚴即今大明律何等嚴密官
民豈盡依之曲禮三千何等嚴密儒家豈盡依之
所以比丘戒難持然比丘戒亦只為中人設耳若
上品異材則超于律外戒詎足以縛之如菩薩戒
則不然其中多有權以濟事者辟如兵法只中等

珊瑚林　下四二

清響齋藏板

之將依之至于名將則出于兵法之外矣故曰非
禮之禮非義之義大人弗為大抵我中國之法唯
孔子之教行之無弊若佛法則有難以治國治民
者可見古今不同時夷夏不同俗不可執彼而非
此也
菩薩極慈悲而有時現忿怒相可見慈悲臉兒有
不可槩用之處
居安不如身安身安不如心安今勞心以養其身

勞身以營其居失笑甚矣
西域唯重僧凡俗人有不公平事皆聽僧家處分
故佛說僧家不用自耕種唯募化衣食每日止化
七家若我震旦國只重烏紗非修道作福人鮮有
重僧者故古來禪師知募化事難行于震旦祇自
畢自勞而已於是開叢林置庄地此正師其意不
泥其迹也
曾見一書云有一異人欲引蘇子由遊地獄且語

珊瑚林　下四三

蘊曰汝若到彼一看決定不肯做官子由懼不從因引同座一人往甫坐定此人神識卽同到地獄但見有一獄中純是做官的及僧家

小修云僧家募造甚非計之得者本是無求漢却作有求事寧不招人輕賤天下佛殿亦多矣建之何爲佛經亦廣矣書之何爲問若然則一切治生事皆不當營爲乎答難道修行人明晨鈌早炊亦不料理只有濃淡不同耳事可已則已之不可已始起而圖之古德云今年莊上無收並不着急唯狗子無佛性話無一人發明實是急大以莊租與叅學並談可見莊上事亦要緊詎可置之不理耶

吾輩少時在京師與諸搢紳學道自謂我等不與世爭名爭利只學自巳之道亦有何礙然此正是少不更事自今看來學道不能潛行密證乃大病也卽如講聖學尚節義係功令所有者然漢時尚節義而致黨人之禍宋朝講聖學而有僞學之禁

都緣不能退藏於密以致如此故學道而得禍非不幸也

老莊生當亂世其學惟善下惟韜晦惟處於不才是退藏於密者

龍湖曰世間好事甚多安能一一盡爲之此語絕妙

處世間事衆人皆見得非而我獨見得是亦須緩緩調停不可直遂直遂則取禍矣蓋有理可行而勢行不得者在審巳量力可也

問李卓老臨死時得力否先生笑曰不得力問如何不得力曰若得力便不死

問某昔曾刲股彼時不見痛今乃拔一髮亦痛何也答世人卑者好利利之所在雖喪身命不顧也高者好名名之所在亦喪身命不顧也以名利之心特着故不見有可畏割股可得孝名故不知痛拔毛不足以成名便覺痛耳

清響齋藏板

凡人脾胃好者不論飲食麄細食之皆甘脾胃薄
者遇好物則甘麄物則厭至害病人則凡味皆揀
擇矣今人見一切人無過者是自己脾胃好檢點
一切人者是自己有病與人無干試觀克暴人未
有不作惡者故好字從好惡字從惡此意羅近溪
發得極透

今月出母錢至來月償其利少若隔年償則利多
由此觀之鬲生債者豈不尤多耶

一友說人只不欸便好先生曰全幸有這一欸不
然勞碌豈有了日又一友云爭得不欸只壽一二
百歲便好先生曰今人只六十七十已筭討得無
半刻閒何況百歲

問近代所稱龍象何以多不免答學道人須是韜
光斂迹勿露鋒芒故曰潛曰密若逞才華求名譽
此正道之所忌安得無禍夫龍不隱鱗鳳不藏羽
網羅高張去將何所此才士之通患學者尤宜痛

珊瑚林　下四六

清響齋藏板

戒

問某子甲露才揚已精光爍爍動人答凡人逞才
華學問者人說他伶俐我說是忠厚若斂藏不露
者人說他忠厚我說是伶俐古時阮籍以酒自娛
人說他疎狂然卒免於禍故子元說是他謙慎可
謂具眼

人惡貧賤我亦惡貧賤人欲富貴我亦欲富貴但
在我患塵勞之心甚於惡貧賤好清閒之心甚于
好富貴故所欲奪于所甚欲所惡奪於所甚惡耳
他人亦惡塵勞而不如惡貧賤之甚亦好清閒而
不如好富貴之甚故終身碌碌亦往往甘之

勿爲福始勿爲禍先非禁人作福惟不可自我倡
耳吾儒講學亦是好事然一講學便有許多求名
求利及好事任氣者相率從之及此等不肖之人
生出事來其罪皆歸于首者東漢而後君子取禍
皆是也此等涉世機關惟老莊的然勘得破

珊瑚林　下四七

問如二乘只了郄自家事亦儘好何爲如來訶責之答辟如有人遭患難其一人心腸極熱委曲方便救脫之其一人毫不動念此二人孰爲優劣問二乘與菩薩其所行孰難孰易答委曲救人自是難事只管自已自是容易

應以宰官身得度者即現宰官身而爲說法陽明是也應以儒教得度者即現儒教身而爲說法濂溪是也

世間人有近道而不學道者有學道而不近道者日用不知的何等近道郄不肯去學道修行立名的有心學道然實與大道無涉故曰賢者過之不肖者不及

龍溪近溪非真有遺行佳清議只爲他鍛鍊甚久真見得聖人與凡人一般故不爲過高好奇之行世人遂病之云彼既學道如何情境與我輩相似因訾議之久久即以下流歸之耳若使二公不學

道世人決不議論他蓋衆人以異常望二公二公惟以平常自處故孔子曰道不遠人

問吾輩想像聖賢心事如青天白日真無徇外爲人之私答纔作青天白日想早是徇外爲人矣此處棲泊不得汝莫作註解

世人我相最重故往往見人之過若以人之過反思都是我常有的但過在我便不見可惡在人則見爲可惡皆我相之病也蓋過有兩樣有一等真正犯天下之不韙彼自陷法律自難逃于公論我固不必嫌他至些小差處乃常人所有者我惟以衆人望人而已若求凡事恰好是惟賢智之士能之我原不當以賢智律天下人又不求人過亦有兩樣有自家鶻突不曉得人過者此名似不見過有自家眼明容得人過者此名真不見過

常人些子分段情識有依傍有典要尚感得有如此世界如此受用蓋天蓋地絕依傍出典要者其

清響齋藏板

其所感世界受用又當何如李長者云未有今生
以神智用而來生不獲大智神通者也

恒人皆曰我凡事任運隨緣夫天下事不由人筭
計不由人勉强只得任運隨緣去但彼哀感感之
懷若欠兩稅百姓相似那有受用安閒時

問戰場中千萬人一時殺盡都是命該死麼答省
闈八月終十三省同時中了千名舉有命不該中
者耶問佛言有橫死者似不屬於命答亦是他所
造橫業如無故而戕物命等故當受橫死之報橫
死者謂不似尋常死耳非謂不當死而死也

人人俱有我相習爲尊大固我相也習爲謙抑亦
我相也唯破除我相之人時當尊大則尊大時當
謙抑則謙抑當其時爲其事自合如此無些毫擬
議之心即有心忘擬議猶屬我相未盡

小修云惡人終日心心念念惟想害人其招刀山
劍樹等報誰曰不宜

珊瑚林　下五十

清響齋藏板

修行人始初一二年內嗔嫌他人不學好到久後
方知自家不好處

寺僧舊例募大燭供佛後漸竊油蠟剩用或以告
先生欲止其例先生曰借供佛之資以自潤此庸
僧常態也何必惡而革之

有僧募造銅塔人争笑曰有恁麼要緊事何苦如
此爲斯言者是以聖人望人也人心於沒要緊事
攀緣妄想皆此僧募塔之類耳吾不病此僧造塔
病其於自已造塔則喜見他人鑄佛則忌故其募
塔猶是常情而忌人則爲惡念矣

一友贊某老一心扶持世教先生笑曰此老未生
之前世教何曾掃地耶世間人寒自知衣飢自知
食遇親自知孝遇子自知慈何待教乎至於不肖
之人教亦不善矣

世間事做得着力便去做做得費力便不做此最
是便宜安樂法

珊瑚林　下五一

問菩薩捨頭目髓腦何義答試覩自釋迦佛後許多菩薩那一箇捨頭目髓腦此言不必作如是解只明其無我耳釋迦於歌利王割截身體亦此義不然頭目髓腦人乞之何用而捨之又何用耶

問剏國仁主何以多殺無辜答國初承元之弊紀綱風俗壞亂極矣故立法不得不嚴至今二三百年享太平之樂誰之賜也即做官者興一好事眼前勞民傷財人豈不怨及其後民實賴之厥澤遠矣若些些計較唯恐錯施一刑錯罰一罪如此迂腐拘攣如何行得去

凡名都巨邑奸宄每每伏藏若奸宄不伏於都邑更於何處藏身昔人云不如是何以稱京師此有見之言也故治奸者但使其不甚爲暴而已不必過爲摘發盡爲擯除也如蛇蝎匿於墻垣不害人斯已矣必欲拆墻垣以去之亦無是理

道明德立曰高人繩趨尺步曰庸人阿諛逢迎曰小人剛暴險刻曰惡人高人之待人也如化工遇庸人則平等交之遇惡人其禮貌亦不廢俾不至爲害也至於小人諂媚其前亦不起憎心見彼容悅之態如俳優奏樂亦爲之色喜而已

儒者曰親君子遠小人禍天下者必斯言也人誰肯自居小人甘心爲人所遠耶勢必反噬矣夫君子不屑爲人使凡任役者皆小人也小人貪名逐利故甘心爲人用非小人將誰與奔走護達者友君子而役小人愚者友小人而遠君子拘者親君子而遂小人

問人情未有不相同者然而聖凡之異在甚處答我說人情相同但論其理耳然人誰肯安心謂我與常人一樣乎雖屠兒樵子亦有自負的心至於學道之人曉得幾句道理其憤世嫉俗尤甚此處極微細最難拔除若能打倒自家身子安心與世俗人一樣非上根宿學不能也然此意自孔老後

清響齋藏板

惟陽明近溪庶幾近之
漢高帝見蕭何治田宅則喜及見其作好事則下
獄恐其收人心也宋太宗見人心歸其太子則嘆
曰人心已屬太子矣夫漢高宋宗皆英主也一則
以利之故忌其臣一則以利之故忌其子此一念
可輕易責恒人乎
人有性急而量寬者有性緩而量狹者量狹之人
心腸多冷量寬之人心腸多熱然此中又有大人
小人之異大人之寬容者毋論已即或性急或量
狹或心腸冷而其衷常欲立人達人小人之褊狹
者毋論已即或性緩或量寬或心腸熱而其衷常
欲自私自利大抵合之之極斯名大人分之之極
斯名小人
先生曰某鄉有人當歲歉時每穀一石值一金有
村人持一金來買穀其人視之云銅也村人憤懣
仆地其人扶起曰是真的我錯認了以穀付之村

珊瑚林　下五四

清響齋藏板

人曰此我鬻男以救一家性命者汝眼不明幾駭
殺我旣擔穀豁嘑罵而去然其金實銅也度去遠
遂擲水中又我先祖家頗饒嘉靖中出母金以千
計穀以數千計値歲荒盡焚其券仍每日遍熟僮
僕恐有往彼索取者曰此時人家備一飯也難以
上二事皆是爲善毋近名
孔子說終身之行不越一恕治平之要惟在絜矩
能推此心以濟人利物功德何等大比之僧家持
門面戒者不啻天淵矣
堯舜不能使其子之肖仲尼不能使其妻之賢漢
高帝不能使戚姬之不爲人彘今人德不如聖人
位不埒王者乃終身爲妻妾子孫計長久愚亦甚
矣

珊瑚林　下五五

珊瑚林卷下終

跋珊瑚林

石公先生珊瑚林楚中張明教所錄先生自擇其可與世語者為德山暑譚梓行矣茲其全也從來居士中第一了手共推龐公偈頌

之外語不多見張無垢深入玄奧与妙喜相伯仲而語一涉玄輙為其甥刪去陽明諸大老得禪之髓錄之者諱言竺乾語多回護令人悶悶先生談儒譚釋皆是了義無一剩語故嘗自况於大黃能與一切人排盪積滯茲錄亦不復諱其談向上商工夫最明且悉願毫無實法可為人繫綴者其有裨於學人甚大覽者能向是

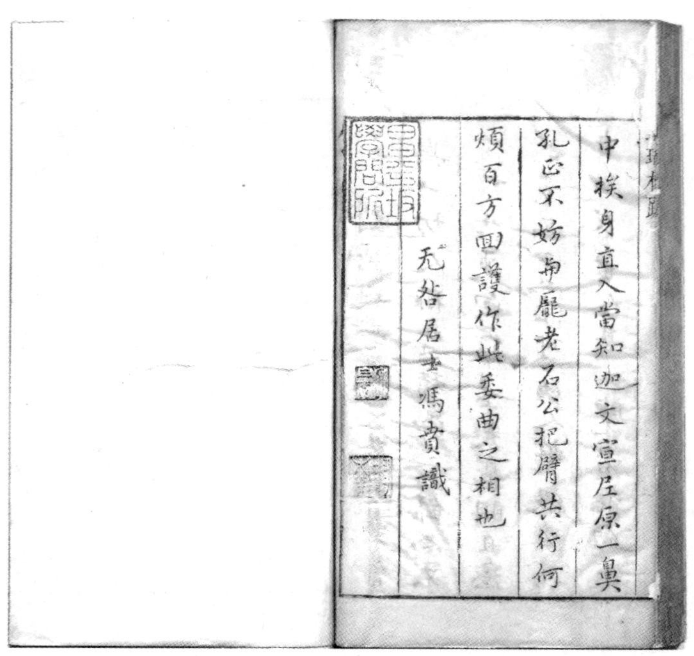

中猴身直入當知迦文宣尼原一鼻孔正不妨弗麗老石公把臂共行何煩百方回護作此委曲之相也

无咎居士馮賁識

《金屑編》自敘

余少慕玄宗[①]，長探佛理[②]，遍參知識[③]，博觀教乘[④]，都無所得。後因參楊岐公案，有所發明，遂乃乘無底舟，入針孔海，始知萬卷蓮經，都是弄猢孫底家具。百端播弄，無非鍊鋼鐵的鈎鎚。因拈出古宿言，作《金屑》七十二則，其間意興到處，亦有純寫古詞者，皆呈百千諸佛相傳之髓，不忍捨也。蘇子瞻曰："余弟子由從來無一妄言，今忽作禪語不止，殆不可曉。"夫以余之不敏，去小蘇遠甚，而人之信我，復不如坡公之信其弟，必以我爲誑言也夫。

石公袁宏道撰

---

① 玄宗：指佛教的深奥旨意。晉僧肇《注〈維摩詰經〉序》："而恨支竺所出，理滯於文，常懼玄宗，墜於譯人。"唐王勃《廣州寶莊嚴寺舍利塔碑》："大弘緇侶法師至誠幽感，獨步玄宗。"元無名氏《猿聽經》第二摺："我在此山中千百餘年，常只聞經聽法，推悟玄宗。"

② 佛理：佛教的教理。唐白居易《代書詩一百韻寄微之》："儒風愛敦質，佛理尚玄師。"

③ 知識：相識的人，朋友。《墨子·號令》："其有知識兄弟欲見之，爲召，勿令人里巷中。"岑仲勉注："知識，友人也。"《吕氏春秋·遇合》："人有大臭者，其親戚兄弟妻妾知識無能與居者。"漢孔融《論盛孝章書》："海內知識，零落殆盡，惟有會稽盛孝章尚存。"唐白居易《感逝寄遠》詩："昨日聞甲死，今朝聞乙死。知識三分中，二分化爲鬼。"

④ 教乘：指佛教、佛法。《大慧普覺禪師書》卷三〇："左右決欲窮教乘造奥義，當尋一名行講師一心一意與之參詳。"

《金屑編》敘

咄[①]！盡大地是沙門[②]一隻眼，亙古亙今[③]，明明不昧[④]，佛與衆生毫厘[⑤]不隔，本自如如[⑥]，若道衆生實病，佛能滅度[⑦]。衆生者，皆是於至無[⑧]中紛然成有，於元明[⑨]體轉增幻屑，何以故？一切衆生離間無見，見依見起，以見非見，而欲覓見。覓見爲屑，離見即見。見爲見影，以見爲見，是爲見見，見見爲屑。元明體中，是屑非有。所以道，迷者是屑，悟

---

① 咄：呵斥聲，叱喝聲。《景德傳燈録》卷七，鹽官齊安："至明旦，師令沙彌屈法空禪師。法空至，師顧沙彌曰：'咄！遮沙彌不了事，教屈法空禪師，卻屈得個守堂家人來。'"

② 沙門：音譯室羅末拏、舍囉摩拏、喀摩那拏、沙迦懣囊，西域方言之轉音，又作沙門那、沙聞那、娑門、桑門、喪門。意譯勤勞、功勞、劬勞、勤懇、静志、淨志、息止、息心、息惡、勤息、修道、貧道、乏道。爲出家者之總稱，通於内、外二道。亦即指剃除鬚髮，止息諸惡，善調身心，勤行諸善，期以行涅槃之出家修道者。

③ 亙古亙今：貫串古今，從古至今。明王守仁《傳習録》卷上："若解向裏尋求，見得自己心體，即無時無處不是此道，亙古亙今，無終無始，更有甚同異？"

④ 不昧：不晦暗，明亮。《老子》："其上不皦，其下不昧。"

⑤ 毫厘：比喻極微細。毫、厘均是微小的量度單位。晉葛洪《抱樸子・漢過》："官高勢重，力足拔才，而不能發毫厘之片言，進益時之翹俊也。"

⑥ 如如：謂諸法皆平等不二的法性理體。如，理的異名。隋慧遠《大乘義章》卷三："諸法體同，故名爲如……彼此皆如，故曰如如。"唐慧能《壇經・行由品》："萬境自如如，如如之心，即是真實。"唐李邕《岳麓寺碑》："以因因入果果，以滅滅而會如如。"

⑦ 滅度：謂命終證果，滅障度苦。即涅槃、圓寂、遷化之意。此謂永滅因果，開覺證果。即永遠滅盡"分段、變易"等二生死，而度脱"欲、有、見、無明"等四暴流。

⑧ 至無：極虛無。晉裴頠《崇有論》："夫至無者，無以能生。"前蜀杜光庭《白可球明真齋贊老君詞》："伏聞道本至無，化分妙有，功包覆燾，恩普幽明。"

⑨ 元明：謂眾生固有的清淨光明的本性。《楞嚴經》卷一："無始菩提涅槃，元清淨體；則汝今者識精元明，能生諸緣。"廉兆綸注："元明二字連讀，即下本明二字意。"《楞嚴經》卷六："元明照生所，所立照性亡。"宋蘇轍《次遠韻齒痛》："元明散諸根，外與六塵合。"

亦是屑。周行七步[①]，手指兩儀，是眼中屑[②]。直指人心[③]，見性成佛[④]，是眼中屑。三玄要[⑤]四料揀[⑥]，五位君臣[⑦]，九十七圓相[⑧]，是眼中屑。乃

---

① 周行七步：據《佛本行集經》卷八載，悉達多太子於無憂樹下降生時，向四方各行七步，以示其爲世上無與倫比之勝者。《大般泥洹經》卷三舉出四方七步之義，即：東行七步，表示將爲衆生之導首；南行七步，示現欲爲無量衆生作最上之福田；西行七步，示現永斷無盡的生老病死諸苦之最後身；北行七步，示現已度化諸有生死。上述四者加上四維行七步、上行七步、下行七步三者，則稱爲周行七步。

② 眼中屑：比喻多餘累贅且有害之物。《五燈會元》卷二〇，西禪守淨："上堂：'閉卻口，時時說。截卻舌，無間歇。無間歇，最奇絕。最奇絕，眼中屑。既是奇絕，爲什麼卻成眼中屑？了了了時無可了，玄玄玄處亦須呵。'"

③ 直指人心：直接指明人的本心是佛，不通過語言文字，不通過中間步驟，識見本心就自我成佛。《楊岐後録》："百千諸佛，天下老和尚出世，皆以直指人心，見性成佛。若向者裏明得去，盡與百千諸佛同參。"《碧岩録》卷一，第九則："祖師西來，單傳心印，直指人心，見性成佛。"

④ 見性成佛：徹見自心之佛性，明悟自身與佛等同。《景德傳燈録》卷四，雲居智："嘗有華嚴院僧繼宗問：'見性成佛，其義雲何？'師曰：'清淨之性，本來湛然，無有動摇。不屬有無、淨穢、長短、取捨，體自倏然。如是明見，乃名見性。性即佛，佛即性。故雲見性成佛。'"《楊岐後

⑤ 三玄要：公案，是臨濟宗開創者義玄禪師接引學人的設施，事見《臨濟語録》："師又云：'一句語須具三玄門，一玄門須具三要。有權有用。汝等諸人作麼生會？"後世禪林多以"三玄三要"稱拈，亦作"三要三玄""臨濟三玄"。

⑥ 四料揀：公案，亦作"四料簡"。臨濟宗創始人義玄根據學人領悟禪法的情形採取的不同接引措施。料揀（或"料簡"）：度量，判定。事見《臨濟語録》："師晚參示眾云：'有時奪人不奪境，有時奪境不奪人，有時人境俱奪，有時人境俱不奪。'時有僧問：'如何是奪人不奪境？'師曰：'煦日發生鋪地錦，嬰孩垂髮白如絲。'僧云：'如何是奪境不奪人？'師云：'王令已行天下遍，將軍塞外絕煙塵。'僧云：'如何是人境兩俱奪？'師云：'並汾絕信，獨處一方。'僧云：'如何是人境俱不奪？'師云：'王登寶殿，野老謳歌。'"臨濟"四料簡"機鋒所在，是破除學人的執著妄情。此公案後世常有拈提。

⑦ 五位君臣：曹洞宗創始人洞山良價與曹山本寂對於禪法的闡述系統，也是該宗接引學人的特殊方法。用君位（正位）和臣位（偏位）的五種配合，說明不同的禪法認識及叅禪的情況。據《人天眼目》卷三《五位君臣》中曹山的敘說，這五種情況是：1.君爲正位，屬空界，本來無物；2.臣爲偏位，屬色界，有萬形象；3.臣向君是偏中正，舍事入理；4.君視臣是正中偏（一作正中來），背理就事；5.君臣道合是兼帶語，冥應衆緣，不隨諸有，非染非淨，非正非偏，最妙最玄。同卷内另有《五位功勳圖》，其術語使用稍有不同：1.正中偏是君位；2.偏中正是臣位；3.正中來是君視臣；4.兼中至是臣向君；5.兼中到是君臣合。這套術語與《五燈會元》卷一三所載洞山良價的《五位君臣頌》相合。術語稍有出入，意思大抵相同。"五位君臣"是著名公案，禪林常有拈提。《黄龍語録》："三玄三要，五位君臣，四種藏鋒，八方珠玉。三十年前，争頭競買，各逞機鋒。而今道泰升平，返樸還淳，人人自有。"亦作"君臣五位""偏正五位"。

⑧ 圓相：指真理之圓滿與絕對。於禪宗描畫一圓形圖以象徵真如、法性、實相，或衆生本具之佛性等。禪僧每以拂子、如意、拄杖或手指等，於大地或空中畫一圓相，有時亦以筆墨書寫此類圓相，表示真理之絕對性。相傳圓相始作於南陽慧忠。《人天眼目》卷四《溈仰宗·圓相因起》："耽源謂仰山曰：'國師傳六代祖師圓相九十七個，授與老僧。國師示寂時，複謂予曰：吾滅後三十年，南方有一沙彌，到來大興此道。次第傳授，無令斷絕。吾詳此讖，事在汝躬。我今付汝，汝當奉持。'"

至拈椎豎拂，行棒行喝，種種機緣，都是眼中屑。到這裏眼睫眉毛一時落盡，你道識得向上事[①]也無？尚未在[②]，良久曰："有心待捉月中兎，須向白雲頭上飛。"[③]如其不委[④]，請讀此編。

笑云居士袁中道撰

---

① 向上事：指禪人領悟微妙禪法，進入無上至真之境界。《祖堂集》卷八，疏山："師行腳時，到大安和尚處便問：'夫法身者理絕玄微，不墮是非之境，此是法身極則。如何是法身向上事？'安雲：'只這個是。'"《景德傳燈録》卷九，福州大安："問：'大用現前、不存軌則時如何？'師雲：'汝用得但用。'僧乃脱膊繞師三匝。師雲：'向上事何不道取？'"

② 未在：不對，不契。《祖堂集》卷六，洞山："問雲居：'你愛色不？'對曰：'不愛。'師曰：'你未在，好與！'雲居卻問：'和尚還愛色不？'師曰：'愛。'居曰：'正與麼見色時作麼生？'師曰：'如似一團鐵。'"《五燈會元》卷一二，永慶光普："師入室次，隱（指穀隱）曰：'適來因緣汝作麼生會？'師曰：'會則途中受用，不會則世諦流布。'曰：'未在，更道！"又卷一九，五祖法演："有數禪客自廬山來，皆有悟入處。教伊説，亦説得有來由。舉因緣問伊，亦明得。教伊下語，亦下得。只是未在。"

③ 宋陳鵠《西塘集耆舊續聞》卷六引宋張元《詠鷹》"有心待搦月中兔，更向白雲頭上飛"。

④ 不委：不知。《資治通鑒·隋煬帝大業十二年》："帝問侍臣盜賊……蘇威引身隱柱。帝呼前問之，對曰：'臣非所司，不委多少，但患漸近。'"胡三省注："委，悉也。"

金屑編

錢塘後學馮懷校　明公安石公居士袁宏道　著

舉《楞嚴》："吾不見時，何不見吾不見之處？若見不見，自然非彼不見之相；若不見吾不見之地，自然非物，云何非汝？"①

看看三世諸佛在你脚跟下過了也。直僥一踏粉碎閻羅王，未放你在。

銕壁銀山，金剛栗棘放去非離，拈來非即海神。不貴夜明珠，滿把撮來當面擲。

舉《金剛》："應無所住，而生其生。"②

連雲棧三千里，閉目橫行；鬼門關十二重，從頭打出。且道是甚麽人分上事？諦聽！諦聽！

讚不及，毁不及，塌斷流水聲，寫出飛禽跡。無欠無餘，若太虛釋迦誓願從今畢。

舉《大涅槃》："吾教義如∴三點。"③

待案山點頭向汝道。良久曰：案山點頭也。道箇甚麽？

南無僧、南無佛、南無法，一棒一條痕，一掌一握血。闍黎不會，待何如有箇方便，直下將來問彌勒。

舉《圓覺》："居一切時不起妄念，於諸妄心，亦不息滅，住妄想境不加了知，於無了知，不辨真實。"

八字打開，兩手分付，還有眼開心見者麽？如無，爲你重下注脚。

難！難！須彌頂上駕銕船；易！易！十字街頭尋酒肆。

---

① 見《大佛頂萬行首楞嚴經》卷二。

② 見《金剛般若波羅蜜經》。

③ 《大般涅槃經》卷二："諸比丘！譬如大地、諸山、藥草爲眾生用，我法亦爾，出生妙善甘露法味，而爲衆生種種煩惱病之良藥。我今當令一切衆生，及以我子四部之衆，悉皆安住祕密藏中，我亦復當安住是中，入於涅槃。何等名爲祕密之藏？猶如伊字三點，若並則不成伊，縱亦不成；如摩醯首羅面上三目，乃得成伊三點，若别亦不得成。我亦如是，解脱之法亦非涅槃，如來之身亦非涅槃，摩訶般若亦非涅槃，三法各異亦非涅槃。我今安住如是三法，爲衆生故，名入涅槃，如世伊字。"伊字三點，元本、明本、宫本皆作"∴字三點"。

金剛拍手笑，南辰聖僧髑髏百雜碎。

舉：世尊一日陞座，大衆集定。文殊白椎曰："諦觀法王法，法王法如是。"世尊便下座。[①]

前不構村，後不迭店。這一雙不唧溜的老漢，納敗缺了也。會麽？

八十婆婆坐翠樓，傍人無語自含羞。朝來爲止孫兒哭，笑把花枝插滿頭。

舉：峡崛摩羅因持鉢至長者門，其家婦人正值産難，子母未分。長者曰："瞿曇弟子汝爲至聖，何法可免産難？"羅曰："我乍入道，未知此法，待問世尊來相報。"及返，白佛。佛曰："我自從賢聖法來，未嘗殺生。"崛疾持佛語，往告之其婦，當時分免。[②]

心不負人面無慚色。若約衲僧門下，祇是一場笑柄。

破袈裟，破袈裟，年深代古欲開華。拈來搭在刹竿上，引得烏鴉亂似麻。

舉慧可問初祖曰："我心未安，乞師與安？"祖曰："將心來，與汝安。"可良久曰："覓心了不可得。"祖："我與汝安心竟。"[③]

驢前馬後漢！切忌承當！爲甚如此？鵞王擇乳[④]，素非鴨類。

白玉壺中貯清水，千尺探竿難到底。不是渠儂心特深，大虫元在平田裏。

舉百丈再参馬祖次，祖目視繩牀角拂子。師曰："即此用，離此用。"祖曰："汝向後開兩片皮，將何爲人？"師取拂子豎起，祖曰："即此用，離此用。"師挂拂子於舊處，祖振威一喝，師直得三日耳聾。[⑤]

咄！晴乾不肯去，直待雨淋頭。作麼？作麼？

没可把，没可修，打失從前痛鼻頭。衲衣裹就三祇劫[⑥]，拄杖横挑四

---

① 見《宏智禪師廣録》卷四。

② 見《大慧普覺禪師普説》卷一五。

③ 見《祖堂集》卷二。

④ 鵞王擇乳：水乳同置一器，鵝王僅飲乳汁而留其水。比喻擇其上乘精華。事見《祖庭事苑》卷五。鵞，同"鵝"。

⑤ 見《五燈會元》卷三。

⑥ 三祇劫：即三阿僧祇劫，爲菩薩修行成滿至於佛果所須經歷之時間。又作三大阿僧祇劫、三劫阿僧企耶、三阿僧企耶、三僧祇、三祇、三無數大劫、三無數劫、三劫。原文"三"字漫漶不清。祇，應爲"祇"字之混。

大洲。露柱笑，石女羞，一滴曹源萬古秋。

舉潙山、五峯、雲巖侍立百丈次，師問潙山："併却咽喉唇吻，作麼生道？"山曰："却請和尚道。"師曰："不辭向汝道，恐已後喪我兒孫。"問五峯。峯曰："和尚也須併却。"師曰："無人處斫額望汝。"又問雲巖，巖曰："和尚有也未？"師曰："喪我兒孫。"①

是卽是佛法，未夢見在三十年後。莫言不道。

却請和尚道。富貴應須致身早②，等閒金翅摩空飛。烈風吹折連天草，吞不得。

和尚也併却。鷫鵊新淬夫容鍔，少年一擊朔方城。青蛇飞出黄沙漠，吐不得。

和尚有也未，七歲女兒圍珠翠，鏡中不愛已容顔。愛他鏤畫雙鳳背，便從這裏入。

舉百丈上堂，一老人隨衆聽法，自云："某於過去迦葉佛住此山。因學人問："大修行人，還落因果也無？"某曰："不落因果。"遂五百生墮埜③狐身。今請和尚代一轉語。"師曰："汝問。"老人曰："大修行人，落因果也無？"④師曰："不昧因果。"老人言下大悟。作禮曰："某已脱埜狐身。"⑤

險！險！三十里外，且喜没交涉。諸禪德，作麼生是没交涉的句？複云：險！險！

第一險，點卽不到；第二險，到卽不點。咄！大地茫茫愁殺人，東家害病西家喘。復喝一喝曰："脚頭脚底。"

舉南泉曰："江西馬祖道：'卽心卽佛。'王老師不恁麼，道：'不是心，不是佛，不是物。'"⑥

不得動著，動著三十棒。

追之不及，放之不離。雲迷穀口，月隱寒谿。桃紅李白薔薇紫，問著東君也不知。

---

① 見《佛果圜悟禪師碧巖録》卷七。

② 富貴應須致身早：杜甫《乾元中寓居同穀縣，作歌七首》："男兒生不成名身已老，三年饑走荒山道。長安卿相多少年，富貴應須致身早。"

③ 埜：同"野"。

④ 見《大慧普覺禪師語録》卷八。

⑤ 見《圓悟佛果禪師語録》卷一九。

⑥ 見《大慧普覺禪師住徑山能仁禪院語録》卷一。

舉南泉因東西兩堂爭貓兒，謂眾曰："道得即捄[①]取貓兒！"眾無對，師便斬。趙州自外歸，師舉前語，州乃脱履安頭上而出。師曰："子若在，即救得也！"[②]

低聲低聲，三世諸佛直得鼻孔裏出氣。雖然如此，猶有一人旁不肯在。

未握輪王劍，先收蓋代功。銕圍披芥子，海水入針鋒。得恁麼奇特。踏得故鄉田地，穩任他南北與東西。

舉南泉因僧問："師歸丈室，將何指南？"師曰："昨夜三更失却牛，天明起來失却火。"[③]

是甚麼？〇盡在這裏許。

三更失却牛，月明才掛樹梢頭，青草湖邊橫笛冷，夜淡風動白蘋洲。

天明失去却火，青樓不閉葳甤鎖。東風昨夜到門來，送人桃花三四朵。

舉歸宗因僧辭問："甚麼處去？"僧曰："諸方學五味禪去。"師曰："我这裏只有一味禪。"曰："如何是一味禪？"師便打僧。曰："會也。會也。"師曰："道！道！"僧擬開口，師又打。[④]

醉裏乾坤，壺中日月。你道歸宗爲甚如此逞彊？

元來。元來。

一味五味，誰賤誰貴？五味一味，兩彩一賽。平蕪盡處是青山，行人更在青山外。

舉水潦参馬祖，禮拜起欲伸問次。祖一踏踏倒。師大笑曰："也大奇，也大奇。百千三昧，無量妙義，只向一毫頭，識得根源去。"[⑤]

悟即不無，爭奈落第二頭何？

也大奇，也大奇。箇中消息阿誰知？不須更覓桃源去，一夜東風花滿枝。

舉麻谷問臨濟："大悲千手眼，郵[⑥]箇是正眼？"濟曰："大悲千手

---

① 捄：同"救"。
② 見《祖堂集》卷一六。
③ 見《景德傳燈録》卷八。
④ 見《明覺禪師語録卷第二》。
⑤ 見《五燈會元》卷三。
⑥ 郵：同"那"。

眼郍箇是正眼？道！道！”師近前拽臨濟下牀，却坐。濟近前曰：“不審。”師擬議，濟拽師下禪牀，却坐。師便出去。①

兩矢相觸，矢墜而塵不揚。雖然如此，且不是好手。

你也掃，我也掃，丈六金身成一莖草。世間萬事不如常，鄭②州黎勝青州棗。

舉如患門徒憶誦卽心卽佛不已。示衆曰：“心不是佛，智不是道③。劒去夂矣，女方刻舟。”④

棘何曲？松何直？鵠何白？烏何黑？道得⑤許你會少分。

敲華兼蝶散⑥，打艸帶蛇驚。捏目尋空影，徐行踏水聲。咄⑦！有甚交涉？當初衹道茅長短⑧燒了，方知路不平。

舉魯祖常見僧來面⑨壁南泉聞曰：“我尋常教人向佛未出世旹⑩會取，尚不得半箇，他恁麽驢季⑪去。”⑫

月似彎弓，少雨多風。

收拾眉尖眼⑬尾情，無嗔無喜惡精神。覺來一枕凄凉⑭恨⑮，不敢分明説向人。

舉紫玉因于頔問：“如何是佛？”師召相公，公應：“諾。”師曰：“莫别求。”⑯

建昌紙貴，一狀領過。

莫别求，莫别求，一趯⑰趯翻四大洲。認着依前還。

---

① 見《鎮州臨濟慧照禪師語録》。
② 鄭：同“鄭”。
③ 道：同“道”。
④ 見《景德传灯录》卷七。
⑤ 得：同“得”。
⑥ 散：原文作“散”，字同。
⑦ 咄：原文“咄”占半字格，靠右左空。
⑧ 短：原文作“短”，字同。
⑨ 面：原文作“靣”字同。
⑩ 旹：同“時”。
⑪ 季：同“年”。
⑫ 見《虚堂和尚語録》卷八。
⑬ 眼：同“眼”。
⑭ 凄凉：原文作“凄凉”，字同。
⑮ 恨：同“恨”。
⑯ 見《景德傳燈録》卷六。
⑰ 趯：同“躍”。

不是小根魔子懡㦬休。

舉金牛每齋時，舁飯桶到僧堂前作舞曰："菩薩子，吃飯來。"①

説真方，賣假藥，閻羅王殿前吃銕棒有日在。

菩薩子，吃飯來，勾引羅漢笑口開。拈得舊時无孔笛，聲聲吹出古輪臺。

舉浮杯因凌行婆禮拜，與坐喫茶。婆乃問："盡力道不得底句，分付阿誰？"師曰："浮盃無剩語。"婆曰："未到浮盃，不妨疑着。"師曰："别有長處，不妨拈出。"婆斂手哭曰："蒼天中更添怨苦。"師無語。婆曰："語不知偏正，爲人即禍生。"南泉聞："苦哉浮盃，被這老婆摧折一上。"婆後聞，笑曰："王老師猶少機關在。"澄一逢婆，便問："怎生是南泉少機關在？"婆乃哭曰："可悲可痛！"一罔措。婆曰："會麼？"一合掌而立。婆曰："伎俩禪和，如麻似粟。"一舉似趙州，州曰："我若見，問教口啞。"一曰："未審和尚怎生問他？"州便打。一曰："爲甚麼却打某甲？"州曰："伎俩漢不打，更待幾時？"連打數棒。婆聞，却曰："趙州合喫婆手裏棒。"州聞，痛曰："可悲可痛！"婆聞，合掌曰："趙州眼光，爍破四天下。"州令僧問："如何是趙州眼？"婆乃豎起拳頭。僧回，舉似趙州。州作偈曰："當機覿面提，覿面當機疾。報汝凌行婆，哭聲何得失。"婆以偈答曰："哭聲師已曉，已曉復誰知。當時摩竭國，幾喪目前機。"②

明日大悲院裏有齋。

落日淙山伴侶稀，海門幾月送人歸。参天荊棘横官路，那箇行人不掛衣。復斂手曰："蒼天！蒼天！"

舉龐居士参馬祖。問："不與萬法爲侣者，是甚麼人？"祖曰："待汝一口吸盡西江水，即向汝道。"士頓領玄旨。③

是卽是，若恁麼悟去，入地肰如射箭。

一口吸盡西江水，啞在這裏。帝釋眉毛二丈長，蛇蚤高聲唱囉哩。

舉藥山首造石頭，便問南方見性之旨。頭曰："恁麼也不得，不恁麼也不得，恁麼不恁麼總不得。子作麼生？"師罔措。曰："子因緣不在

① 見《虚堂和尚語録》卷一。

② 見《景德傳燈録》卷八。

③ 見《景德傳燈録》卷八。

此，且往馬大師處去。”師到馬祖，仍伸前問。祖曰：“我有時教伊揚眉瞬目，有時不教伊揚眉瞬目。有時揚眉瞬目者是，有時揚眉瞬目者不是。”師于言下大悟，便禮拜。祖曰：“你見甚麼道理？”師曰：“某甲在石頭處，如蚊子上鐵牛。”祖曰：“如是。如是。”[①]

驢事未去，馬事到來。若是牢籠不肯住，呼喚不回頭的，定不向人唾味下作生涯。

二不雙，一不隻，赤身火裏行，縮腳風頭立。四十九年拳揑空，千七百箇口挂壁。咄[②]！猶是這邊漢。

舉丹霞遇天寒，取木佛燒。院主曰：“何得燒佛？”師曰：“取舍利。”曰：“木佛何有舍利？”師曰：“無，更燒兩尊。”院主自後鬚眉墮落。[③]

江浦喝一喝云：“院主當時若下得這一喝，非惟鬚眉宛然，且使丹霞上天無路，入地無門。”

金鴨沉沉篆縷輕，夜深巫峽夢難成。枕前淚共芭蕉雨，隔箇窻兒滴到明。

舉黄檗因裴相國拓一尊佛，請名。師召：“裴休！”休應諾。師曰：“與汝安名竟。”[④]

只爲慈悲之故，有落草之譚。會麼？

金不博金，水不洗水，海闊天長，白雲萬里。江南春盡鷓鴣啼，不在樹頭在花底。住住更参三十年。

舉潙山與仰山摘茶次，謂仰曰：“終日祇聞子聲，不見子形。”仰撼茶樹。師曰：“子祇得其用。”曰：“未審和尚何如？”師良久曰：“和尚祇得其體。”師曰：“放子三十棒。”曰：“和尚棒教誰吃。”師曰：“放子三十棒。”[⑤]

官不容針，私通車馬。

父不父，子不子，機用元來只如此。咄[⑥]！父爲子隱，子爲父隱，直

① 見《五燈會元》卷五。
② 咄：原文“咄”占半字格，靠右左空。
③ 見《五燈會元》卷五。
④ 見《五燈會元》卷四。
⑤ 見《五燈會元》卷九。
⑥ 咄：原文“咄”占半字格，靠右左空。

在其中矣。

舉趙州一日到茱萸，執拄杖于法堂上，從東過西。曰："作甚麼？"師曰："揬[①]水。"曰："我這裏一滴也無，探甚麼？"師以杖倚壁，便下。[②]

一箇棺材兩箇死漢。

朝捲簾，暮綉閣，羅幃快活三[③]，拈出少時香。

拍板逢人便唱望江南。

舉趙州因僧問："狗子還有佛性也無？"曰："爲甚却無？"師曰："爲伊有業識在。"[④]

咄[⑤]！趙州無此語，莫謗他古人好。

無！無！西天鬍子没髭須，月明海上閒來往，撞着鮫人面滿珠。

舉岑大蟲因秀才看千佛名經，問："百千諸佛，但見其名，未審居何國土？"師曰："黄寉[⑥]樓崔颢題後，先輩會題否？"曰："未曾。"師曰："無事題取一篇好。"[⑦]

借婆衫子拜婆年。

黄寉樓，黄寉樓，芳草淒淒鸚武洲。眼前有景道不得，崔顥題詩在上頭。

舉秖林每見僧來叅，便曰："魔來也。"以劒亂揮，歸方丈。如是十二年，後置劒無言。僧問："十二年爲甚降魔？"師曰："贼不打貧兒家。""十二年爲甚不降魔？"師曰："贼不打貧兒家。"[⑧]

昨日栽茄子，今朝種冬瓜。

恁麼也得，刹竿放出廣長舌；不恁麼也得，布袋撈起澄潭月。一顆明珠轉玉盤，用盡機闗看不徹。

舉臨濟示衆："我有時先照後用，有時先用後照，有時照用同時，有

---

① 揬：同"探"。

② 見《五燈會元》卷四。

③ 快活三：宋元方言稱體胖者。宋張知甫《張氏可書》："鄧知剛任待制，守軍器監，形貌魁偉，每以横金衒衆，未嘗衣衫。京師諺曰：'不著涼衫，好個金稜快活三。'蓋一時目肥人爲快活三也。"

④ 見《法演禪師語録》卷三。

⑤ 咄：原文"咄"字漫漶不清，據其占半字格，靠右左空，形體輪廓像"咄"補。

⑥ 寉：同"鶴"。

⑦ 見《圓悟佛果禪師語録》卷一七。

⑧ 見《五燈會元》卷四。

時照用不同時。若是過量人，向未舉已前，撩起便行，猶較些子。”[1]

一人傳虛，百人傳實。雖然如此，你還識他臨濟麼？

三月桃花洞口鮮，箇中消息許誰傳？漁郎不識桃源路，空入湘江五十年。

舉仰山入門，溈山以兩手相交示之。仰作女人拜。溈曰："如是。如是。”[2]

國清才子貴，家富小兒嬌。

学畫宮眉細細長，芙蓉出水鬬新妝。只知一笑能傾國，不信相看有斷腸。

舉雪峰在德山作飯頭。一日飯遲，山擎鉢下法堂。峰晒飯巾次，見德山，乃曰："鐘未鳴，皷未响，托鉢向甚處去？”德山便歸方丈。峰舉似岩頭。頭曰："大小德山未會末後句在。”山聞，問頭曰："汝不肯老僧那。”頭密啟其意，山乃休。明日陞堂，果與尋常不同。頭至僧堂前，拊掌大笑曰："且喜堂頭老漢會末後句，天下人總不奈伊何。”雖然，衹得三年活。山果三年示滅。[3]

高高處觀之不足，低低處平之有餘。若向不高不低處道得一句，許你親見岩頭來。

踢轉空王印，撩開向上關。霜飄紅樹冷，風度碧溪寒。昨夜月明園裏過，攜花邀竹上闌干。

舉洞山爲雲岩設齋。僧問曰："和尚還肯先師也無？”山曰："半肯半不肯。”曰："爲甚不全肯。”山曰："恐孤負先師。”[4]

洞山欲報雲岩恩尚未在，何故？爲伊半肯半不肯。

冤有頭，債有主，達摩何曾到唐土？堪笑洞山老古錐，殺人那得藏刀斧。

舉夾山因僧問："如何是夾山境？”答："猿抱子歸青嶂裏，鳥啣花落碧岩前。”

法眼云："我二十年衹作境話會。”江浦云："飯袋子！你恁麼會？又争得情知？你向驢胎馬腹裏作活計。”

---

① 見《五燈會元》一一。

② 見《五燈會元》卷九。

③ 見《五燈會元》卷七。

④ 見《五燈會元》卷一三。

滿目青山畫不成，寒岩千古碧雲横。世人那得知幽徑，争向峰前禮磐聲。

舉興化因雲居在三峰。化曰："權借一問，以爲影草時如何？"居無對。師云："想和尚答這話，不得不如禮拜了退。"二十年後居云："如今思量，當時不消道箇何必。"後遣化主到師處師，問和尚："三峰話答得也未？"主舉前話，師云："雲居二十年，衹道箇何必。興即不然，争如道箇不必。"

興化恁麼道，且道是肯雲居，不肯雲居若？道是肯，這箇郤成剩語；若道是不肯，争奈刁刀相似，魚魯參差，因成一頌。

聽之不聞，觀之無景，攤向人前，珍珠古錦。龜毛拂笑破明月臺，兔角杖擔起摩天嶺。

舉雲居因僧問："僧家畢竟如何？"師曰："居山好。"[①]

江浦呵呵大笑。

木石居，鹿豕游，[②]山鬼作揖㺃獮猴。早晨王老來擔柴，午後張三去牽牛。咄[③]！將謂有多少奇特？

舉曹山因清鋭問："弟子孤貧，乞師拯濟。"師曰："近前來！"鋭近前，山曰："泉州白家酒三盞，猶道未沾唇。"[④]

曹前衹解一手擡，不解一手搦。

白家酒，未沾唇，萬物無過出處新。無端販入藕州去，醉倒東西南北人。

舉曹山因僧問："朗月當空時如何？"師曰："猶是階下漢。""請師接上階。"師曰："月落後相見。"[⑤]

我早候白，伊更候黑。

清光特地淨無塵，纖御後教不展輪。兔缺桂殘秋又老，蘆花楓葉倍親人。

舉曹山問强上座："真身應物現形，如水中月，作麼生説？"曰。"如驢覷井。"師曰"衹道得八成。"曰："和尚如何？"師曰："如井覷

---

① 見《黄龍慧南禪師語録續補》。

② 《孟子·盡心上》："舜之居深山之中，與木石居，與鹿豕游。"

③ 咄：原文"咄"占半字格，靠右左空。

④ 見《景德傳燈録》卷一七。

⑤ 見《撫州曹山本寂禪師語録》。

驢。”[①]

咄[②]！僥你道井覷驢也。只道得八成，畢竟作麼生道得十成去？

驢覷井，井覷驢，從來少實勝多虛。不見洞山曾照影，解道我今不是渠。

舉疎山到大溈，問：“和尚到有句無句是不？”曰：“是。”“忽然樹倒藤枯，句歸何處？”溈山呵呵大笑。歸方丈，山不省。後到明招處。舉大溈言句，招曰：“可謂頭正尾正，衹是不遇知音。”師亦不省，便問：“樹倒藤枯，句歸何處？”招曰：“却使溈山笑轉新。”師於言下大悟。[③]

溈山用處較危，明招收來太速。當時若肯給本分草料，免瞧他後代見孫。

住！住！碣石瀟湘千里路。行！行！緑户朱門無限情。寒山拾得相逢笑，笑他同唱不同聲。

舉疎山造塔，主事將與錢。師曰：“爲將三文，爲將兩文，爲將一文？道得，與吾親造塔。”僧無語。後有僧。後舉似大嶺。嶺曰：“汝歸與疎山道，若將三文與匠人，和尚此生決不得塔；若將兩文與匠人，和尚與匠人。共出一隻手；若將一文與匠人，累他匠人，鬚眉墮落。”僧回如教而説。山作禮拜曰：“大嶺有佛，放光射至此間，雖然如此，也是臘月蓮花。”大嶺後聞此語曰：“我恁麼道，早是龜毛長三尺。”[④]

江浦云：“大嶺古佛，只知盡法，不管無民。若是居士即不然，若將三文錢與匠人，和尚與匠人把手行毘盧頂上；若將兩文錢與匠人，匠人即得，和尚不得；若將一文錢與匠人，和尚盡情貶銕圍山，匠人永墮無間地獄。復喝一喝曰：“當時若恁麼道，不惟使疎山免進後語，亦使天下後世知恩有地，只今莫有知恩者麼。試道看。

後來鼓瑟悲湘靈，半在君山半洞庭。今日曲終人不見，秋江贏得幾峰青。

舉疎山手握木蛇，僧問：“是甚麼？”山提起曰：“曹家女。”[⑤]

夜夢不祥書，門大吉。

---

① 見《五燈會元》卷一三。

② 咄：原文“咄”占半字格，靠右左空。

③ 見《虚堂和尚語録》卷四。

④ 見《禪宗頌古聯珠通集》卷三〇。

⑤ 見《萬松老人評唱天童覺和尚頌古從容庵録》卷六。

鎮日疑妝坐翠樓，丁香高結小銀鈎。無端一笑珠簾裏，箇箇相思白滿頭。

舉乾峯因僧問："十方薄伽梵，一路涅槃門。路在甚處？"峯以拄杖劃云："在這裏。"師拈起扇子曰："扇子勃跳上三十三天，築著帝釋鼻孔。東海鯉魚打一棒，雨似傾盆。會麼？"

一得一失。

雲門扇，乾峰杖，十字街頭無背向，一聲塞雁向南來，翻身已過秋江上。

舉洛浦到夾山，不禮拜乃當面叉手而立。山曰："雞棲鳳巢，非其同類，出去！"浦曰："自遠趨風，乞師一接。"山曰："目前無闍黎，此間無老僧。"師便喝。山曰："住！莫草草怱怱。截斷天下人舌頭即不無，闍黎争教無舌人解語？"師佇思，山便打。因玆服膺。[1]

矢到弦上，不得不發。然雖如此，仔細檢點來，未免一坑埋却。

殺人刀一毫不傷，白日寒生六月霜；活人劍一毫不度，青海夜沉千里霧。不是翩翩俠少年，知君難學邯鄲步。復云："識法者懼。"

舉芭蕉上堂，你有拄杖子，我與你拄杖子，你無拄杖子，我奪却你拄杖子。

劈腹剜心。

與麼，與麼，量多成少；不與麼，不與麼，拈棃作棗；與麼，不與麼，古佛堂前狗尿天；不與麼，與麼，鵶頭女子白頭早。咦[2]！會麼？採得疎山臘月蓮，栽成洞嶺初秋草。

舉瑞岩每喚主人，公自應諾，乃曰："惺惺着他後，莫受人謾。"[3]

不是僧繇[4]手，徒説會丹青。

白石灘頭釣艇横，閑歌欵乃到天明。許多客夢離愁裏，道是陽關第一聲。

舉玄沙垂語云："諸方老宿，盡道接物利生，忽遇三種病人來，汝作麼生接。患盲者拈槌竪拂，他又不見；患聾者語言三昧，他又不聞；患瘂

---

① 見《大慧普覺禪師普説》卷一五。
② 咦：原文"咦"占半字格，靠右左空。
③ 見《五燈會元》卷七。
④ 繇：通"摇"。

者教伊説，又説不得。若接不得，佛法無靈驗。”①

請和尚歸方丈喫茶。

空王一粒丹，諸方三種病，甘露亦傷人，砒霜能活命。自從海上競傳方，無孔銕鎚生異症。是甚麼症痰火？

舉玄沙見僧來，曰：“禮拜着，因我得禮你。”②

買帽相頭，食魚去骨。

你禮我，我禮你，三世諸佛没口嘴。風動荷香撲鼻聞，元來只在藕池裏。

舉玄沙因僧侍立，以拄杖指地上一點白，問曰：“見麼？”如是三問，皆云：“見。”師曰：“你也見，我也見，爲甚麼道不會？”③

有麝自然香，何用黨風立。

你也見，我也見，十地菩薩隔羅幔。饒君舉得十分親，總是空中堆麥麪。嗄④！雪峰道底。

舉保福雪峰話，問鵞湖云：“僧堂前相見即且置，望州亭烏石嶺作麼相見？”湖驟步歸方丈，師亦低頭入僧堂。⑤

江浦笑云：恁麼舉動，伶俐即不無？若要與雪峰相见，尚涉程塗在。

一對龍種老叟，兩箇潦倒先生，筭盡人間八字，不識五星子平。

舉鏡清因僧問：“新年還有佛法也無？”曰：“有。”“如何是新年佛法？”師曰：“元正啓祚，萬物咸新。”曰：“謝師答話。”曰：“鏡清今日失利。”又僧問明教，教曰：“無日日是好日，爲甚刼無？”曰：“張公吃酒，李公醉。”曰：“老老大大頭蛇尾。”曰：“明教今日失利。”⑥

徐六檐板，各見一邊。若是居士，即不然。新年還有佛法也無？劈春便打。

新年佛法鏡清有，漢水不流須彌走。新年佛法明教無，比丘尼不是師姑，道有無二俱錯，虚空蕩蕩真寥廓，不是絕力李將軍，教人難射飛天鶚。

舉孚上座因鼓山赴大王請雪峯，曰：“一隻聖箭九重城裏去也。”孚

① 見《雲門匡真禪師廣録》卷中。

② 見《古尊宿語録》卷四七。

③ 見《禪宗頌古聯珠通集》卷三一。

④ 嗄：原文“嗄”占半字格，靠右左空。

⑤ 見《景德傳燈録》卷一九。

⑥ 見《黃龍慧南禪師語録》。

曰："待某甲勘過。"遂至中路，便問師兄："甚處去？"山云："九重城裏去。"孚曰："三軍圍繞時如何？"山曰："他家自有通霄路。"孚曰："恁麼，離宮失殿去也。"山曰："何處不稱尊？"師拂衣便行，謂雪峰曰："聖箭折了也。"峰曰："渠奴語在。"孚曰："這老凍膿猶有鄉情在。"①

曾有僧以此問居士，居士以手作鶉鴣嘴曰："古谷呱！"

朝起早，夜眠遲，只爲春色大芳菲。昨日百花藂裏過，歸來一葉不沾衣。

舉雲門："乾坤之内，宇宙之間，（士云：可惜口門窄中。）②有一寶秘在形山，（士云：草裏漢！）將燈籠向佛殿裏，（士云：兩手扶犂水過膝）將三門來燈籠上。（士云：將謂有多少奇特？）作麼生？（士云：作賊人心虚）自代曰：'逐物意移。'（士云：喪身失命）又曰：'雲起雷典。'（士彈指三下）"③

休！休！美人妝點曲江樓，逗客祇緣歌屢變，泥人嬌在不擡頭。羞麼？羞！

舉雲門因僧問："如何是祖師西來意？"曰："日裏看山，垛生招箭。"④

看山好，莫被白雲瞞。平蕪盡處曉烟攢，天涯一點青山小。

舉僧問雲門："如何是法身？"答："六不收。"圜悟别曰："一不立。"⑤

何不與本分艸料。

六不收，一立不，金谷貧兒倚門泣。和尚叉手拜丈人，無縫毬子兩頭踢。

舉雲門因僧問："樹凋葉落時如何？"答："體露金風。"雲門恁麼道也，只曲爲今時。殊不知向上更有事在。⑥

黄葉落，大好秋，金色稜稜滿樹頭。公子趁風珠勒馬，美人吹月小梁

---

① 見《大慧普覺禪師住江西雲門菴語録》卷七。
② 本段括號裏的文字原文都占半字格，靠右左空。
③ 見《宏智禪師廣録》卷二。
④ 見《雲門匡真禪師廣録》卷上。
⑤ 見《雲門匡真禪師廣録》卷中。
⑥ 見《雲門匡真禪師廣録》卷上。

州。宋玉高唐休未休。

舉禾山因僧問："萬法齊典時如何？"師曰："解打皷。"（禾山有四打皷，合此爲五。）[①]

南山起雲，北山下雨。

禾山皷禾山皷，海神按節天女舞。等閑一擊衆人前，大地茫茫無寸土。復喝一喝曰："王令稍嚴，不許攙行奪市。"

舉風穴因僧問："如何是清淨法身？"曰"金沙灘頭馬郎婦。"[②]

有枝攀條，無枝攀例。

日日高樓理翠眉，人前贏得少年時。秋千背面抛紅豆，入骨相思知不知。

舉薦福因僧問："如何是佛？"曰："莫！莫！"又問："如何是西來意？"曰："莫！莫！"[③]

龍頭蛇尾。

莫！莫！後人踏到前人脚。莫！莫！撩天鼻孔亦穿却。

白日擎拳入市門翻身擊破普化鐸。

舉首山因僧問："如何是佛？"答："新婦騎驢阿家牽。"[④]

葵花向日，柳絮隨風。

牽！牽！入市衝街買少年，羲和暫借黄金勒[⑤]，列缺親遺白玉鞭。離四句，絕三玄，一段風流滿大千。

舉法眼因僧來叅，以手指簾尋，有二僧同去捲簾。師曰："一得一失。"[⑥]

易分雪裹粉，難辨墨中煤。

道得也，是三月桃花香撲鼻；道失也，是紅粉佳人入佛寺。道得也，總未得金剛寶劒當頭截；道失也，總未失脱却布衫赤骨律。噫吁欷！噫吁欷！

滿地黄金識者稀，青山只解磨今古，流水何曾洗是非。

---

① 見《聯燈會要》卷二五。

② 見《古尊宿語録》卷七。

③ 見《建中靖國續燈録》卷一九。

④ 見《楊岐方會和尚語録》。

⑤ 黄金勒：用黄金製成的銜勒。南朝梁何遜《擬輕薄篇》："柘彈隨珠丸，白馬黄金勒。"唐杜甫《哀江頭》詩："輦前才人帶弓箭，白馬嚼齧黄金勒。"仇兆鰲注："《明皇雜録》：上幸華清宫，貴妃姊妹各購名馬，以黄金爲銜勒。"

⑥ 見《景德傳燈録》卷二四。

舉智門因僧問："蓮華未出水時如何？"曰："蓮華出水後如何？"曰："荷葉。"[①]

索鹽奉馬。

蓮花香，香似玉，女解瑶裝荷葉團，團似仙人承露盤。花花葉葉自葳甤，含嬌含態少年時。芳心最怯西風早，怕有飄零君不知。

舉法燈問僧："如何是西來意？"答："不東不西。"師不肯。僧却問："如何是西來意？"師曰："不東不西。"僧領厥旨。[②]

應病設藥卽不無，西來意未會在。

也不東，也不西，江南江北信馬蹄，三月黄鸝枝上語，行人疑是鷓鴣啼。

舉慈明到神鼎堙，堙未發問。明高聲曰："屋倒矣。"堙友顧明便走。曰："見面不如聞名。"堙嘆曰："汾陽乃有此兒。"[③]

這箇話，業林中商量者，甚多；錯會者，不少。何故？爲他盡作得失論量。殊不知鼎堙是箇真獅子？

兒若不是石霜，定乾坤的眼，洎合蹉過這漢。

汾陽兒，汾陽兒，踞地金毛獅子威，鼎堙豈無拔山力？要且施他陷虎機。

舉慈明問陽[④]岐："馬祖見讓師，便悟去。且道迷在甚處？"曰："悟即易，迷即難。"[⑤]

面赤非干酒，桃花色自紅。

悟即易，迷即難，倚天長劍逼人寒，今古不能提得去，山河大地黑漫漫。参！

舉琅邪和尚問舉和尚近："離甚處？"舉曰："兩浙。""船來？陸來？"曰："船來。""船在甚處？"曰："步下。""不涉程途一句作麼生道？"舉以坐具摵一摵，曰："杜撰長老，如麻似粟。"便拂袖而出。琅邪問侍者："此是甚麼人？"曰："舉上座。"琅邪遂親下旦過堂，問："莫是舉上座麼？莫怪適來相觸忤。"舉便喝。復問："長老何

---

① 見《宏智禪師廣録》卷四。
② 見《景德傳燈録》卷二五。
③ 見《永覺和尚廣録》卷三〇。
④ 陽：應爲"楊"。
⑤ 見《禪宗頌古聯珠通集》卷二〇。

時到汾陽？”曰：“某時到。”舉曰：“我在浙江早聞你名，緣來見解只如此。何得名播寰宇？”琅邪遂作禮曰：“慧覺罪過。”

瑯邪、舉公，二俱不是作家，何故？爲他只知把住，不知放行。若遇本分宗師，教他措躬無地。還會麼？將軍自有家聲在，不得封侯也是閑。

白玉欄杆白玉人，東風吹起白羅巾。朱顏的人難近，只有相思到翠鬉。

舉黄龍二關：“我手何似佛手，我脚何似驢脚？人人盡有生緣。”[①]

道得也三十棒，道不得也三十棒。

第一關，十指錚錚帶銕鐶，當堂提得金剛杵。三十三天毛孔寒。咄[②]！爬著我癢處。

第二關，草鞋移處玉珊珊，端能百尺竿頭步，方顯靈砂一粒丹。咄[③]！踏殺天下人。

第三關，生緣却在白雲端，昨夜虛空忽落地，和風搭上玉欄杆。咄[④]！請續末后句。

舉五祖演示衆人之性命事，第一須是〇，欲得成此〇，先須防于〇，若是真〇人。〇〇。[⑤]

山門頭合掌，佛殿里燒香。

第一第二三，鷓鴣聲聲哀江南，第四第五六，赤鳳翩翩□□[⑥]北。滿目青山與白雲，不知誰是儂家屋。

舉圜悟因問僧：“西天蠟人爲驗，此土以何爲驗？”曰：“生鉄鑄就昆侖見兒。”[⑦]

因風吹火，用力不多。

昆侖兒，昆侖兒，戟髯胡頭闊面皮，幾回走入白雲裏，驢殺南山一足夔。

舉大慧竹箅子。[⑧]

---

① 見《黄龍慧南禪師語録續補》。

② 咄：原文“咄”占半字格，靠右左空。

③ 咄：原文“咄”占半字格，靠右左空。

④ 咄：原文“咄”占半字格，靠右左空。

⑤ 見《法演禪師語録》卷二。

⑥ 二字漫漶不清。

⑦ 見《禪宗頌古聯珠通集》卷三九。

⑧ 見《禪宗頌古聯珠通集》卷四〇。

有者道這話，衹要人心行處，絕言語道斷，向這裏識取。咄[①]！若恁麼道，不惟瞎却人眼，達摩一宗掃土，而盡聽取一偈。

一舉一回別，老鼠嚼生鐵，貓兒在旁邊，涎唾流不輟。

舉松源示眾曰："明眼衲僧，因甚打失鼻孔，有賊無賊。"[②]

山外青山樓外樓。[③]

也堪笑，也堪憂，眉毛原來近額頭，只消一條拄杖子，透出雲門六不收[④]。

---

① 咄：原文"咄"占半字格，靠右左空。

② 見《禪宗頌古聯珠通集》卷四〇。

③ 南宋詩人林升《題林安邸》："山外青山樓外樓，西湖歌舞幾時休？暖風熏得游人醉，直把杭州作汴州。"

④ 雲門六不收：禪宗公案名。本則公案係雲門宗之祖雲門文偃禪師就"法身"一義，與某僧所作之機緣語句。《碧巖録》第四十七則："僧問雲門：'如何是法身？'門云：'六不收。'"上引之中，"六"，指六根、六境、六大、六合等佛教用以概括諸法實相之基本法數（名相）；"收"，收攝包含之義。又雲門所答"六不收"，既充分顯露出法身之鮮活，亦以之示導學人，若欲直下承當生死迷悟之津梁，究盡六不收之端的本源，唯有自己開拓不可思量、不可言説之境地。

金屑編原文①

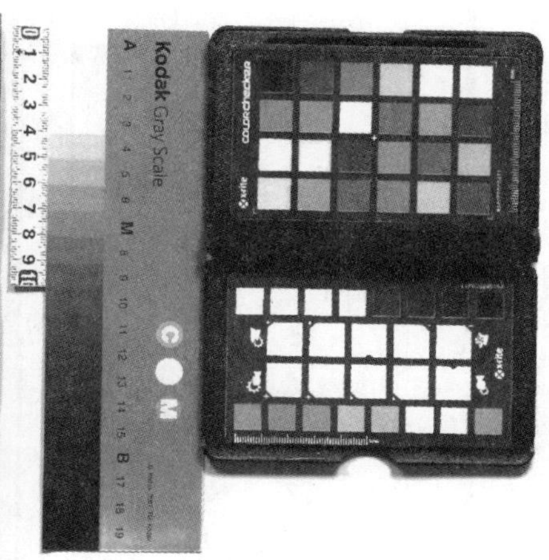

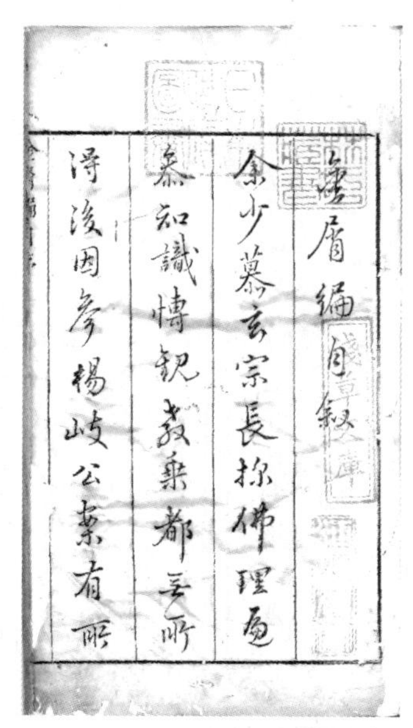

金屑編自敍

余少慕玄宗長探佛理旣
參知識情覩義乘都無所
得後因參楊岐公案有所

① 圖片來源于日本國立公文書館掃描件。

發明遂乃乘無底舟入針
孔海始知萬卷蓮經都是
吳獅孫底家具百編楞嚴
死鉢鑽鐵的鉤鎚因拈出

古宿語之脫墮者七十二
則其間意興到處亦無雜
寫古詞者皆是百千諸佛和
傳之語不忍捨也蘇子瞻曰

余事子由從來無一妄言
今忽作禪語不必殆不可
曉夫以余之不敏去小藏
遠甚而人之信我復不如

坡公之信其弟也以我為
誑言也夫

石公袁宏道識

金屑編叙

咄盡大地是沙門一隻眼亘古亘今明明不昧佛與衆生毫釐不隔本自如如若道衆生實病佛能滅度衆生者皆是於至無中紛然成

有於元明體轉增幻屑何以故一切衆生離見無見見依見起以見非見而欲覔見覔見爲屑離見即見見爲見影以見爲見是爲見見見見爲屑元明體中是屑非有所以道迷者是屑悟亦是屑周行七步手指兩儀是眼中屑直指人心見性成佛是眼中屑三玄要四料揀五位君臣九十七圓相是眼中屑乃至拈椎竪拂行棒行喝種種

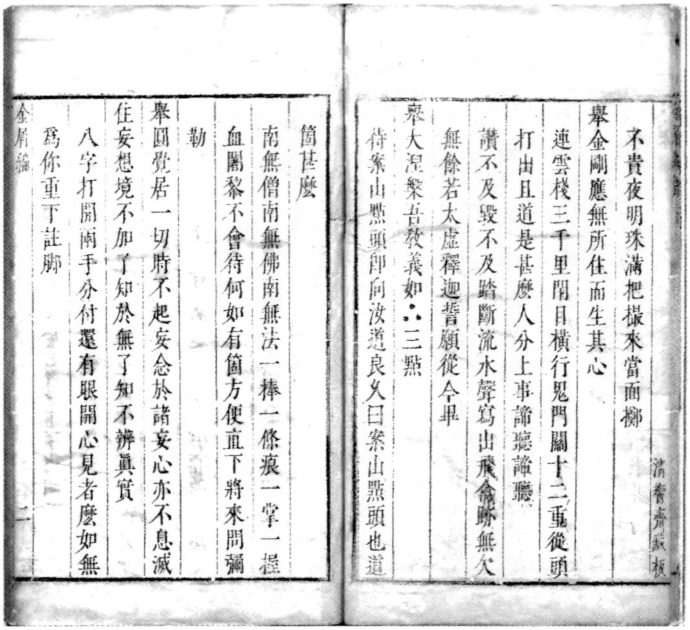

清響齋藏板

不貴夜明珠滿把撮來當面擲

舉金剛應無所住而生其心

連雲棧三千里閒且横行鬼門關十二重從頭

打出且道是甚麼人分上事諦聽諦聽

讚不及毀不及踏斷流水聲寫出飛禽跡無欠

無餘若太虛釋迦誓願從今畢

舉大涅槃吾教義如∴三點

待案山點頭即向汝道良久曰案山點頭也道

箇甚麼

南無僧南無佛南無法一捧一條痕一掌一提

血闍黎不會待何如有箇方便直下將來問彌

勒

舉圓覺居一切時不起妄念於諸妄心亦不息滅

住妄想境不加了知於無了知不辨眞實

八字打開兩手分付還有眼開心見者麼如無

爲你重下註脚

金屑編 二

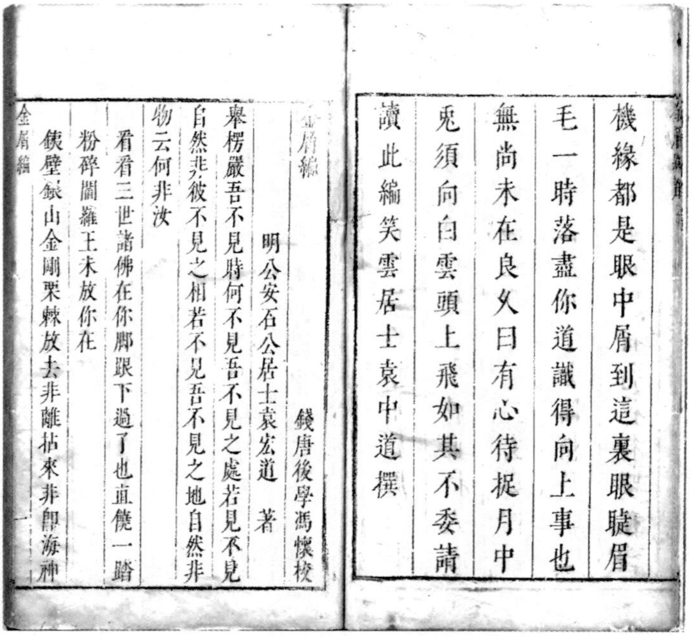

機緣都是眼中屑到這裏眼睫眉

毛一時落盡你道識得向上事也

無尚未在良久曰有心待捉月中

兎須向白雲頭上飛如其不委請

讀此編笑雲居士袁中道撰

金屑編

錢唐後學馮懔校

明公安石公居士袁宏道　著

舉楞嚴吾不見時何不見吾不見之處若見不見

自然非彼不見之相若不見吾不見之地自然非

物云何非汝

看看三世諸佛在你脚跟下過了也直饒一踏

粉碎閻羅王未放你在

鐵壁銀山金剛栗棘放去非離拈來非即海神

金屑編 一

難難須彌頂上駕鐵船易易十字街頭尋酒肆
金剛拍手笑南辰聖僧髑髏百雜碎
舉世尊一日陞座大衆集定文殊白椎曰諦觀法
王法法王法如是世尊便下座
前不構村後不迭店這一雙不唧嚁的老漢納
敗缺了也會麼
八十婆婆坐翠樓傍人無語自含羞朝來為止
孫兒哭笑把花枝插滿頭

清響齋藏板

舉峽崛摩羅因持鉢至一長者門其家婦人正值
產難子母未分長者曰瞿曇弟子汝為至聖有何法
可免產難羅曰我乍入道未知此法待問世尊來
相報及返白佛佛曰我自從賢聖法來未曾殺生
崛疾持佛語往告之其婦當時分免
心不負人面無慚色若約衲僧門下秖是一場
笑柄
破袈裟砂袈裟年深代古欲開華拈來搭在刹

金屑編　三

竿上引得烏鴉亂似麻
舉慧可問初祖曰我心未安乞師與安祖曰將心
來與汝安可良久曰覓心了不可得祖曰我與汝
安心竟
驢前馬後漢切忌承當為甚如此鷲王擇乳素
非鴨類
白玉壺中貯清水千尺棕竿難到底不是渠[illegible]
心特深大虫元在平田裏

清響齋藏板

舉百丈再參馬祖次祖目視繩牀角拂子師曰即
此用離此用祖曰汝向後開兩片皮將何為人師
取拂子竪起祖曰即此用離此用師挂拂子於舊
處祖振威一喝師直得三日耳聾
咄睛乾不肯去直待雨淋頭作麼作麼
沒可把沒可休打失從前痛鼻頭衲衣裹就三
秖劫拄杖橫挑四大洲露柱笑石女羞一滴曹
源萬古秋

金屑編　四

舉潙山五峯雲巖侍立百丈次師問潙山併却咽喉唇吻作麼生道山曰却請和尚道師曰不辭向汝道恐已後喪我兒孫問五峯峯曰和尚也須併却師曰無人處斫額望汝問雲巖巖曰和尚有也未師曰喪我兒孫

是即是佛法未夢見在三十年後莫言不道

却請和尚道富貴應須致身早等閒金翅摩空飛烈風吹折連天草吞不得

和尚也併却鸊鷉新淬夫容鍔少年一擊朔方城青蛇飛出黃沙漠吐不得

和尚有也未七歲女兒圓珠翠鏡中不愛已容顏愛他鏤畫雙鳳指便從這裏入

舉百丈上堂一老人隨衆聽法自云某於過去迦葉佛住此山因學人問大修行人還落因果也無某曰不落因果遂五百生墮埜狐身今請和尚代一轉語師曰汝問老人曰大修行人落因果也無

師曰不昧因果老人言下大悟作禮曰某已脫埜狐身

險險三千里外且喜沒交涉諸禪德作麼生是沒交涉的句復云險險

第一險點即不到第二險到即不點咄大地茫茫愁殺人東家害病西家喘復喝一喝曰腳頭腳底

舉南泉曰江西馬祖道即心即佛王老師不恁麼道不是心不是佛不是物

不得動着動着三十棒

追之不及放之不離雲迷谷口月隱寒谿桃紅李白薔薇紫問着東君也不知

舉南泉因東西兩堂爭猫兒謂衆曰道得即救取猫兒衆無對師便斬趙州自外歸師舉前語州乃脫履安頭上而出師曰子若在即救得也

低聲低聲三世諸佛直得鼻孔裏出氣雖然如

此猶有一人旁不肯在
未握輪王劒先收蓋代功鐵圍披芥子海水入
針鋒得恁麼奇特踏得故鄉田地穩任他南北
與西東
舉南泉因僧問師歸丈室將何指南師曰昨夜三
更失却牛天明起來失却火
是甚麼〇盡在這裏許
三更失却牛月明才掛樹梢頭青草溯邊横笛
冷夜溪風動白蘋洲
天明失却火青樓不閉歲綵鎖東風昨夜到門
來送入桃花三四朶
舉歸宗因僧辭問甚麼處去僧曰諸方學五味禪
去師曰我這裏只有一味禪曰如何是一味禪師
便打僧曰會也會也師曰道道僧擬開口師又打
醉裏乾坤壺中日月你道歸宗爲甚如此逞彊
元來元來

一味五味誰賤誰貴五味一味兩彩一賽平蕪
盡處是青山行人更在青山外
舉水潦參馬祖禮拜起欲伸問次祖一踏踏倒師
大笑曰也大奇也大奇百千三昧無量妙義只向
一毫頭識得根源去
悟即不無爭奈落第二頭何
也大奇也大奇箇中消息阿誰知不須更覓桃
源去一夜東風花滿枝
舉麻谷問臨濟大悲千手眼那箇是正眼濟曰大
悲千手眼那箇是正眼道道師近前搊臨濟下牀
却坐濟近前曰不審師擬議濟搊師下禪牀却坐
師便出去
兩矢相觸矢墜而塵不揚雖然如此叟且不是
好手
你也掃我也掃丈六金身成一莖草世間萬事
不如常兗州黎勝青州棗

舉如會患門徒憶誦即心即佛不已示衆曰心不
是佛智不是道劒去久矣女方刻舟
棘何曲松何直鵠何白烏何黑道得許你會少
分
敲華兼蝶徹打艸帶蛇驚捏目尋空影徐行踏
水聲
有甚交涉當初秖道茅長短燒了方知
路不平
舉魯祖常見僧來便面壁南泉聞曰我尋常教人
向佛未出世皆會取尚不得半箇他恁麼驢年去
月似彎弓少雨多風
收拾眉尖眼尾情無嗔無喜惡精神覺來一枕
凄涼悵不敢分明說向人
舉紫玉因于頔問如何是佛師召相公公應諾師
曰莫別求
建昌紙貴一狀領過
莫別求莫別求一趯趯翻四大洲認着依前還

不是小根魔子懷懶休
舉金牛每齋時昇飯桶到僧堂前作舞曰菩薩子
吃飯來
說真方賣假藥閻羅王殿前吃鐵棒有日在
菩薩子吃飯來勾引羅漢笑口開枯得舊時無
孔笛聲聲吹出古輪臺
舉浮杯因凌行婆禮拜與坐吃茶婆乃問盡力道
不得底句分付阿誰師曰浮盃無剩語曰未到浮
盃不妨疑着師曰別有長處不妨拈出婆斂手哭
曰蒼天中更添怨苦師無語曰語不知偏正爲人
即禍生南泉聞苦哉浮盃被這老婆摧折一上婆
聞笑曰王老師少機關在澄一逢婆便問怎生是
南泉少機關在婆乃哭曰可悲可痛一罔措曰會
麼一合掌而立曰伎死禪和如麻似粟一舉似趙
州州曰我若見問教口啞一曰未審和尚怎生問
州便打一曰爲甚打某甲州曰伎死漢不打更待

幾時連打數棒婆聞却曰趙州合喫婆手中棒州聞痛曰可悲可痛婆聞合掌曰趙州眼光爍破四天下州令僧問如何是趙州眼婆竪起拳頭州作偈曰當機覿面提覿面當機疾報汝夌行婆哭聲何得失婆以偈答曰哭聲師已曉已曉復誰知當時摩竭國幾喪目前機

明日大悲院裏有齋

落日溪山伴侶稀海門殘月送人歸叅天荆棘

横官路那箇行人不掛衣復斂手曰蒼天蒼天

舉龐居士叅馬祖問不與萬法爲侶者是甚麼人祖曰待汝一口吸盡西江水卽向汝道士頓領玄旨

是卽是若恁麼悟去入地獄如射箭

一口吸盡西江水壓在這裏帝釋眉毛二丈長

蛇蚤高聲唱囉哩

舉藥山首造石頭便問南方見性之旨頭曰恁麼

也不得不恁麼也不得恁麼不恁麼總不得子作麼生師罔措曰子因緣不在此且往馬大師處去師到馬祖仍伸前問祖曰我有時教伊揚眉瞬目有時不教伊揚眉瞬目有時揚眉瞬目者是有時揚眉瞬目者不是師于言下大悟便禮拜祖曰你見甚麼道理師曰某甲在石頭處如蚊子上鐵牛祖曰如是如是

驢事未去馬事到來若是牢籠不肯住呼喚不

廻頭的定不向人啞咊下作生涯

二不雙一不隻赤身火裏行縮脚風頭立四十九年拳揑空手七百箇口挂壁咄猶是這邊漢

來丹霞遇天寒取木佛燒院主曰何得燒佛師曰取舍利曰木佛何有舍利師曰無更燒兩尊院主自後鬚眉墮落

江浦喝一喝云院主當時若下得這一喝非推鬚眉宛然且使丹霞上天無路入地無門

清響齋藏板

金鴨沉沉篆縷輕夜深巫峽夢難成枕前淚共

芭蕉雨隔箇窗兒滴到明

舉黃蘗因裴相國拓一尊佛請名師召裴休休應

諾師曰與汝安名竟

只爲慈悲之故有落草之譚會麼

金不博金水不洗水海闊天長白雲萬里江南

春盡鷓鴣啼不在樹頭在花底住住更參三十

年

舉溈山與仰山摘茶次謂仰曰終日祇聞子聲不

見子形仰撼茶樹師曰子祇得其用曰未審和尚

何如師良久曰和尚祇得其體師曰放子三十棒

曰和尚棒教誰吃師曰放子三十棒

官不容針私通車馬

父不父子不子機用元來只如此 噴 父爲子隱

子爲父隱直在其中矣

舉趙州一日到茱萸執拄杖于法堂上從東過西

金屑編 十三

清響齋藏板

曰作甚麼師曰探水曰我這裏一滴也無探甚麼

師以杖倚壁便下

一箇棺材兩箇死漢

朝捲簾暮捲簾綉閣羅幃快活三拈出少時香

拍板逢人便唱望江南

舉趙州因僧問狗子還有佛性也無曰無爲甚却

無師曰爲伊有業識在

噴 趙州無此語莫謗他古人好

無無西天胡子沒髭須月明海上開來往撞着

鮫人滿面珠

舉岑大蟲因秀才看千佛名經問百千諸佛但見

其名未審居何國土師曰黃崔樓崔顥題後先輩

曾題否曰未曾師曰無事題取一篇好

借婆衫子拜婆年

黃崔樓黃崔樓芳草萋萋鸚武洲眼前有景道

不得崔顥題詩在上頭

金屑編 十四

舉祇林毎見僧來參便曰魔來也以劒亂揮歸方丈如是十二年後置劒無言僧問十二年爲甚降魔師曰賊不打貧兒家十二年爲甚不降魔師曰賊不打貧兒家

昨日栽茄子今朝種冬瓜

恁麼也得剩竿放出廣長舌不恁麼也得布袋撈起澄潭月一顆明珠轉玉盤用盡機關看不徹

舉臨濟示衆我有時先照後用有時先用後照有時照用同時有時照用不同時若是過量人向未舉已前撩起便行猶較些子

一人傳虛百人傳實雖然如此你還識他臨濟麼

三月桃花洞口鮮箇中消息許誰傳漁郎不識桃源路空入湘江五十年

舉仰山入門潙山以兩手相交示之仰作女人拜

潙曰如是如是

國清才子貴家富小兒嬌

學畫宮眉細細長芙蓉出水鬭新妝只知一笑能傾國不信相看有斷腸

舉雪峰在德山作飯頭一日飯遲山擎鉢下法堂峰曬飯巾次見德山乃曰鐘未鳴皷未響托鉢向甚處去德山便歸方丈峰舉似岩頭頭曰大小德山未會末後句在山聞問頭曰汝不肯老僧那頭密啟其意山乃休明日陞堂果與尋常不同頭至僧堂前拊掌大笑曰且喜堂頭老漢會末後句天下人總不奈伊何雖然祇得三年活山果三年示滅

高高處觀之不足低低處平之有餘若向不高不低處道得一句許你親見岩頭來

踢轉空王印撩開向上關霜飄紅樹冷風度碧溪寒昨夜月明園裏過携花邀竹上闌干

舉洞山爲雲岩設齋僧問曰和尚還肯先師也無
山曰半肯半不肯曰爲甚不全肯山曰恐孤負先
師

洞山欲報雲岩恩尚未在何故爲伊半肯半不
肯

寃有頭債有主達摩何曾到唐土堪笑洞山老
古錐殺人那得藏刀斧

舉夾山因僧問如何是夾山境答猿抱子歸青嶂
裏鳥啣花落碧岩前

法眼云我二十年祇作境話會江浦云飯袋子
你恁麼會又爭得情知你向驢胎馬腹裏作活
計

滿目青山畫不成寒岩千古碧雲橫世人那得
知幽徑爭向峰前禮磬聲

舉興化因雲居在三峰化曰權借一問以爲影草
時如何居無對師云想和尚答這話不得不如禮

拜了退二十年後居云如今思量當時不消道箇
何必後遣化主到師處師問和尚三峰話答得也
未主舉前話師云雲居二十年祇道箇何必興化
即不然爭如道箇不必

興化恁麼道且道是肯雲居不肯雲居若道是
肯這箇却成剩語若道是不肯爭奈刁刀相似
魚魯參差因成一頌

聽之不聞覷之無景擲向人前珍珠古錦龜毛
拂笑破明月臺兎角杖撐起摩天嶺

舉雲居因僧問僧家畢竟如何師曰居山好

江浦呵呵大笑

木石居鹿豕游山鬼作揖吽獮猴早晨王老來
擔柴午後張三去牽牛 咄 將謂有多少奇特

舉曹山因清銳問弟子孤貧乞師拯濟師曰近前
來銳近前山曰泉州白家酒三盞猶道未沾唇

曹山祇解一手擡不解一手搦

清響齋藏版
白家酒未沾唇萬物無過出處新無端販入蘓
州大醉倒東西南北人
舉曹山因僧問朗月當空時如何師曰猶是階下
漢請師接上階師曰月落後相見
我早候白伊更候黑
清光特地淨無塵纖御從教不展輪兎缺桂殘
秋又老蘆花楓葉倍親人
舉曹山問強上座眞身應物現形如水中月作麼
生說曰如驢覷井師曰祗道得八成曰和尚如何
曰如井覷驢
唱 饒你道井覷驢也只道得八成畢竟作麼生
道得十成去
驢覷井井覷驢從來少實勝多虛不見洞山曾
照影解道我今不是渠
舉疎山到大溈問和尚道有句無句是不曰是忽
然樹倒藤枯句歸何處溈呵呵大笑歸方丈山不
金屑編 十九

清響齋藏板
省後到明招處舉大溈言句招曰可謂頭正尾正
祗是不遇知音師亦不省便問樹倒藤枯句歸何
處招曰却使溈山笑更新師于言下大悟
溈山用處較危明招收來太速當時若肯與本
分草料免聽他後代兒孫
住住碣石瀟湘千里路行行綠戶朱門無限情
寒山拾得相逢笑笑他同唱不同聲
舉疎山造塔主事將與錢師曰爲將三文爲將兩
文爲將一文道得與吾親造塔來僧無語後舉似
大嶺嶺曰汝歸與疎山道若將三文與匠人和尚
此生決定不得塔若將兩文與匠人和尚與匠人
共出一隻手若將一文與匠人累他匠人鬚眉墮
落僧囘如教而說山作禮曰大嶺有佛放光射到
此間雖然如此也是臘月蓮花大嶺後聞此語曰
我恁麼道早是龜毛長三尺
江浦云大嶺古佛只知盡法不管無民若是居
金屑編 二十

士郎不然若將三文錢與匠人和尚與匠人把
手行毘盧頂上若將兩文錢與匠人匠人卽得
和尚不得若將一文錢與匠人和尚盡情貶鈇
圍山匠人永墮無間地獄復喝一喝曰當時若
恁麼道不惟使疎山免進後語亦使天下後世
知恩有地只今莫有知恩者麼試道看
從來鼓瑟悲湘靈半在君山半洞庭今日曲終
人不見秋江贏得幾峰青

清響齋藏板

舉疎山手握木蛇僧問是甚麼山提起曰曹家女
夜夢不祥書門大吉
鎮日凝妝坐翠樓丁香高結小銀鈎無端一笑
珠簾裏箇箇相思白滿頭
舉乾峰因僧問十方薄伽梵一路涅槃門路在甚
處師以杖劃云在道裏僧請益雲門門拈起扇子
曰扇子踍跳上三十三天築着帝釋鼻孔東海鯉
魚打一棒雨似傾盆會麼

金屑編 廿一

一得一失
雲門扇乾峰杖十字街頭無背向一聲塞雁向
南來翻身已過秋江上
舉洛浦到夾山不禮拜乃當面叉手而立山曰雞
棲鳳巢非其同類出去師曰自遠趨風請師一接
山曰目前無闍黎此間無老僧師便喝山曰住莫
草草忽忽截斷天下人舌頭卽不無闍黎爭教無
舌人解語師佇思山便打因茲服膺

清響齋藏板

矢到弦上不得不發然雖如此仔細檢點來未
免一坑埋却
殺人刀一毫不傷白日寒生六月霜活人劍一
毫不度青海夜沉千里霧不是翩翩俠少年知
君難學邯鄲步復云識法者懼
舉芭蕉上堂你有拄杖子我與你拄杖子你無拄
杖子我奪却你拄杖子
劈腹剜心

金屑編 廿二

與麼與麼量多成少不與麼不與麼枯槷作棗
與麼不與麼古佛堂前狗尿天不與麼與麼鴉
頭女子白頭早喫會麼採得疎山臘月蓮栽成
洞嶺初秋草
舉瑞岩每喚主人公自應諾乃曰惺惺着他後莫
受人謾
不是僧繇手徒說會丹青
白石灘頭釣艇橫闌歌欸乃到天明許多客夢
離愁裏道是陽關第一聲
舉玄沙垂語曰諸方老宿盡道接物利生秖如三
種病人汝作麼生接患盲者拈槌竪拂他又不見
患聾者語言三昧他又不聞患啞者教伊說又說
不得若接不得佛法無靈驗
請和尚歸方丈喫茶
空王一粒丹諸方三種病甘露亦傷人砒霜能
活命自從海上競傳方無孔鐵鎚生異症是甚

麼症痰火
舉玄沙見僧來曰禮拜着因我得禮你
買帽相頭食魚去骨
你禮我我禮你三世諸佛沒口嘴風動荷香撲
臭聞元來只在藕池裏
舉玄沙因僧侍立以拄杖指地上一點白問曰見
麼如是三問皆云見師曰你也見我也見為甚麼
道不會
有麝自然香何用當風立
你也見我也見十地菩薩隔羅幔饒君舉得十
分親總是空中堆麥麪嗄雪峰道底
舉保福舉雪峰話問鵞湖云僧堂前纔見即且置
望州亭烏石嶺作麼相見湖驟步歸方丈師亦低
頭入僧堂
江浦笑云恁麼舉動伶俐即不無若要與雪峰
相見尚涉程途在

一對龍鍾老叟兩筒潦倒先生算盡人間八字
不識五星子平
舉鏡清因僧問新年還有佛法也無曰有如何是
新年佛法師曰元正啓祚萬物咸新曰謝師答話
曰鏡清今日失利又僧問明教教曰無曰日日是好
日爲甚却無曰張公吃酒李公醉曰老老大大龍
頭蛇尾曰明教今日失利
徐六擔板各見一邊若是居士即不然新年還

清響齋藏板

有佛法也無劈脊便打
新年佛法鏡清有漢水不流須彌走新年佛法
明教無比丘尼不是師姑道有道無二俱錯虛
空蕩蕩真寥廓不是絕力李將軍教人難射飛
天鶚
舉孚上座因鼓山赴大王請雪峰曰一隻聖箭九
重城裏去也孚曰待某甲勘過遂至中路便問師
兄甚處去山云九重城裏去孚曰三軍圍繞將如

金屑編 廿五

何山曰他家自有通霄路孚曰恁麼離宮失殿去
也山曰何處不稱尊師拂衣便行謂雪峰曰聖箭
折了也峰曰渠奴語在孚曰這老凍膿猶有鄉情
在
曾有僧以此問居士居士以手作鵓鳩嘴曰古
谷呱
朝起早夜眠遲只爲春色大芳菲昨日百花藂
裏過歸來一葉不沾衣

清響齋藏板

舉雲門乾坤之內宇宙之間士云可惜巾門李中
有一寶秘在形山士云草裏漢將燈籠向佛殿裏
士云兩手扶犁水過膝將三門來燈籠上士云將
謂有多少奇特作麼生士云作賊人心虛自代曰
逐物意移士云喪身失命又曰雲起雷興士彈指
三下
休休美人妝點曲江樓逗客祇緣歌屢變泥人
嬌在不擡頭羞麼羞

金屑編 廿六

清寧齋藏板

擧雲門因僧問如何是祖師西來意曰日裏看山

堠生招箭

看山好莫被白雲瞞了乎蕪盡處曉烟攢天涯

一點青山小

擧僧問雲門如何是法身答六不收圜悟別曰一

不立

何不與本分艸料

六不收一不立金谷貧兒倚門泣和尚又手

丈人無縫毬子兩頭踢

擧雲門因僧問樹凋葉落時如何答體露金風

雲門恁麼道也只曲爲今時殊不知向上更有

事在

黃葉落大好秋金色稜稜滿樹頭公子趁風毬

勒馬美人吹月小梁州宋玉高唐休未休

擧禾山因僧問萬法齊興時如何師曰解打鼓 禾

山有四打鼓合此爲五

金屑編 廿七

清寧齋藏板

南山起雲北山下雨

禾山鼓禾山鼓海神按節天女舞等閑一擊衆

人前大地茫茫無寸土復喝一喝曰王令稍嚴

不許攙行奪市

擧風穴因僧問如何是清淨法身曰金沙灘頭馬

郎婦

有枝攀條無枝攀例

日日高樓理翠眉人前贏得少年時秋千背面

拋紅豆入骨相思知不知

擧薦福因僧問如何是佛曰莫莫又問如何是西

來意曰莫莫

龍頭蛇尾

莫莫後人踏到前人脚莫莫撩天鼻孔亦穿却

白日擎拳入市門翻身擊破普化鐸

擧首山因僧問如何是佛答新婦騎驢阿家牽

葵花向日柳絮隨風

金屑編 廿八

清響齋藏板

牽牽入市衔街買少年，羲和暫借黃金勒列鈌
親遺白玉鞭離四句絕三玄一段風流滿大千
舉法眼因僧來參以手指簾尋有二僧同去捲簾
師曰一得一失
易分雪裏粉難辯墨中煤
道得也是三月桃花香撲鼻道失也是紅粉佳
人入佛寺道得也總未得金剛寶劍當頭截道
失也總未失脫却布衫赤骨律噫吁嚱噫吁嚱

滿地黃金識者稀青山只解磨今古流水何曾
洗是非
舉智門因僧問蓮華未出水時如何曰蓮華出水
後如何曰荷葉
索鹽奉馬
蓮花香香似玉女解瓔裝荷葉團團似仙人承
露盤花花葉葉自葳蕤含嬌含態少年時芳心
最怯西風早怕有飄零君不知

金屑編　廿九

清響齋藏板

舉法燈問僧如何是西來意答不東不西師不肯
僧却問如何是西來意師曰不東不西僧領厥旨
應病設藥即不無西來意未會在
也不東也不西江南江北信馬蹄三月黃鸝枝
上語行人疑是鷓鴣啼
舉慈明到神鼎堙堙未發問明高聲曰屋倒矣堙
反顧明便走曰見面不如聞名堙嘆曰汾陽乃有
此兒

這箇話叢林中商量者甚多錯會者不少何故
爲他盡作得失論量殊不知鼎堙是箇真獅子
兒若不是石霜定乾坤的眼消合蹉過這漢
汾陽兒汾陽兒踞地金毛獅子威鼎堙豈無拔
山力要且施他陷虎機
舉慈明問陽岐馬祖見讓師便悟去且道迷在甚
處曰悟即易迷即難
面赤非干酒桃花色自紅

金屑編　三十

悟卽易迷卽難倚天長劒逼人寒今古不能提
得去山河大地黒漫漫參
舉琅邪和尚問舉和尚近離甚處舉曰兩浙船來
陸來曰船來船在甚處曰步下不涉程途一句作
麼生道舉以坐具摵一摵曰杜撰長老如麻似粟
便拂袖而出琅邪問侍者此是甚麼人曰舉上座
琅邪遂親下旦過堂問莫是舉上座麼莫怪適來
相觸忤舉便喝復問長老何時到汾陽曰某時到
舉曰我在浙江早聞你名緣來見解只如此何得
名播寰宇琅邪遂作禮曰慧覺罪過
琅邪舉公二俱不是作家何故爲他只知杷住
不知放行若遇本分宗師敎他措躬無地還會
麼將軍自有家聲在不得封侯也是閑
白玉闌干白玉人東風吹起白羅巾朱顏的的
人難近只有相思到舉輦
舉黄龍三關我手何似佛手我脚何似驢脚人人

金屑編　三十一

盡有生緣
道得也三十棒道不得也三十棒
第一關十指錚錚帶鋏鐶當堂提得金剛杵三
十三天毛孔寒咄爬着我癢處
第二關草鞋移處玉珊珊端能百尺竿頭步方
顯靈砂一粒丹咄踏殺天下人
第三關生緣却在白雲端昨夜虛空忽落地和
風搭上玉闌干咄請續末後句
舉五祖演示衆人之性命事第一須是○欲得成
此○先須防于○若是眞○人○○
山門頭合掌佛殿裏燒香
第一第二三鷓鴣聲聲哀江南第四第五六赤
鳳翩翩　北滿月青山與白雲不知誰是儂
家屋
舉圜悟因僧問西天蠟人爲驗此土以何爲驗曰
生鋏鑄就崑崙兒

金屑編　三十二

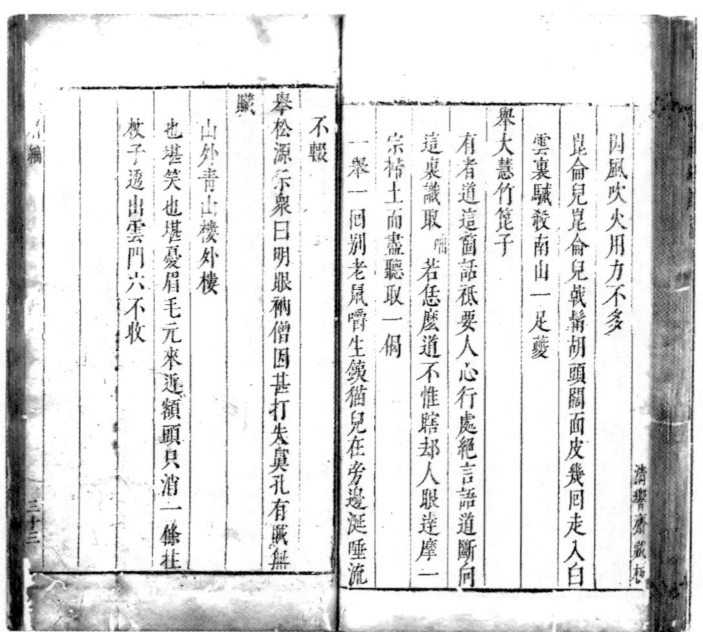
因風吹火用力不多
崑崙兒崑崙兒戟髯胡頭闊面皮幾回走入白
雲裏驀殺南山一足蔆
舉大慧竹篦子
有者道這箇話秖要人心行處絕言語道斷向
這裏識取　喝　若恁麼道不惟瞎却人眼達摩一
宗掃土而盡聽取一偈
一舉一回別老鼠嚼生薑猶兒在旁邊涎唾流
不餒
舉松源示衆曰明眼衲僧因甚打失鼻孔有賊無
贓
山外青山樓外樓
也堪笑也堪憂眉毛元來近額頭只消一條拄
杖子透出雲門六不收

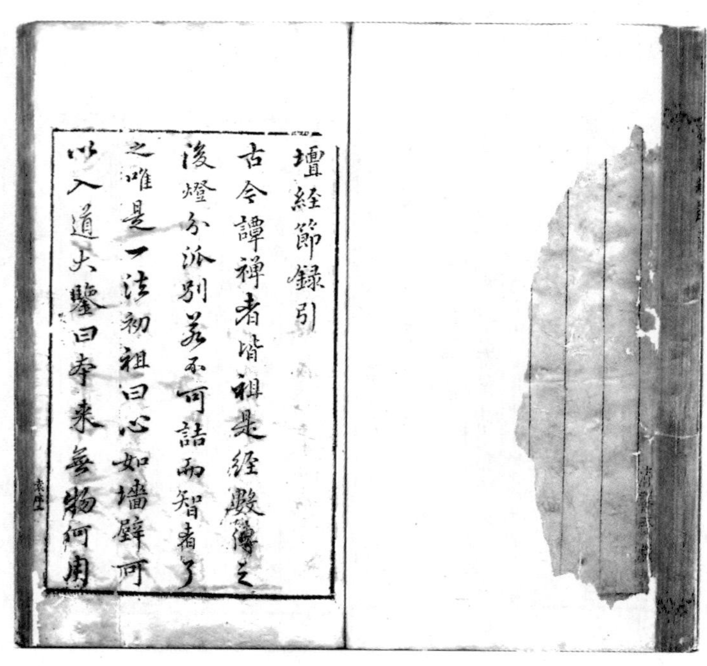
壇經節錄引
古今譚禪者皆祖是經數傳之
後燈分派別若不可詰而智者了
之唯是一法初祖曰心如墻壁可
以入道大鑒曰本來無物何用

掃除是即祖師門下金剛圈棘
栗蓬之葥麾也一切五位三句
玄要料揀總不離是夫扃鐍
関鑰以防盜也而盜々竊篋也
惟恐鑰之不堅哉以干櫓禦而

彼印竊吾干櫓以来故曰為之符
璽以防之彼併吾符璽竊之或銅
或竹或龜或魚或科斗或虎
爪以示不可測而偽滋甚然後
不得廢符惟智者善通其變以

救一時之詐而所謂符乃益多
後来見方圓々各異黑白之各不
相入以為古法廢盡而不知夲一
符也其用在可為信不在符之
同異也孔子曰殷因於夏損益可

知今讀尊宿語録及提唱綱宗
者以為古人如是今常後人如
是奇特疑謗取捨嚚然百出而
不知世道之機實使之然祖師
無是也且世道以過法立而敝

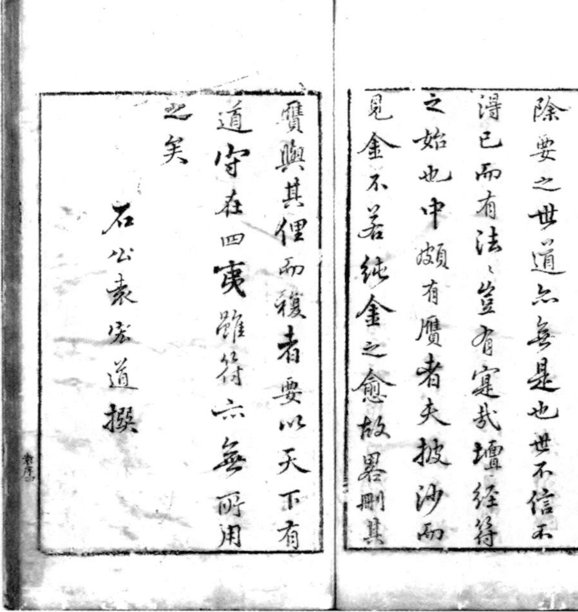
生敝更而法移法与敝自相乘除要之世道亦無是也世不信不得已而有法法豈有寔哉壇經得之始也中頗有贋者夫披沙而見金不若純金之愈故畧刪其贋與其俚而複者要以天下有道守在四夷雖得六無所用之矣

石公袁宏道撰

袁中郎壇經節錄序

今天下有二快人曰李卓吾也曰袁中郎也卓吾手所品定凡一點一抹一字一句無弗狂走海內者獨中郎世第鶩豔其瓶花瀟碧諸集而不及見其檢點古人披剔成案之書余每

歎恨出中郎手眼即卓吾老子當
不免逡巡失席而刪述未聞遽爾滅
跡亦宇宙一大缺陷事已從吳中得讀
中郎所攝宗鏡則甚快已又從塞庵
老和尚得讀中郎所節壇經則又大
快蓋老和尚之於中郎如元禪師之
於坡老皆以心宗祖游戲每見余讚歎
中郎必曰子見其書未見其人其人摩
天俊鶻也其所搏擊直斷物命根區區
印板上物何足竟中郎哉一日手一編
摩娑竹窻間則中郎壇經節錄也
余戲曰師亦愛印板上中郎耶師大笑

因曰此余曩所抄著囊中者偶法侶
馮去偓見而悅之遂至流布然中郎
往矣子盍亦見中郎於印板余曰諾余
且因中郎而見嶺南遂拜手而為之
序
南航敝廬乞士嚴調御

六祖壇經節錄

機緣第一

大師名慧能南海人少貧乏以市薪為業偶聞
一客誦經云應無所住而生其心心即開悟
遂問客誦何經客曰金剛經復問從何所來
持此經典客云我從蘄州黃梅東禪寺來五
祖忍大師在彼主化大師常勸僧俗但持此
經即自見性直了成佛師便至黃梅參禮五

壇經節錄

祖一見問曰汝何方人欲求何物師對曰弟
子是嶺南人惟求作佛不求餘物祖言汝是
獦獠若為堪作佛師曰人雖有南北佛性有
何差別祖乃令隨衆作務師曰慧能啟和尚
弟子不離自性即是福田未審和尚教作何
務祖云這獦獠根性大利著槽廠去祖一日
謂諸門人世人生死事大汝等終日只求福
田不求出離生死苦海自性若迷福何可救

汝等各作一偈將呈吾看若悟大意付汝衣
法不得遲滯思量即不中用見性之人言下
須見若如此者輪刀上陣亦得見之衆得處
分退而遞相謂曰我等衆人不須作偈將呈
和尚神秀上座現為教授師必是他得諸人
聞語總皆息心神秀思惟諸人不呈偈者為
我與他為教授師我須作偈若不呈偈和尚
如何知我心中見解深淺我呈偈意求法即

壇經節錄　二

善覓祖即惡祖堂前有步廊三間擬請盧供
奉畫楞伽經變相及五祖血脈圖神秀作偈
成已擬呈不得遂秉夜執燈書偈於南廊壁
間偈曰身是菩提樹心如明鏡臺時時勤拂
拭勿使惹塵埃天明祖喚盧供奉來向南廊
壁間繪畫圖相忽見其偈報言供奉却不用
畫勞爾遠來經云凡所有相皆是虛妄但留
此偈與人持誦依此偈修免墮惡道依此偈

修有大利益令門人炷香禮敬盡誦此偈即
得見性門人誦偈皆嘆善哉祖三更喚秀入
堂問曰偈是汝作否秀言實是秀作不敢妄
求祖位祖曰汝作此偈未見本性只到門外
未入門內如此見解覓無上菩提了不可得
無上菩提須得言下識自本心見自本性不
生不滅於一切時中念念自見萬法無滯一
真一切真萬境自如如如如之心即是真實

壇經節錄　三

若如是見即是無上菩提之自性也秀作禮
而出復兩日有童子於碓坊過唱誦其偈師
一聞便知此偈未見本性遂問童子曰誦者
何偈童子曰大師言世人生死事大欲得傳
付衣法令門人作偈來看若悟大意即付衣
法神秀上座於南廊壁上書無相偈大師令
人皆誦此偈依此偈脩免墮惡道師曰我亦
要誦此結來生緣同生佛地上人我此踏碓

八箇餘月未曾行到堂前望上人引至偈前
禮拜童子引至偈前作禮師曰能不識字請
上人為讀時有江州別駕張日用便高聲讀
師聞已因自言亦有一偈望別駕為書別駕
言獦獠汝亦作偈其事希有汝但誦偈吾為
汝書汝若得法先須度吾偈曰菩提本無樹
明鏡亦非臺本來無一物何處惹塵埃書偈
已徒衆總驚各相謂言奇哉不得以貌取人

何得多時使他肉身菩薩祖見衆人驚怪遂
將鞋擦了偈云亦未見性衆人疑息次日祖
潛至碓坊見師腰石舂米語曰求道之人為
法忘軀當如是乎即問曰米熟也未師曰米
熟久矣猶欠篩在祖以杖擊碓三下而去師
即會祖意三鼓入室祖為說金剛經至應無
所住而生其心師言下大悟遂啓祖言何期
自性本自清淨何期自性本不生滅何期自

性本自具足何期自性本無動搖何期自性
能生萬法祖知師悟本性便傳衣鉢云汝為
第六代祖善自護念廣度有情流布將來無
令斷絕聽吾偈曰有情來下種因地果還生
無情既無種無性亦無生祖復曰昔達磨大
師初來此土人未之信故傳此衣以為信體
代代相承法則以心傳心皆令自悟自解自
古佛佛惟傳本體師師密付本心衣為爭端

止汝勿傳汝須速去師曰向甚處去祖云逢
懷則止遇會則藏祖即送師至九江驛邊師
辭祖已兩月中間至大庾嶺僧慧明趁及師
擲下衣鉢於石上云此衣表信可力爭耶慧
明至提掇不動乃云行者行者我為法來不
為衣來望行者為我說法師云汝既為法而
來可屏息諸緣勿生一念吾為汝說良久謂
明曰不思善不思惡正與麼時那个是明上

座本來面目慧明言下大悟復問云上來密
語密意外還更有密意否師云與汝說者即
非密也汝若返照密在汝邊明曰慧明雖在
黃梅實未省自己面目今蒙指示如人飲水
冷暖自知今行者即慧明師也師曰汝若如
是吾與汝同師黃梅善自護持師後至四會
縣避難獵人隊中凡經十五載時與獵人隨
宜說法獵人常令守網每見生命盡放之一

壇經節錄　六

曰思惟時當弘法不可終遯遂至廣州法性
寺值印宗法師講涅槃經時有風吹旛動一
僧云風動一僧云旛動議論不已師進曰不
是風動不是旛動仁者心動一衆駭然印宗
延至上席徵詰奥義見師言簡理當不由文
字宗云行者定非常人久聞黃梅衣法南來
莫是行者否師曰不敢宗於是執弟子禮告
請傳來衣鉢出示大衆宗復問曰黃梅付囑

如何指授師曰指授即無唯論見性不論禪
定解脫宗曰何不論禪定解脫師曰為是二
法不是佛法佛法是不二之法宗又問如何
是佛法不二之法師曰法師講涅槃經明見
佛性是佛法不二之法如涅槃經高貴德王
菩薩白佛言犯四重禁作五逆罪及一闡堤
等當斷善根佛性否佛言善根有二一者常
二者無常佛性非常非無常是故不斷名為

壇經節錄　七

不二一者善二者不善佛性非善非不善是名不二蘊之與界凡夫見二智者了達其性無二無二之性即是佛性印宗聞說歡喜合掌言某甲講經猶如瓦礫仁者論義猶如真金於是為師剃髮願事為師遂於菩提樹下開東山法門

示衆第二

師示衆云善知識世人終日口念般若不識自性般若猶如說食不飽口但說空萬劫不得見性終無有益善知識摩訶般若波羅蜜是梵語此言大智慧到彼岸此須心行不但口念口念心不行如幻如化如露如電口念心行則心口相應本性是佛離性無別佛何名摩訶摩訶是大心量廣大猶如虛空無有邊畔亦無方圓大小亦非青黃赤白亦無上下短長亦無瞋無喜無是無非無善無惡無有

頭尾諸佛刹土盡同虛空世人妙性本空無有一法可得自性真空亦復如是善知識莫聞吾說空便即着空第一莫着空若空心靜坐即着無記空善知識世界虛空能含萬物色象日月星宿山河大地泉源溪澗草木叢林善人惡人惡法善法天堂地獄一切大海須彌諸山總在空中世人性空亦復如是善知識自性能含萬法是大萬法在諸人性中若見一切人善之與惡盡皆不取不捨亦不染着心如虛空名之為大故曰摩訶善知識迷人口說智者心行又有迷人空心靜坐百無所思自稱為大此一輩人不可與語為邪見故善知識心量廣大遍周法界用即了了分明應用便知一切一切即一一即一切去來自由心體無滯即是般若善知識一切般若智皆從自性而生不從外入莫錯用意名

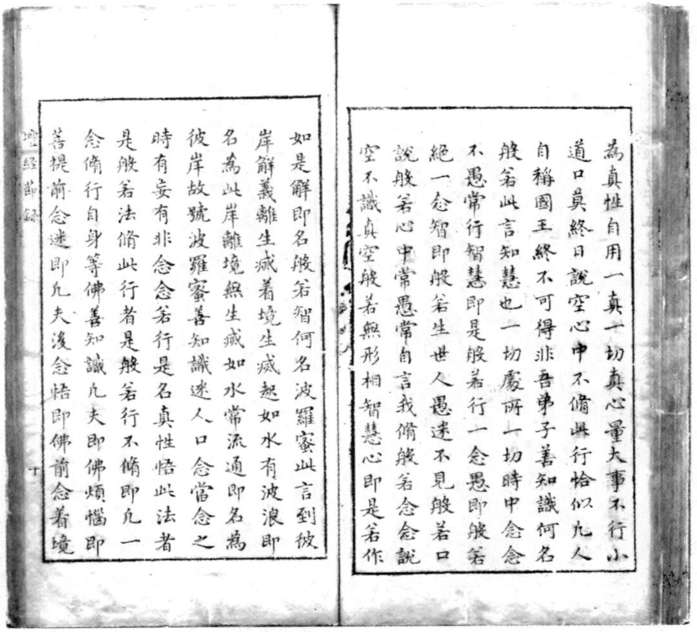

為真性自用一真一切真心量大事不行小
道口莫終日說空心中不脩與行恰似凡人
自稱國王終不可得非吾弟子善知識何名
般若此言知慧也一切處所一切時中念念
不愚常行智慧即是般若行一念愚即般若
絕一念智即般若生世人愚迷不見般若口
說般若心中常愚常自言我脩般若念念說
空不識真空般若無形相智慧心即是若作

如是解即名般若智何名波羅蜜此言到彼
岸解義離生滅着境生滅起如水有波浪即
名為此岸離境無生滅如水常流通即名為
彼岸故號波羅蜜善知識迷人口念當念之
時有妄有非念念若行是名真性悟此法者
是般若法脩此行者是般若行不脩即凡一
念脩行自身等佛善知識凡夫即佛煩惱即
菩提前念迷即凡夫後念悟即佛前念着境

壇經節錄　十

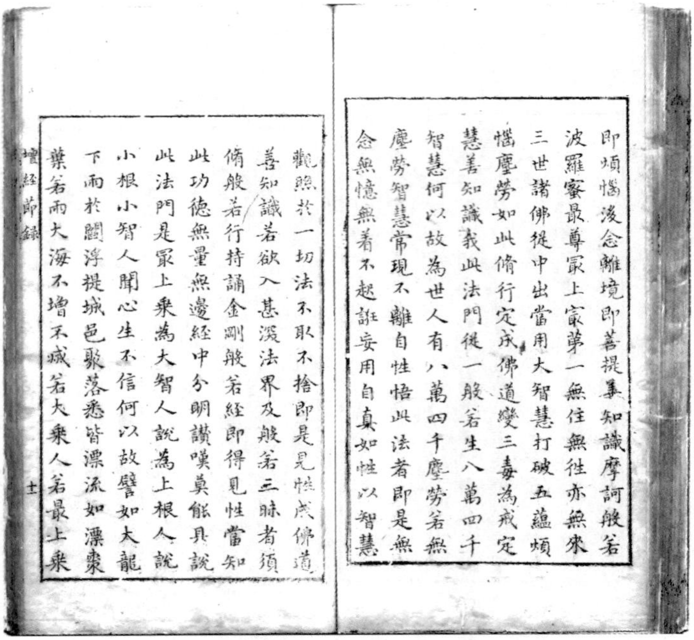

即煩惱後念離境即菩提善知識摩訶般若
波羅蜜最尊最上最第一無住無往亦無來
三世諸佛從中出當用大智慧打破五蘊煩
惱塵勞如此脩行定成佛道變三毒為戒定
慧善知識我此法門從一般若生八萬四千
智慧何以故為世人有八萬四千塵勞若無
塵勞智慧常現不離自性悟此法者即是無
念無憶無着不起誑妄用自真如性以智慧

觀照於一切法不取不捨即是見性成佛道
善知識若欲入甚深法界及般若三昧者須
脩般若行持誦金剛般若經即得見性當知
此功德無量無邊經中分明讚嘆莫能具說
此法門是最上乘為大智人說為上根人說
小根小智人聞心生不信何以故譬如大龍
下雨於閻浮提城邑聚落悉皆漂流如漂棗
葉若雨大海不增不減若大乘人若最上乘

壇經節錄　十一

人聞說金剛經心開悟解故知本性自有般
若之智自用智慧常觀照故不假文字譬如
雨水不從天有元是龍能興致令一切衆生
一切草木有情無情悉皆蒙潤百川衆流却
入大海合為一體衆生本性般若之智亦復
如是善知識小根之人聞此頓教猶如草木
根性小者若被大雨悉皆自倒不能增長小
根之人亦復如是元有般若之智與大智人

更無差別因何聞法不自開悟緣邪見障重
煩惱根深猶如大雲覆蓋於日不得風吹日
光不現般若之智亦無大小為一切衆生自
心迷悟不同迷心外見脩行覓佛未悟自性
即是小根若開悟頓教不執外脩但於自心
常起正見煩惱塵勞常不能染即是見性善
知識內外不住去來自由能除執心通達無
礙能脩此行與般若經本無差別善知識一

切修多羅及諸文字大小二乘十二部經皆
因人置因智慧性方能建立若無世人一切
萬法本自不有故知萬法本自人興一切經
書因人說有緣其人中有愚有智愚為小
人智為大人愚者問於智人智者與愚人說
法愚人忽然悟解心開即與智人無別善知
識不悟即佛是衆生一念悟時衆生是佛故
知萬法盡在自心何不從自心中頓見真如

本性菩薩戒經云我本元自性清淨若識自
心見性皆成佛道淨名經云即時豁然還得
本心善知識我於忍和尚處一聞言下便悟
頓見真如本性是以將此教法流行令學道
者頓悟菩提各自觀心自見本性若自不悟
須覓大善知識解最上乘法者直示正路是
善知識有大因緣所謂化導令得見性一切
善法因善知識能發起故三世諸佛十二部

經在人性中本自具有不能自悟須求善知
識指示方見若自悟者不假外求若一向執
謂須要他善知識望得解脫者無有是處何
以故自心內有知識自悟若起邪迷妄念顛
倒外善知識雖有教授救不可得若起正真
般若觀照一剎那間妄念俱滅若識自性一
悟即至佛地善知識智慧觀照內外明徹識
自本心若識本心即本解脫若得解脫即是

般若三昧即是無念何名無念若見一切法
心不染着是為無念用即徧一切處亦不着
一切處但淨本心使六識出六門於六塵中
無染無雜來去自由通用無滯即是般若三
昧自在解脫名無念行若百物不思常令念
絕即是法縛即名邊見善知識悟無念法者
萬法盡通悟無念法者見諸佛境界悟無念
法者至佛地位善知識後代得吾法者將此

頓教法門於同見同行發願受持如事佛故
終身而不退者定入聖位然須傳授從上以
來默傳分付不得匿其正法若不同見同行
在別法中不得傳付損彼前人究竟無益恐
愚人不解謗此法門百劫千生斷佛種性善
知識吾有一無相頌各須誦取在家出家但
依此修若不自修惟記吾言亦無有益聽吾
頌曰說通及心通如日處虛空唯傳見性法

出世破邪宗法即無頓漸迷悟有遲疾只此
見性門愚人不可悉說即雖萬般合理還歸
一煩惱暗宅中常須生慧日邪來煩惱至正
來煩惱除邪正俱不用清淨至無餘菩提本
自性起心即是妄淨心在妄中但正無三障
世人若修道一切盡不妨常見自己過與道
即相當色類自有道各不相妨惱離道別覓
道終身不見道波ゝ度一生到頭還自懊欲

淂見真道行正即是道自若無道心闇行不
見道若真脩道人不見世間過若見他人非
自非却是左他非我不非我非自有過但自
却非心打除煩惱破憎愛不關心長伸兩脚
卧欲擬化他人自須有方便勿令彼有疑即
是自性現佛法在世間不離世間覺離世覓
菩提恰如求兔角正見名出世邪見是世間
邪正盡打却菩提性宛然此頌是頓教亦名

大法船迷聞經累劫悟則剎那間
師示衆云善知識我此法門以定慧為本大衆
勿迷言定慧別定慧一體不是二定是慧體
慧是定用即慧之時定在慧即定之時慧在
定若識此義即是定慧等學諸學道人莫言
先定發慧先慧發定各別作此見者法有二
相口說善語心中不善空有定慧定慧不等
若心口俱善內外一種定慧即等自悟脩行

壇經節錄　十六

不在於諍若諍先後即同迷人不斷勝負却
增我法不離四相善知識一行三昧者於一
切處行住坐卧常行一直心是也如淨名經
云直心是道場直心是淨土莫心行諂曲口
但說直口說一行三昧不行直心但行直心
於一切法勿有執着迷人着法相執一行三
昧直言坐不動妄不起心即是一行三昧作
此解者即同無情却是障道因緣善知識道

須流通何以却滯心不住法道即通流心若
住法名為自縛若言坐不動是只如舍利弗
宴坐林中却被維摩詰訶善知識又有人教
坐看心觀靜不動不起從此置功迷人不會
便執成顛如此者衆如此相教故知大錯善
知識定慧猶如何等猶如燈光有燈即光無
燈即暗燈是光之體光是燈之用名雖有二
體本同一此定慧法亦復如是善知識本来

壇經節錄　十七

正教無有頓漸人性自有利鈍迷人漸契悟
人頓脩自識本心自見本性即無差別所以
立頓漸之假名善知識我此法門從上以来
先立無念為宗無相為體無住為本無相者
於相而離相無念者於念而無念無住者人
之本性於世間善惡好醜乃至寃之與親言
語觸刺欺爭之時並將為空不思酬害念念
之中不思前境若前念今念後念念念相續

不斷名為繫縛於諸法上念念不住即無縛
也此是以無住為本善知識外離一切相名
為無相能離於相即法體清淨此是以無相
為體善知識於諸境上心不染曰無念於自
念上常離諸境不於境上生心若只百物不
思念盡除却一念絶即死別處受生是為大
錯學道者思之若不識法意自錯猶可更勸
他人自迷不見又謗佛經所以立無念為宗

壇經節錄　十八

善知識云何立無念為宗只緣口說見性迷
人於境上有念念上便起邪見一切塵勞妄
想從此而生自性本無一法可得若有所得
妄說禍福即是塵勞邪見故此法門立無念
為宗善知識無者無何事念者念何物無者
無二相無諸塵勞之心念者念真如本性真
如即是念之體念即是真如之用真如自性
起念非眼耳鼻舌能念真如有性所以起念

真如若無眼耳聲色當時即壞善知識真如
自性起念六根雖有見聞覺知不染萬境而
真性常自在故云能善分別諸法相於第一
義而不動
師示衆云善知識何名坐禪此法門中無障無
礙外于一切善惡境界心念不起名為坐內
見自性不動名為禪善知識何名禪定外離
相為禪內不亂為定外若着相內心即亂外

壇經節錄　十九

若離相心即不亂本性自淨自定只為見境思境即亂若見諸境心不亂者是真定也善知識外離相即禪內不亂即定外禪內定是為禪定淨名經云即時豁然還得本心菩薩戒經云我本元自性清淨善知識於念念中自見本性清淨自脩自行自成佛道然此門坐禪元不着心亦不着淨亦不是不動若言着心心元是妄知心如幻故無所着也若言

着淨人性本淨由妄念故蓋覆真如但無妄想性自清淨起心着淨却生淨妄妄無處所着者是妄淨無形相却立淨相言是工夫作此見者障自本性却被淨縛善知識若脩不動者但見一切人時不見人之是非善惡過患即是自性不動善知識迷人身雖不動開口便說他人是非長短好惡與道違背若着心着淨却障道也

參叩第三

法海比丘初參大師問曰即心即佛願垂指諭師曰前念不生即心後念不滅即佛成一切相即心離一切相即佛吾若具說窮劫不盡聽吾偈曰即心名慧即佛乃定定慧等等意中清淨悟此法門由汝習性用本無生雙脩是正

法達比丘七歲出家常誦法華經來禮大師頭不至地師訶曰禮不投地何如不禮汝心中必有一物蘊習何事耶曰念法華經已及三千部師曰汝若念至萬部得其經意不以為勝則與吾偕行汝今負此事業都不知過法達悔謝曰而今而後當謙恭一切和尚智慧廣大願畧說經中義理師曰經本無疑汝心自疑汝念此經以何為宗法達曰學人根性暗鈍從來但依文誦念豈知宗趣師曰吾不

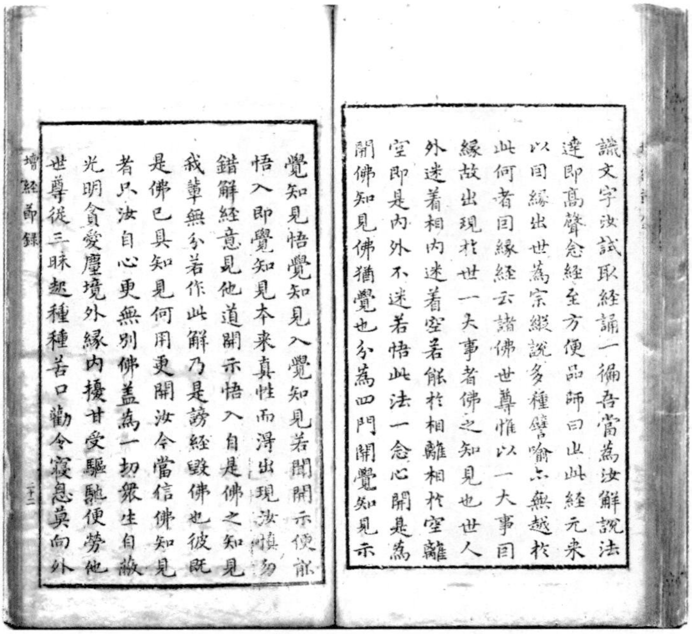

識文字汝試取經誦一徧吾當爲汝解說法
達即高聲念經至方便品師曰止此經元來
以因緣出世爲宗縱說多種譬喻亦無越於
此何者因緣經云諸佛世尊惟以一大事因
緣故出現於世一大事者佛之知見也世人
外迷着相内迷着空若能於相離相於空離
空即是内外不迷若悟此法一念心開是爲
開佛知見佛猶覺也分爲四門開覺知見示

覺知見悟覺知見入覺知見若聞開示便能
悟入即覺知見本來真性而得出現汝慎勿
錯解經意見他道開示悟入自是佛之知見
我輩無分若作此解乃是謗經毀佛也彼既
是佛已具知見何用更開汝今當信佛知見
者只汝自心更無別佛蓋爲一切衆生自蔽
光明貪愛塵境外緣内擾甘受驅馳便勞他
世尊從三昧起種種苦口勸令寢息莫向外

壇經節錄　二十二

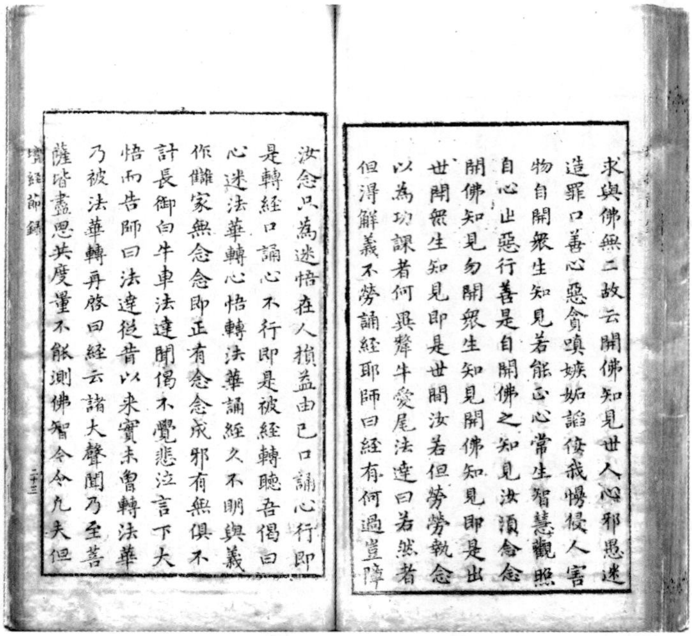

求與佛無二故云開佛知見世人心邪愚迷
造罪口善心惡貪嗔嫉妬諂佞我慢侵人害
物自開衆生知見若能正心常生智慧觀照
自心止惡行善是自開佛之知見汝須念念
開佛知見勿開衆生知見開佛知見即是出
世開衆生知見即是世間汝若但勞勞執念
以爲功課者何異犛牛愛尾法達曰若然者
但得解義不勞誦經耶師曰經有何過豈障

汝念只爲迷悟在人損益由己口誦心行即
是轉經口誦心不行即是被經轉聽吾偈曰
心迷法華轉心悟轉法華誦經久不明與義
作讎家無念念即正有念念成邪有無俱不
計長御白牛車法達聞偈不覺悲泣言下大
悟而告師曰法達從昔以來實未曾轉法華
乃被法華轉再啓曰經云諸大聲聞乃至菩
薩皆盡思共度量不能測佛智今令凡夫但

壇經節錄　二十三

悟自心便名佛之知見自非上根未免疑謗
又經說三車羊鹿之車與白牛之車如何區
別願和尚再垂開示師曰經意分明汝自迷
背諸三乘人不能測佛智者患在度量也饒
伊盡思共推轉加懸遠佛本爲凡夫說不爲
佛說此理若不肯信者從他退席殊不知坐
却白牛車更於門外覓三車況經文明向汝
道惟一佛乘無有餘乘若二若三乃至無數

方便種種因緣譬喻言詞是法皆爲一佛乘
故汝何不省三車是假爲昔時故一乘是實
爲今時故只教去假歸實歸實之後實亦無
名應知所有珍財盡屬於汝由汝受用更不
作父想亦不作子想亦無用想是名持法華
經從劫至劫手不釋卷從晝至夜無不念時
也法達蒙啓發踊躍歡喜以偈讚曰經誦三
千部曹溪一句亡未明出世旨寧歇累生狂

壇經節錄 詣

羊鹿牛權設初中後善揚誰知火宅內元是
法中王師曰汝今後方可名念經僧也法達
從此領玄旨亦不輟誦經
智通比丘初看楞伽經約千餘遍而不會三身
四智禮師求解其義師曰三身者清淨法身
汝之性也圓滿報身汝之智也千百億化身
汝之行也若離本性別說三身即名有身無
智若悟三身無有自性即名四智菩薩聽吾

方便種種因緣譬喻言詞是法皆爲一佛乘
故汝何不省三車是假爲昔時故一乘是實
爲今時故只教去假歸實歸實之後實亦無
名應知所有珍財盡屬於汝由汝受用更不
作父想亦不作子想亦無用想是名持法華
經從劫至劫手不釋卷從晝至夜無不念時
也法達蒙啓發踊躍歡喜以偈讚曰經誦三
千部曹溪一句亡未明出世旨寧歇累生狂

壇經節錄 詣

羊鹿牛權說初中後善揚誰知火宅內元是
法中王師曰汝今後方可名念經僧也法達
從此領玄旨亦不輟誦經
智通比丘初看楞伽經約千餘遍而不會三身
四智禮師求解其義師曰三身者清淨法身
汝之性也圓滿報身汝之智也千百億化身
汝之行也若離本性別說三身即名有身無
智若悟三身無有自性即名四智菩薩聽吾

偈曰自性具三身發明成四智不離見聞緣
超然登佛地吾今為汝說諦信永無迷莫學
馳求者終日說菩提智通再啓曰四智之義
可得聞乎師曰既會三身便明四智何更問
耶若離三身別談四智此名有智無身也即
此有智還成無智復說偈曰大圓鏡智性清
淨平等性智心無病妙觀察智見非功成所
作智同圓鏡五八六七果因轉但用名言無

實性若於轉處不留情繁興永處那伽定
智常比丘髫年出家志求見性一日叅禮師問
曰汝從何来欲求何事曰學人近往洪州白
峰山禮大通和尚蒙示見性成佛之義未決
狐疑遠来投禮伏望和尚慈悲指示師曰彼
有何言句汝試舉看曰智常到彼凡經三月
未蒙示誨為法切故一夕獨入丈室請問如
何是智常本心本性大通乃曰汝見虛空否

對曰見彼曰汝見虛空有相貌否對曰虛空
無形有何相貌彼曰汝之本性猶如虛空返
觀自性了無一物可見是名正見了無一物
可知是名真知無有青黃長短但見本源清
淨覺體圓明即名見性成佛亦名極樂世界
亦名如来知見學人雖聞此說猶未決了乞
和尚開示師曰彼師所說猶存見知故令汝
未了吾今示汝一偈不見一法存無見大似

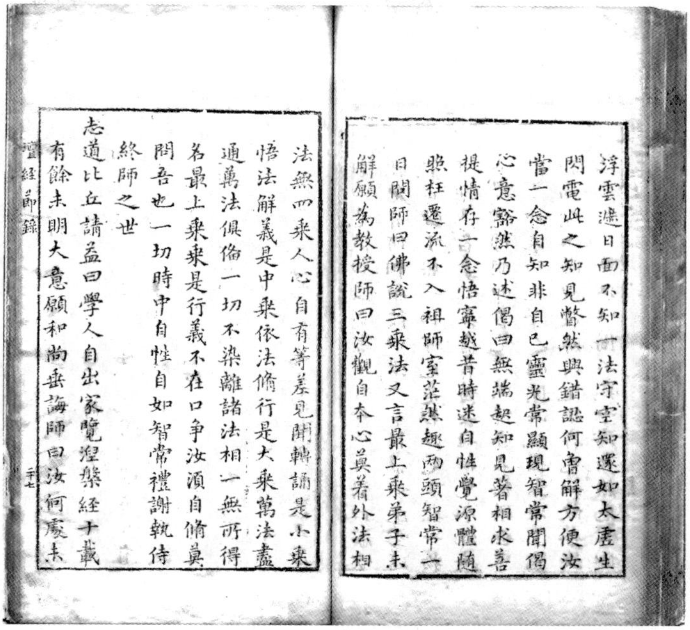

浮雲遮日面不知一法守空知還如太虛生
閃電此之知見瞥然興錯認何曾解方便汝
當一念自知非自己靈光常顯現智常聞偈
心意豁然乃述偈曰無端起知見著相求菩
提情存一念悟寧越昔時迷自性覺源體隨
照枉遷流不入祖師室茫然趣兩頭智常一
日問師曰佛說三乘法又言最上乘弟子未
解願為教授師曰汝觀自本心莫着外法相

法無四乘人心自有等差見聞轉誦是小乘
悟法解義是中乘依法修行是大乘萬法盡
通萬法俱備一切不染離諸法相一無所得
名最上乘乘是行義不在口爭汝須自修莫
問吾也一切時中自性自如智常禮謝執侍
終師之世
志道比丘請益曰學人自出家覽涅槃經十載
有餘未明大意願和尚垂誨師曰汝何處未

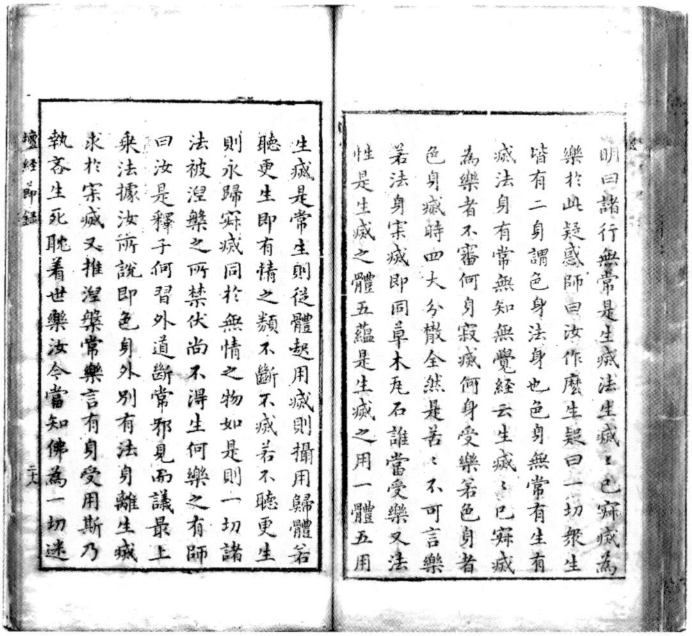

明曰諸行無常是生滅法生滅々已寂滅為
樂於此疑惑師曰汝作麼生疑曰一切眾生
皆有二身謂色身法身也色身無常有生有
滅法身有常無知無覺經云生滅々已寂滅
為樂者不審何身寂滅何身受樂若色身者
色身滅時四大分散全然是苦々不可言樂
若法身寂滅即同草木瓦石誰當受樂又法
性是生滅之體五蘊是生滅之用一體五用

生滅是常生則從體起用滅則攝用歸體若
聽更生即有情之類不斷不滅若不聽更生
則永歸寂滅同於無情之物如是則一切諸
法被涅槃之所禁伏尚不得生何樂之有師
曰汝是釋子何習外道斷常邪見而議最上
乘法據汝所說即色身外別有法身離生滅
求於寂滅又推涅槃常樂言有身受用斯乃
執吝生死耽著世樂汝今當知佛為一切迷

人認五蘊和合為自體相分別一切法為外
塵相好生惡死念念遷流不知夢幻虛假枉
受輪迴以常樂涅槃翻為苦相終日馳求佛
愍此故乃示涅槃真樂刹那無有生相刹那
無有滅相更無生滅可滅是則寂滅現前當
現前時亦無現前之量乃謂常樂此樂無有
受者亦無不受者豈有一體五用之名何況
更言涅槃禁伏諸法令永不生斯乃謗佛毀

法聽吾偈曰無上大涅槃圓明常寂照凡愚
謂之死外道執為斷諸求二乘人目以為無
作盡屬情所計六十二見本妄立虛假名何
為真實義惟有過量人通達無取捨以知五
蘊法及以蘊中我外現衆色象一一聲音相
平等如夢幻不起凡聖見不作涅槃解二邊
三際斷常應諸根用而不起用想分別一切
法不起分別想劫火燒海底風鼓山相擊真

壇經節錄 二十六

常寂滅樂涅槃相如是吾今强言說令汝捨
邪見汝勿隨言解許汝知少分
行思禪師聞曹谿法席盛化徑來參禮遂問曰
當何所務即不落階級師曰汝曾作什麼來
曰聖諦亦不為師曰落何階級曰聖諦尚不
為何階級之有師深器之遂令首衆
懷讓禪師初謁嵩山安國師安發之曹溪參叩
懷讓至禮拜師曰甚處来曰嵩山師曰什麼

物恁麼来曰說似一物即不中師曰還可脩
證否曰脩證即不無汙染即不得師曰只此
不汙染諸佛之所護念汝既如是吾亦如是
玄覺禪師少習經論精天台止觀法門因看維
摩經發明心地偶師之弟子玄策相訪與其
劇談出言暗合諸祖玄策云仁者得法師誰
曰我聽方等經論各有師承後於維摩經悟
佛心宗未有證明者玄策云威音王已前即

壇經節錄 卅

得威音王已後無師自悟盡是天然外道曰
願仁者為我證據玄策云我言輕曹谿有六
祖大師四方雲集並是受法者若去則與偕
行玄覺遂同玄策来叅遶師三匝振錫而立
師曰夫沙門者具三千威儀八萬細行大德
自何方来生大我慢玄覺曰生死事大無常
迅速師曰何不體取無生了無速乎曰體即
無生了本無速師曰如是如是玄覺方具威

儀禮拜須臾告辭師曰返大速乎曰本自非
動豈有速耶師曰誰知非動曰仁者自生分
別師曰汝甚得無生之意曰無生豈有意耶
師曰無意誰當分別曰分別亦非意師曰善
哉少留一宿時謂一宿覺
智隍比丘初叅五祖自謂已得正受菴居長坐
積二十年玄策遊方至河朔聞智隍之名造
菴問云汝在此作什麼智隍云入定玄策云

汝云入定為有心入耶無心入耶若無心入
者一切無情草木瓦石應合得定若有心入
者一切有情含識之流亦應得定智隍曰我
正入定時不見有有無之心玄策云不見有
有無之心即是常定何有出入若有出入即
非大定智隍無對良久問曰師嗣誰耶玄策
云我師曹谿六祖智隍云六祖以何為禪定
玄策云我師所説妙湛圓寂體用如々五陰

本空六塵非有不出不入不定不亂禪性無
住離住禪寂禪性無生離生禪想心如虛空
亦無虛空之量智隍聞是説徑来謁師々問
仁者何来智隍具述前緣師云誠如所言汝
但心如虛空不着空見應用無礙動靜無心
凡聖情忘能所俱泯性相如々無不定時也
智隍於是大悟二十年所得心都無影響其
夜河北士庶聞空中有聲云隍禪師今日得

道後智隍辭歸河北開化四衆
有僧問師云黃梅意旨甚麼人得師云會佛法人得僧云和尚還得否師云我不得僧云和尚為甚麼不得師云我不會佛法
有僧舉臥輪禪師偈云臥輪有伎倆能斷百思想對境心不起菩提日日長師聞之曰此偈未明心地若依而行之是加繫縛因示一偈曰慧能沒伎倆不斷百思想對境心數起菩

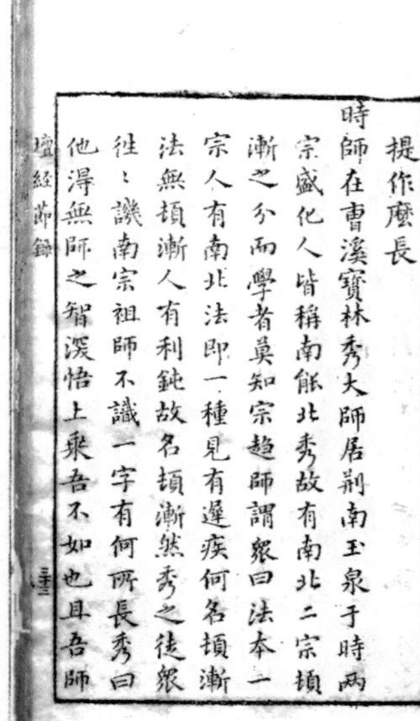

提作麼長
時師在曹溪寳林秀大師居荊南玉泉于時兩宗盛化人皆稱南能北秀故有南北二宗頓漸之分而學者莫知宗趣師謂衆曰法本一宗人有南北法即一種見有遲疾何名頓漸法無頓漸人有利鈍故名頓漸然秀之徒衆往往譏南宗祖師不識一字有何所長秀曰他得無師之智深悟上乘吾不如也且吾師

壇經節錄

五祖親傳衣法豈徒然哉吾恨不能遠去親近虛受國恩汝等諸人無滯於此可往曹谿參決乃命門人志誠曰汝聰明多智可為吾到曹谿聽法汝若聞法盡心記取還為吾說志誠稟命至曹谿隨衆參請不言來處時師告衆曰今有盜法之人潛在此會志誠即出禮拜具陳其事師曰汝從玉泉來應是細作對曰不是師曰何得不是對曰未說即是說

了不是師曰汝師若為示衆對曰常指誨大衆住心觀靜長坐不臥師曰住心觀靜是病非禪長坐拘身于理何益聽吾偈曰生來坐不臥死去臥不坐一具臭骨頭何為立功過志誠再拜曰弟子在秀大師處學道九年不得契悟今聞和尚一說便契本心弟子生死事大和尚大慈更為教示師曰吾聞汝師教示學人戒定慧法未審汝師說戒定慧行相

壇經節錄

如何與吾說看志誠曰秀大師說諸惡莫作
名爲戒衆善奉行名爲慧自淨其意名爲定
彼說如此未審和尚以何法誨人師曰吾若
言有法與人即爲誑汝但且隨方解縛假名
三昧如汝師所說戒定慧實不可思議吾所
見戒定慧又別志誠曰戒定慧只合一種如
何更別師曰汝師戒定慧接大乘人吾戒定
慧接最上乘人悟解不同見有遲疾汝聽吾

說與彼同否吾所說法不離自性離體說法
名爲相說自性常迷須知一切萬法皆從自
性起用是真戒定慧法聽吾偈曰心地無非
自性戒心地無癡自性慧心地無亂自性定
不增不減自金剛身去身來本三昧志誠聞
偈悔謝乃呈一偈五蘊幻身幻何究竟廻趣
真如法還不淨師然之復語曰汝師戒定慧
勸小根智人吾戒定慧勸大根智人若悟自

性亦不立菩提涅槃亦不立解脫知見無一
法可得方能建立萬法若解此意亦名佛身
亦名菩提涅槃亦名解脫知見見性之人立
亦得不立亦得去來自由無滯無礙應用隨
作應語隨答普見化身不離自性即得自在
神通游戲三昧是名見性志誠再啓師曰如
何是不立義師曰自性無非無癡無亂念念
般若觀照常離法相自由自在縱橫盡得有

何可立自性自悟頓悟頓脩亦無漸次所以
不立一切法諸法寂滅有何次第志誠禮拜
願爲執侍朝夕不懈

志徹比丘本姓張名行昌少任俠自南北分化
二宗主雖亡彼我而徒侶競起愛憎時北宗
門人自立秀師爲第六祖而忌大師傳衣爲
天下所聞乃屬行昌行刺師預知之行昌揮
刃者三悉無所損行昌驚仆久而方蘇求哀

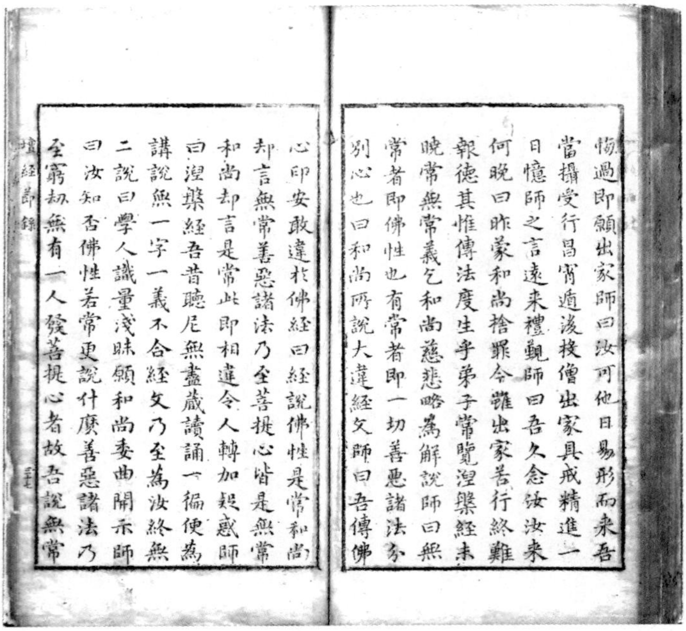

悔過即願出家師曰汝可他日易形而来吾
當攝受行昌宵遁後投僧出家具戒精進一
日憶師之言遠来禮覲師曰吾久念汝汝来
何晚曰昨蒙和尚捨罪今雖出家苦行終難
報德其惟傳法度生乎弟子常覽涅槃經未
曉常無常義乞和尚慈悲略爲解説師曰無
常者即佛性也有常者即一切善悪諸法分
別心也曰和尚所説大違經文師曰吾傳佛

心印安敢違於佛經曰經説佛性是常和尚
却言無常善悪諸法乃至菩提心皆是無常
和尚却言是常此即相違令人轉加疑惑師
曰涅槃經吾昔聽尼無盡藏讀誦一徧便爲
講説無一字一義不合經文乃至爲汝終無
二説曰學人識量淺昧願和尚委曲開示師
曰汝知否佛性若常更説什麼善悪諸法乃
至窮劫無有一人發菩提心者故吾説無常

壇經節録　三七

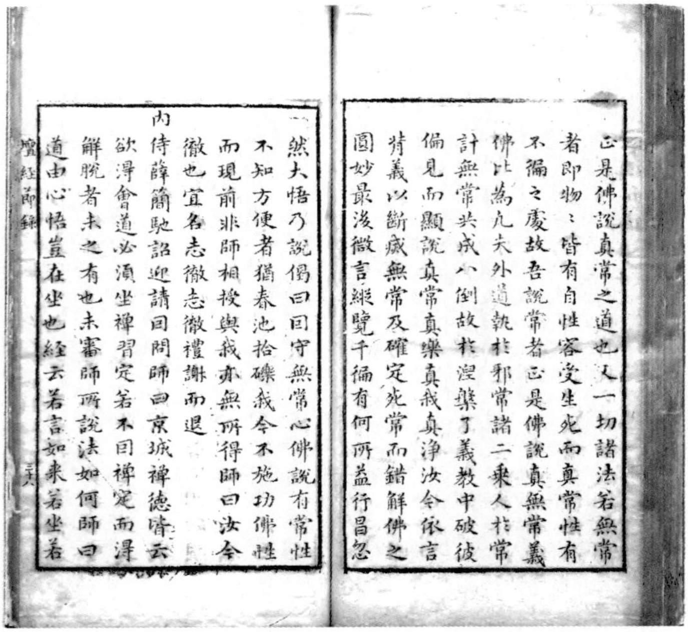

正是佛説真常之道也又一切諸法若無常
者即物物皆有自性容受生死而真常性有
不徧之處故吾説常者正是佛説真無常義
佛比爲凡夫外道執於邪常諸二乘人於常
計無常共成八倒故於涅槃了義教中破彼
偏見而顯説真常真樂真我真淨汝今依言
背義以斷滅無常及確定死常而錯解佛之
圓妙最後微言縱覽千徧有何所益行昌忽

然大悟乃説偈曰因守無常心佛説有常性
不知方便者猶春池拾礫我今不施功佛性
而現前非師相授與我亦無所得師曰汝今
徹也宜名志徹志徹禮謝而退
内侍薛簡馳詔迎請因問師曰京城禪德皆云
欲得會道必須坐禪習定若不因禪定而得
解脱者未之有也未審師所説法如何師曰
道由心悟豈在坐也經云若言如来若坐若

壇經節録　三八

卧是行邪道何故無所從来亦無所去無生
無滅是如来清淨禪諸法空寂是如来清淨
坐究竟無證豈況坐耶簡曰弟子回京主上
必問願師慈悲指示心要傳奏兩宮及京城
道學者譬如一燈然百千燈冥者皆明明明
無盡師云道無明暗明暗是代謝之義明明
無盡亦是有盡相待立名故净名經云法無
有比無相待故簡曰明喻智慧暗喻煩惱脩

道之人儻不以智慧照破煩惱無始生死憑
何出離師曰煩惱即是菩提無二無別若以
智慧照破煩惱者此是二乘見解羊鹿等機
上智大根悉不如是簡曰如何是大乘見解
師曰明與無明凡夫見二智者了達其性無
二無二之性即是實性實性者處凡愚而不
減在賢聖而不增住煩惱而不亂居禪定而
不寂不斷不常不来不去不在中間及其内

外不生不滅性相如如常住不遷名之曰道
簡曰師說不生不滅何異外道師曰外道所
說不生不滅者將滅止生以生顯滅滅猶不
滅生說不生我說不生不滅者本自無生今
亦無滅所以不同外道汝若欲知心要但一
切善惡都莫思量自然得入清淨心體湛然
常寂妙用恒沙

付囑第四

法海上座再拜問曰和尚入滅之後衣法當付
何人師曰吾於大梵寺說法以至於今抄錄
流行汝等守護遞相傳授度諸羣生但依此
說是名正法今為汝等說法不付其衣蓋為
汝等信根淳熟決定無疑堪任大事然據先
祖達磨大師付授偈意衣不合傳偈曰吾本
来茲土傳法救迷情一花開五葉結果自然
成諸善知識汝等各各淨心聽吾說法汝等

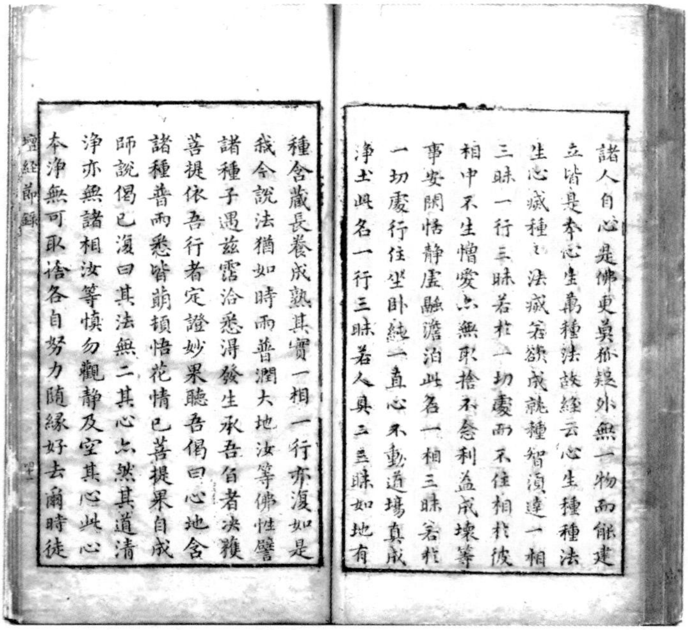

諸人自心是佛更莫狐疑外無一物而能建
立皆是本心生萬種法故經云心生種種法
生心滅種種法滅若欲成就種智須達一相
三昧一行三昧若於一切處而不住相於彼
相中不生憎愛亦無取捨不念利益成壞等
事安閑恬靜虛融澹泊此名一相三昧若於
一切處行住坐卧純一直心不動道場真成
淨土此名一行三昧若人具二三昧如地有

種含藏長養成熟其實一相一行亦復如是
我今說法猶如時雨普潤大地汝等佛性譬
諸種子遇茲霑洽悉得發生承吾旨者決獲
菩提依吾行者定證妙果聽吾偈曰心地含
諸種普雨悉皆萌頓悟花情已菩提果自成
師說偈已復曰其法無二其心亦然其道清
淨亦無諸相汝等慎勿觀靜及空其心此心
本淨無可取捨各自努力隨緣好去爾時徒

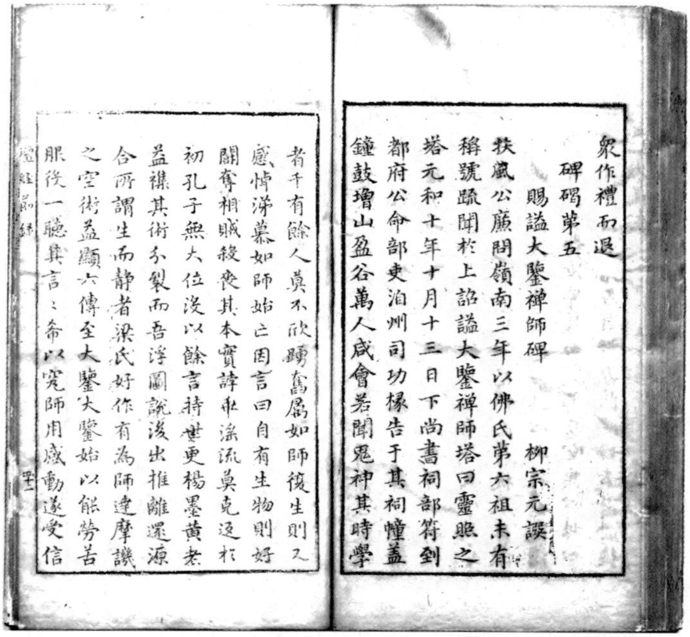

眾作禮而退

碑碣第五

賜謚大鑒禪師碑　　柳宗元譔

扶風公廉問嶺南三年以佛氏第六祖未有
稱號疏聞於上詔謚大鑒禪師塔曰靈照之
塔元和十年十月十三日下尚書祠部符到
都府公命部吏洎州司功椽告于其祠幢蓋
鐘鼓增山盈谷萬人咸會若聞鬼神其時學

者千有餘人莫不欣踴奮厲如師復生則又
感悼涕慕如師始亡因言曰自有生物則好
鬬奪相賊殺喪其本實誖乖淪溺莫克返於
初孔子無大位沒以餘言持世更楊墨黃老
益雜其術分裂而吾浮圖說後出推離還源
合所謂生而靜者梁氏好作有為師達摩譏
之空術益顯六傳至大鑒大鑒始以能勞苦
服役一聽其言言希以究師用感動遂受信

具遁隱南海上人無聞知又十六年度其可行乃居曹溪為人師會學去來嘗數千人其道以無為為有以空洞為實以廣大不蕩為歸其教人始以性善終以性善不假耘鋤本其静矣中宗聞名使幸臣再徵不能致取其言以為心術其說具在今布天下凡言禪皆本曹溪大鑒去世百有六年凡治廣部而以名聞者以十數莫能揭其號乃今始告天子得大謚豐佐吾道其可無辭公始立朝以儒重刺虔州都護安南由海中大蠻夷連身毒之西浮舶聽命咸被公德受旂纛節戟來蒞南海屬國如林不殺不怒人畏無噩允克光於有仁昭列大鑒莫如公宜其徒之老乃易石於宇下使來謁辭其辭曰達摩乾乾傳佛語心六承其授大鑒是臨勞勤專默終挹於深抱其信器行海之陰其道爰施在溪之曹

厖合猥附不夷其高傳告咸陳惟道之褒生而性善在物而具荒流奔軼乃萬其趣匪思愈亂匪覺滋誤由師内鑒咸獲于素不植乎根不耘乎苗中一外融有粹孔昭在帝中宗聘言於朝陰翊王度俾人逍遙越百有六祀號謚不紀由扶風公告今天子尚書既復大行乃誄光於南土其法再起厥徒萬億同悼齊喜惟師化所被洎扶風公所履咸戴天子天子休命嘉公德美溢於海夷浮圖是視師以仁傳公以仁理謁辭圖鑒永胤不已

大鑒禪師第二碑　劉禹錫譔

元和十年某月日詔書追褒曹溪第六祖能公謚曰大鑑實廣州牧馬總以疏聞繇是可其奏尚道以尊名同歸善善不隔異教一字之褒華夷孔懷得其所故也馬公敬其事且謹始以垂後遂咨于文雄今柳州刺史河東

柳君為前碑後三年有僧道琳率其徒由曹
溪来且曰願立第二碑學者志也維如来滅
後中五百歲而摩騰竺法蘭以經来華人始
聞其言猶夫重昬之見曶爽後五百歲而達
摩以法来華人始傳其心猶夫昧旦之覩白
日自達摩六傳至大鑒如貫意珠有先後而
無異同世之言真宗者所謂頓門初達摩與
佛衣俱来得道傳付以為真印至大鑒置而

不傳豈以是為筌蹄耶芻狗耶吾不得而知
也按大鑒生新州三十出家四十七年而没
百有六年而謚始自蘄之東山從第五師得
授記以歸中宗使中貴人再徵不奉詔第以
言為貢上敬行之銘曰至人之生無有種類
同人者形出人者智蠢蠢南裔降生傑異父
乾母坤獨肖元氣一言頓悟不踐初地五師
相承授以寶器宴坐曹溪世號南宗學徒奚

壇經節錄

来如水之東飲以妙藥差其瘖聾詔不能致
許為法雄去佛日遠羣言積億著空執有各
走其域我立真筌揭起南國無脩而脩無得
而得能使學者還其天識如黑而迷仰目斗
極得之自然竟不可傳口傳手付則礙於有
留衣空堂得者天授

佛衣銘并引

吾既為僧琳撰曹溪第二碑且思所以辯六

祖置衣不傳之旨作佛衣銘曰佛言不行佛
衣乃爭忽近貴遠古今常情尼父之生土無
一里夢奠之後履存千祀惟昔有梁如象之
狂達摩救世来為醫王以言不痊因物乃遷
如執符節行乎復關民不知官望車而畏俗
不知佛得衣為貴壞色之衣道不在茲由之
信道所以為寶六祖未彰其出也微既還狼
荒憬俗蚩蚩不有信器衆生曷歸是開便門

壇經節錄

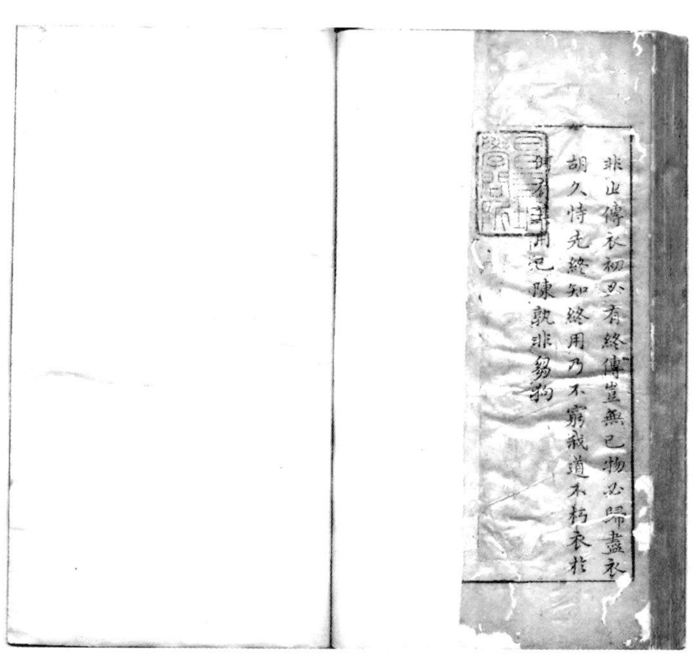

非止傳衣初必有終傳豈無已物必歸盡衣
胡久恃先終知終用乃不窮我道不朽衣於
何有[illegible]用已陳孰非芻狗